教育部 财政部中等职业学校教师素质提高计划成果
工商管理专业职教师资培养开发项目（LBZD VTNE 070）

Business Vocations:
A Look from the Perspective of Vocational Education

郑建萍　编著

职业教育视角的商科职业

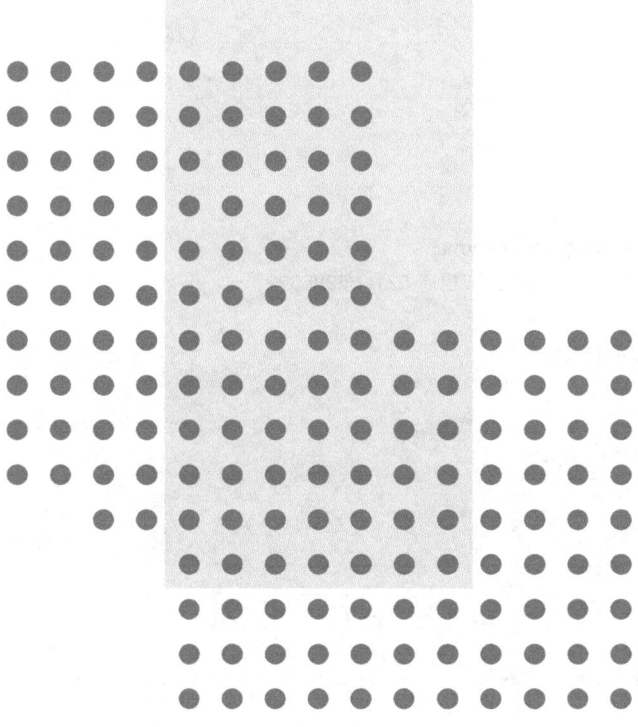

同济大学出版社·上海
TONGJI UNIVERSITY PRESS

图书在版编目（CIP）数据

职业教育视角的商科职业 / 郑建萍编著. --上海：同济大学出版社，2021.1
ISBN 978-7-5608-9657-1

I.①职… II.①郑… III.①贸易-教学研究-职业教育 IV.①F7

中国版本图书馆CIP数据核字(2020)第259687号

职业教育视角的商科职业

郑建萍　编著

责任编辑　张　翠
责任校对　徐春莲
装帧设计　张　微　董　缨

出版发行	同济大学出版社 www.tongjipress.com.cn
地　　址	上海市四平路1239号　邮编 200092　电话 021-65985622
经　　销	全国新华书店
印　　刷	苏州市古得堡数码印刷有限公司
开　　本	710mm×1000mm　1/16
印　　张	15
字　　数	246 000
版　　次	2021年1月第1版
印　　次	2021年1月第1次印刷
书　　号	ISBN 978-7-5608-9657-1
定　　价	68.00元

本书若有印装质量问题，请向本社发行部调换
版权所有　侵权必究

前 言

职业作为个人参与社会分工、获得生活来源并取得社会认同的重要载体,是一种重要的社会结构,它对于个人和社会的意义不言而喻。人类社会发展史某种程度上就是一部职业发展变迁史。而教育与职业之间又有着密切的关联:教育路径常常是进入特定职业的基础和条件,这一特点在现代社会中尤其明显。

职业作为职业教育课程和教学的载体和目的场域,是理解、设计职业教育模式和课程的重要参照。这正是本书设计的初衷:从职业教育尤其是课程开发的角度,理解职业对于个人和社会的意义,认识它在现代社会中的功能和角色;分析具体的职业活动,了解其历史发展轨迹;了解社会为职业活动进行的教育准备。

本书分三编,分别从三个不同角度对商科职业进行分析。

第一编从概念层面分析职业教育中的职业内涵。

首先通过不同国家职业概念及意义的差异了解其文化语境特征;明确了本书所关注的职业乃是传统意义上由中等职业教育培养的商科职业;分析了职业与专业的区别、职业教育的技术性,以及技术对职业教育的影响及相关研究。

其次回顾了中国职业资格证书制度的建设及改革历程,围绕国家职业资格证书制度讨论了职业分类、职业标准的制定、资格证书的三种不同类型、职业资格与教育资格的关系、国家级职业数据库建设的必要性等。因恰逢职业资格证书制度大幅改革,也关注了职业资格证书制度实施中遇到的若干问题。

第二编从行业发展的角度审视商科职业。

首先回顾商业和商人的历史发展阶段,关于商人地位和价值的争议,以及商科职业研究的基本框架。

其次分行业——先是零售业、批发业、国际贸易三个直接开展商品流通和经营的基本行业,之后是会计、金融、市场营销、物流等伴随商品流通与经营发展出现的支持性和专门化行业——展开,主要基于职业研究视野,关注其历史发展脉络,旨在激发读者从历史变迁的角度了解并思考相关行业的发展趋势,及其对职业活动的可能影响。尤其是对中等职业教育阶段培养的从业人员,分析了其典型的职业活动,对其相关职业资格、可能的发展路径做了描述。

本编的编写得到王奕俊、赵晋等的协助,并参考了 MBA 智库、百度百科等网络资料。

第三编讨论职业教育视野中的商科职业。

首先回顾了商科教育模式的历史演变:古代学徒制、近代学校制、现代学徒制,并以德国双元制为例分析现代学徒制的特点、发展脉络,及其商科专业的结构、设置原则及变迁,特别关注各种模式、专业与职业之间的关联。

其次聚焦职业研究暨工作任务分析这一商科课程开发中的焦点,分析了课程开发中案例代表性不足、实践知识难以明示、能力习得考虑不足等实践难点,以及德国职业科学范式中应对这些难点的策略及方案。论述中重点参考并征得作者同意,编译了德国不来梅大学职业教育研究者施伯特尔和贝克尔 2008 年的专著《职业科学研究》中的第三章。

感谢研究生夏传宏同学对书稿所做的编辑工作,感谢 2019 级全日制教育硕士班彭程、刘瑾、吴小娇、李静、李钰洁同学对书稿提出的阅读意见。

郑建萍

2020 年 9 月

目 录

前言

第一编　概念和制度

第一章　职业教育中的职业
一、中国的名称之争 …………………………………… 3
二、德国的职业概念 …………………………………… 6
三、职业与专业之别 …………………………………… 8
四、职业与技术 ………………………………………… 11

第二章　职业资格证书制度
一、发展脉络 …………………………………………… 20
二、职业分类 …………………………………………… 24
三、职业标准 …………………………………………… 42
四、职业资格证书制度 ………………………………… 45
五、职业信息数据库 …………………………………… 58

第二编　商业职业

第三章　商业与商人
一、商业的发展阶段 …………………………………… 66
二、商业行业和职业研究 ……………………………… 72

第四章　商品经营
一、零售商业 …………………………………………… 79

二、批发商业 …………………………………… 90
　　三、国际贸易 …………………………………… 104

第五章 | 专门化行业
　　一、市场营销 …………………………………… 117
　　二、会计和财务 ………………………………… 127
　　三、物流 ………………………………………… 133
　　四、金融 ………………………………………… 144

第三编　商科职业教育

第六章 | 模式和专业
　　一、古代学徒制 ………………………………… 162
　　二、近代学校制 ………………………………… 163
　　三、现代学徒制 ………………………………… 170

第七章 | 课程中的职业研究
　　一、课程中的职业研究 ………………………… 185
　　二、德国职业科学方案 ………………………… 190

附录

　　附录1　中国国民经济行业分类 ………………… 212
　　附录2　国内外商业业态发展一览 ……………… 213
　　附录3　中国商业协会一览 ……………………… 216
　　附录4　德国促销和售卖中类职前职业教育的37个职业 ……… 218
　　附录5　德国职后进修路径的42个职业 ………… 220
　　附录6　DACUM课程开发流程 ………………… 222
　　附录7　职业科学研究中工作分析与职业分析的问题对照 …… 225
　　附录8　职业科学研究中的实践专家研讨会流程 ……… 226

　　参考文献 ………………………………………… 227

第一编

概念和制度

第一章　职业教育中的职业

职业，尤其是职业教育中的职业概念，在不同语言文化和语境中有着不同的内涵与外延。它与一国或一地区的文化、劳动分工及其制度、教育制度等都密切关联，因而有着明显的语境特征。

思　考

- 国家职业资格证书制度包含哪些内容？
- 职业资格证书与职业准入有什么关系？
- 职业资格证书与教育资格证书、职业资格证书与职业教育的关系是什么？
- 我国的职业资格证书制度经历了怎样的发展过程？为何如此？
- 职业资格由谁鉴定？对谁有何种价值？制定者的不同与其价值之间是否有关联？
- 职业资格证书、学历证书在我国劳动管理中的功能地位如何？

职业伴随着人类社会分工出现，它是人类"直接生活的生产和再生产"得以实现的一种普遍的、基本的社会组织形式。职业发展内生于社会发展之中，作为社会发展的重要构成部分，在保持自身相对独立性的同时，与其他社会发展部分，尤其是与经济、产业、科技、教育等的发展之间呈现出相互作用的关系。从一定意义上讲，社会就是各种职业和各种职业活动的统一体。因此，职业得到了相当多的关注，相关研究散见于各个学科，哲学、社会学、心理学、经济学、管理学、教育学等都从不同角度、为了不同目的对职业进行研究。

职业教育作为一种处于职业与教育融合和交汇点上的教育类型，职业对其有着提供基础和目标导向的多重作用。职业作为职业教育的逻辑起点，自然成为职业教育关注的核心问题，前者在结构、数量、内容要求上影响后者的体系设计，后者在人才培养结构、数量、质量上又反作用于前者。二者联系密切且复杂。研究职业教育而不研究职业，无疑是一种明显的缺陷。从更长远的眼光看，它甚至会使整个职业教育研究缺少科学性和针对性。因此，需要思考什么是职业,怎样研究职业。对于职业及其相关概念和问题的了解,将有助于职业教育研究的深入。

概念作为最小、最基础的知识单元,是构建一个理论体系的基本单位,也是各界展开对话,尤其是学术共同体展开研究的基础。然而,职业尤其是职业教育中的职业概念却非常模糊,争议极大。它作为一种社会建构物,极具文化和社会的语境特征,东西方社会不同语境中对职业概念的理解都有所不同。职业与不同社会中劳动分工、社会分层密切相关,在技术和专业上都有深刻渊源。

职业起源于社会劳动分工,因社会的发展、劳动的逐渐分工,出现了劳动的职业化。职业作为人类社会文明发展的产物,成为个体对个人生活进行规划的重要媒介。围绕社会分层,人们从职业的技术性、专业性、专门化角度就职业的内涵展开了争议。而职业概念的使用过程往往伴随着不同文本的冲突:大众文本和官方文本的冲突以及不同流派学术文本的冲突(孟景舟,2005)。西方职业概念的产生,是劳动分工、社会流动、宗教观念及其变革综合影响的结果[1]。随着社会和技术的发展,职业概念的内涵在工作伦理、社会等级、工作内容、成长路径方面都发生了变迁,并因为职业研究的深入而不断更新。

一、中国的名称之争

刘诗能从汉语词源上梳理了职业的来历及涵义[2]:"职"字,《说文解字》释为"记微也",即记住细微的事物,在古代汉语中,主要指职责、职位、执掌、主要、贡献等;在现代汉语中,则指职务、职位、执掌等。"业"字,《说文解字》释为"大版也",即钟鼓架子横梁上的木板,由筑墙用的夹板引申而来,由此,在古代汉语中指事业、职业、学业、产业、次序、创始等;在现代汉语中,则指行业、职业、学业、事业、产业等。这两个字古今虽有变化,意思却一脉相连。在古代汉语中,"业"和"职"都可以指称"职业",相比较而言,"职"字突出一个人在社会中所处位置的高低和所担当角色的大小;而"业"字的"职业"意涵更为明确,同时还包含着对类型的区分,就其最原始的意义来看,由用夹板筑墙引申为职

---

1. 孟景舟.职业教育概念的历史溯源[D].天津:天津大学,2012.
2. 刘诗能.关于职业与职业研究的几点思考[J].职教论坛,2008(11):10-14.

业,也是不难理解的。像《左传》中"商、工、皂隶不知迁业"、《国语》中"庶人、工、商各守其业"、《汉书·萧望之传》中"家世以田为业"、《三国志·蜀书·先主传》中"贩履织席为业"、《颜氏家训》中"人生在世,会当有业"等的"业"字,都是指"职业";而《周礼·天官·大宰》中"闲民无常职"、《周礼·冬官考工记》中"国有六职"、《春秋谷梁传》中"农工皆有职以事上"等的"职"字,也是指"职业"。但《尚书·周官》中"六卿分职"的"职"字就是指职事,即执掌之事,而不是专指"职业"。"职"与"业"被同时提及且意思大致相同的例子可列举《汉书·食货志》:"是以圣王域民,筑城郭以居之;制庐井以均之;开市肆以通之;设庠序以教之;士、农、工、商,四人有业。学以居位曰士,辟土殖谷曰农,作巧成器曰工,通财鬻货曰商。圣王量能授事,四民陈力受职,故朝亡废官,邑亡敖民,地亡旷土。"而"职"与"业"合起来指称职业的,最早应见于《国语·鲁语》:"昔武王克商,通道于九夷、百蛮,使各以其方赂来贡,使无忘职业。"不过,这与今天的用法有一定的差别。

《现代汉语词典》对"职业"的定义是:"个人在社会中所从事的作为主要生活来源的工作。"这个定义实际上就是对西方职业概念"the jobs that they do to earn an income or a living"的翻译。《中华人民共和国职业分类大典》中定义:"职业是指从业人员为获取主要生活来源所从事的社会工作类别。"二者都是从社会经济关系角度进行的界定。

从这个定义来看,职业是一种特定的工作。那么,什么是工作呢?工作在动词意义上就是从事劳动。职业概念的成因来自劳动以及人们对劳动的认识。首先是劳动分工为职业概念的产生创造了必要的前提;其次是社会流动促成了人们职业意识的形成。

劳动是一个社会名词,它隐含了个人在制造过程中有所贡献的意义。工作代表着劳动的结果,泛指某一目的或各式各样的活动。而职业则是特定社会情境中各种工作活动的集合,与作为普遍人类劳动的工作组合的社会职业并非同一个概念。身份制社会的职业概念和民主社会的职业概念也有很大区别。

古代职业概念和现代职业概念的本质区别在于主体性质的不同:前者是来自先天的身份,后者则是具有自由选择权的个体。而一个具有自由选择权的个体,在西方社会是随着资本主义的产生而产生的。中国现代职业概念则形成于19世纪末20世纪初,而这也正是中国由封建社会向资本主义社会过渡的时期[1]。中国现代职业概念的形成虽然比西方晚了两三百年,但二者产生所依赖的社会特征却有一种高度的契合。现代职业概念是一个能够提供有自由选择权的个体和自由流动的社会的产物。

职业定义可从职业主体和客体两种维度展开。主体意义上的职业指的是人(人们)所从事的工作或者工作角色(职业活动或者职业角色),客体意义上的职业是指社会给人(人们)提供的工作种类、工作岗位(职业种类、职业岗位)。前者取从业者的个人角度,后者则是从社会暨关系的维度看从业者。

主体维度的典型界定方式,如职业是"个人在社会中所从事的作为主要生活来源的工作;是专业的、非业余的"[2]。客体维度的典型界定方式,如美国学者泰勒认为:"职业的社会学概念,可以解释为一套成为模式的与特殊工作经验有关的人群关系……职业是用以组成一个社会的一种地位范畴。"

结合主体和客体维度,周志刚等认为职业是在社会分工中形成的、受主体营私和社会需求耦合驱动的、以社会交换为目的的、对某些资源具有垄断性的社会劳动[3]。

但职业教育的职业并不是全部的社会职业,对职业内涵有明显的窄化倾向。在我国现代职业教育历史上,曾先后发生过三次大的名称之争,即民国时期的"实业教育"和"职业教育"之争,以及20世纪50年代的"职业教育"和"技术教育"之争、20世纪90年代的"职业技术教育"和"职业教育"之争。

民国时期之争,其实质是对不同外来文化的取舍,是学习对象国之争。职业教育模式大致可以分为单独设立的德国模式和在综合中学与普通教育融合的美国模式。民国时期,实业教育制度取之日本,而日本则是借鉴德国,即双轨制;职业教育制度则取之美国,乃是融合性的单轨制。实业教育和职业教育之争,某种意义上是德日模式与美国模式之争。

20世纪50年代是意识形态之争,在对资本主义双轨制教育的批判中,以技术教育取代了西方狭义化的职业教育概念。

20世纪90年代则是南北两派的学术之争,实践中职业教育和职业技术教育两个概念同时并存:官方多用职业教育,学术界则多用职业技术教育。

---

1. 孟景舟. 职业教育概念的历史溯源[D]. 天津:天津大学,2012.
2. Adolf Kell. Arbeit und Beruf aus Sicht oekologischer Berufsbildungswissenschaft[J/OL]. Bwpat,2015(29).
3. 周志刚,闫智勇,朱丽佳. 职业的真谛对职业教育的启示[J]. 中国职业技术教育,2012(27):10-14,20.

国际上对高中阶段的专门教育也有名称差异,比如德国就是职业教育(Berufsbildung),英国"二战"后呈现学术(专业)教育、技术教育和职业教育三分的制度结构,美国称之为职业和生涯教育,苏联则称之为技术教育、职业技术教育。

自20世纪末,随着中等教育结构改革、高等教育大众化、社会主义市场经济体系的建立以及社会对高等教育创新能力的责问等一系列事件,对此前苏式专业教育模式形成了冲击,并由此带来了教育分类上的"乱象"。职业教育领域先是把中等专业教育吸收在内,然后由于不满其作为"断头教育"的地位,积极将触角向高等教育延伸,创立了"高等职业教育"这种新的教育类型。这样,在专科层次它就与原来的高等专科学校一起形成了两类教育并存的局面。职业教育界还要继续发展本科乃至研究生层次教育,力图建立起一个与普通教育相平行的教育体系。

二、德国的职业概念

德国对职业尤其是职业教育中的职业理解有其独特之处,并深刻影响其职业教育。

德国学者凯里(Kell)[1]从三个不同角度对职业概念进行了区分。

・社会职业(Erwerbsberuf):从业体系中最小的社会经济单位。

・职业(Beruf):文化传统中形成的个人自我意识。从词源而言,与英语职业"Vocation"一词有着共同出处,都来自基督教传统,强调基于宗教的伦理观念(神的感召,Berufung)。

・培训职业(Ausbildungsberuf)、进修职业(Fortbildungsberuf)和学术职业(Akademischer Beruf):广义的教育系统中以课程形式组织的指向职业的教育专业,传授以职业形式组织而成的劳动要求。

德国社会语境中,职业具备以下特点。

・专门活动领域、专业能力(能力与胜任力)。

・系统化的职业培训并有受承认的结业证明(资格认证书、职业证书)。

---

1. Adolf Kell. Forschungsarbeit ueber Arbeit. Beruf und Bildung-Gesellschaftliche Einfluesse, Organisation, Institutionen. [2015-12-15]. http://bwpat.de/Ausgabe29.

- 反映性格特征的职业流动轨迹(职业晋升阶梯、进修与继续教育)。
- 人与职业的内在联系(职业社会化、身份、价值观)。

因此,德语学术语境中职业一词意指[1]:

- 一系列资格的集合,既包括按不同次序组织的各种知识(关于具体事物的知识及其应用、对劳动技能和技巧的掌握),也包括社会能力(比如一系列的行为方式、价值取向)——集群式的工作资格。
- 运用该系列资格的劳动领域,包括各种劳动工具的使用、劳动对象、劳动环境——规范性的工作领域。
- 按层级划分的行动空间,由资格和劳动任务的功能共同引申而来,由身份(个体在企业中的地位)、组织(劳动领域、部门)以及具体的劳动环境决定,个人的创造性兴趣可以在这一环境中得以发展——层级性的工作空间。
- 职业的影响超出劳动范畴,是构建社会秩序和社会评价的重要结构形式——社会化的工作价值。

德国学者库恰(Kutscha,2008)综述了职业定义的不同理论和学科角度[2]。

- 社会理论的视角:职业性在全体社会整合中的形式与功能。
- 组织和制度理论视角:将劳动按职业形式组织进行秩序和结构化——实施者、控制、行政化、法律化。
- 行动理论和人事视角:组织的内外部,个人行动背景中与职业相关的行动和能力结构的发展。
- 整合的、社会文化视角:一方面是社会各子系统之间的相对关系,就业、教育、社会保障体系;另一方面是从行动主体的角度,在相关的文化背景中对职业这一现象进行比较、观察和分析。

德国社会中,职业是一种以能力与胜任力的专门化为基础的、持久稳定的、标准化的劳动能力的准备形式。它是对专门化的工作能力进行划分与组合的制度化样本。社会分工高度发展,各式各样、各种可能的职位要求和胜任特征被缩减为一定数量的标准化的职业蓝图(Berufsbild)。这为雇主与雇员在劳动力市场上分别找到适合各自的方向提供了便利。德国职业教育研究中

---

1. 姜大源.论职业教育专业的职业属性[J].职业技术教育,2002,23(22):11-12.
2. Günter Kutscha. Beruflichkeit als regulatives Prinzip flexibler Kompetenzentwicklung-Thesen aus berufsbildungstheoretischer Sicht[J]. Bwpat,2008(6):14.

因而刻意区分德国职业与英美语境中的工作(Job),认为后者只是基于经济目的打短工,并无特定的职前培养。德国职教界将工作(Job)、职业(Beruf)和专业(Profession)视为从业连续体的不同阶段,以 Job 和 Profession 为两个端点。

随着社会经济发展,等级犹存,双元职业教育成形,德国在 19 世纪末期即形成"职业教育"与"学术教育"的明确分野,职业教育中的职业概念也获得了特定的内涵。德国教育文献中,常将"职业的"和"技术的"或者"职业的"和"学术的"作为一个同质序列并用,表达"从实践到理论""从体力劳动到脑力劳动"的过渡。但在法语中,这种区分又不存在,职业和专业的意涵基本相同,这从涂尔干(Durkheim)对职业团体在社会分工与公民生活中的意义的经典论述中可以获得印证。从比较中我们不难发现,中文里的"职业"与德语中特指经由职业教育路径发展而来的"职业"差别很大,外延更为广泛,倒是与法语中的职业概念比较接近。

三、职业与专业之别

所谓职业教育,就是在一定普通教育基础上,为适应某种职业需要而进行的专门知识、技能和态度的教育。这一定义并未限制职业教育开展的地点与时间段。职业本是一个普适性概念,但职业教育中的职业却有内涵上的窄化,其关键在于职业路径与教育路径的紧密关系。通常,职业教育对应的职业与学术教育暨高等教育对应着不同职业暨阶层,比如职业教育与英美所谓专业教育之别,包括地位之别、学术性暨技术性的高低之别等。

根据孟景舟[1]的分析,首先,职业、技术、学术在汉语习惯中并不是同一个范畴的概念。职业指的是社会分工,技术指的是应用性的知识系统,学术指的是系统性的知识。因此,把"职业的"和"技术的"同时指向某一事物,按汉语的理解,实际上混淆了目的和内容的关系。例如我们说某类教育是"职业的"时候,实际是说它的目的是为了就业;我们说某类教育是"技术的"时候,实际是说它的内容是技术性的。技术和职业之间具有密切的联系,职业和技术总是相互依存的,基本上没有无技术依托的职业,也没有无职业归宿的技术。

---

1. 孟景舟. 职业教育概念的历史溯源[D]. 天津:天津大学,2012.

专业又有两种说法：一是教育专业中的专业，二是专业化职业的专业，即英美所谓 professions，其对象便是所谓专业人士（Professional）。同样，专业教育也有两种不同的形式及理解：一种是内部性的，即苏式的"专业教育"或者西方的"专门教育"（Special education），它是以内容为取向的；另一种是外部性的，即专业教育（Professional education），它是以目的为取向的。专业教育和职业教育的区分是社会学的，而无论从内部性或者外部性来看，"专业教育"都是另一种形式的职业教育，即培养自由职业（学问性职业）资格的教育。[1]

英美学术文献中习惯上用"专业性职业"（Profession，简称"专业"）这个词特指"学术职业"（Academic profession），实际是以西方中世纪大学培养的职业为代表：牧师、律师、医师等。随着大学教育的发展变化，越来越多的职业在高等教育机构培养，专业性职业的范围日益扩大，典型如工程师、建筑师，在英美经争取也逐步被称为专业人士（Prfessionals）。不同的教育系统不仅代表了不同的知识水平，同时也代表了不同的社会地位及资源。为了显示互相之间的区别，也就有了不同的名称：专业的或者职业的。

"专业"一词的西文词干 Profess 有宣誓之含义。德语职业（Beruf）一词与神召（Berufung）有着词源上的联系，英语职业（Vocation）一词的词干也与宣誓相关。路德在宗教改革中宣称，凡夫俗子皆可由勤勉的本职工作来回应宗教的召唤，所以敬业精神、职业认同一直是德国职业概念中的重要内涵。

专业性职业通常包含以下几个特征：专业内的、科学性专门知识；具有特殊的专业术语（对职业培训具有定义权）；需要进行学术层面的、持久性、理论性课程培训（专业实践资格与结业考试和学位挂钩）；职业道德规范（Code of ethics）和对自身利益的法律约束。具体包含以下内容。

· 对职业胜任力的独有垄断，职权垄断。

· 具有根本意义和公益性职业活动（以追求公共利益的价值取向作为职业的意识形态）。

· 在职业实践中有高度的自主性、自行控制的工作条件（内部生成的绩效考核标准及对其进行的调控）。

· 拒绝外行控制，通过行业联合会来代表集体利益。

· 对职业要求和入行途径的定义。

---

1. 孟景舟.专业教育的历史解析[J].复旦教育论坛,2013,11(3):49-53.

专业是基于专业性质组织起来的行动者,在培训形式和培训内容的定义,市场准入的调控、定义,以及对已取得的成绩进行整理和评判等方面这些行动者皆拥有自主权。而外界对专业人员的期望则是优异的成绩、职业道德的自我约束力和自主性。因此社会用高威望和高收入来奖励这个群体,典型职业如现代西方社会中的医生和律师。

专业性职业的外延进一步拓展至工程师类职业,通常特指以知识为基础的职业。专业劳动或知识型劳动的前提是:一个职业群体拥有形式知识(由抽象概念和理论决定是否属于形式知识)、专业知识以及在工作实践中获得的专业技能。这种胜任力集合使专业的职业群体有能力完成工作任务,这种工作任务从岗位要求结构的角度上看是开放的、不明确的。通常情况下,只有职业活动的目标有一定的明确性。为了完成一项工作必须运用已学会的抽象概念和理论以及解决问题的专业性策略。因为需要拟定的任务与需要解决的问题各式各样,所以工作过程无法确定和标准化。由于工作任务的结构需要,在工作的具体执行中需留有自主决定的余地,这种余地可由从业者运用形式知识和技术诀窍填补。专业性工作因为其基本的活动结构特点一直是一项自主性工作。

专业化在狭义上指的是职业群体向专业性职业发展的过程,即向在绩效控制上有一定自主权的职业群体方向发展。专业化在广义上指的是职业活动向有偿工作的过渡,它有特定的、可提诉的质量标准。

根据传统理论,每个活动领域的专业化过程都会有意识地考虑自身领域的优势。专业化被视为特定职业群体尝试提高社会地位的策略。

传统专业化运动的特点如下。

· 标准化的职业培养培训、学术化趋势。

· 形成涉猎广泛的知识。

· 建立行业联合会和制定行业政策,为了追求职业目标和确保职业目标的实现,以及为了自我理解的表达(行业保护)。

· 由行业规范进入活动领域的渠道(职业和行业领域的垄断化、等级化和分割化;自主性、自控性以及与外行或非专业人员划清界限),如在"封闭型市场"中,专业人士自己决定哪些受培训者能进入市场或者以缺少相关标准条件为由拒绝从业者进入市场。

以教师职业为例,在世界范围内,直到20世纪80年代世界教科文组织才发文正式认可教师职业的专业性,并掀起了教师专业化运动的高潮。但迄今,教师职业的专业地位,尤其在英美国家,并未得到完全的认可与保障。商科职业中,专业化程度较高的当数会计师。

当前中国教育格局的变化使"专业教育"陷入了一种自我矛盾的困境:一方面,与学术性高等教育相比,它会被认为是"职业的"(vocational);另一方面,与职业教育相比,它又会被认为是"专业的"(professional)。"专业教育"目前所面临的困境,从表面上看虽然是一个语言表述问题,但从根本上看是深刻的教育立场、政治立场之争。

四、职业与技术

1. 职业教育的技术性

职业教育与技术的关系极其密切,从职业技术教育这一名称即可窥见一斑。

世界知识产权组织(1977)对技术的定义如下:技术是指制造一种产品的系列知识,所采用的一种工艺,或提供一项服务,不论这种知识是否反映在一项发明、一项外形设计、一项实用型或者一种植物的新品种,或者反映在技能中,或者反映在专家为设计、安装、开办、维修、管理一个工商企业而提供的服务或协助等方面[1]。这可以说是迄今为止国际上给技术所下的最为全面和完整的定义。从这个意义上而言,技术既涵盖了中职教育,也涵盖了高等教育层级。但通常用语习惯中,比较强调职业教育的技术性特征甚至技能性特征。

按汉语的习惯,职业和技术是一个事物的两面,它们之间是目的和内容的关系,并不代表质的差别。而技能的汉语意义是指由对技术的掌握转化而来的能力,它和技术一样具有广泛性,因而技能的内涵又有狭义和广义之分。广义上的技能不但包括动作技能,还包括智力技能,如数学技能、语言技能,并不专门和体力结合。但狭义的技能则通常特指技术工人的技能,即指动手操作的能力。

---

1. 参见《供发展中国家使用的许可证贸易手册》。转引自:王玉清,赵承璧. 国际技术贸易:技术贸易与知识产权[M]. 北京:对外经济贸易大学出版社,2005.

德语文化中虽然也认可技术性作为职业的一个重要特征,但把工人的技术称为职业性技术,而将工程师的技术称为非职业性技术。这样一种划分是其社会和职业分层的历史文化传统的体现,德国学界当前也在致力于发展一种更为广义的、普遍的职业概念暨理论。

技术和技能的关系,目前国内学界有两种看法。

· 技术与技能的层次差异说。将中等职业教育称为技能教育,将高等职业教育称为技术教育,认为技能教育与技术教育有着层级差异[1]。

· 技术与技能的形态差异说。姜大源(2016)从语义学、哲学、心理科学和职业科学角度分析了二者之间的关系,认为二者是一个事物的两面。因为:从语义范畴看,技术既指基于原理的技术,通常指工程技术;也指基于工作的技术,通常指职业技术,显现为技能。从哲学范畴看,技术既包括基于人的技术,可称为"具身"的技术,表现为技能;也包括基于物的技术,可称为"去身"的技术。这意味着,无论从哪个角度,技能都是技术的一部分,或者说,技能是另一种形式的技术。同样,在心理科学范畴,基于技能的心理类型定位,可以将其分为动作技能和心智技能;而在职业科学范畴,基于技能的职业功能指向,又可将其分为通用性专门技能和特殊性专门技能。这又意味着,无论从哪个角度,技能都是与人有关的技术,即所谓人化的技术,亦即"具身"的技术。因此,技术与技能是相伴相生、等值异类和并行不悖的关系,技术与技能在表现形式上,呈现出对称共生的"技术耦"和完形整体的"技术链"结构。深刻理解技术和技能之间随动、伴生、互动的关系,才能充分理解技术与技能的本质,更好地理解现代职业教育体系中不同层次之间的关系。[2]

美国进步教育派的代表人物杜威,不主张将"职业"或"技术"进行人为划分和割裂的做法。他在《民主主义与教育》中谈道:"职业是一个表示有连续性的具体名词。它既包括专业性的和事业性的职业,也包括任何一种艺术能力、特殊的科学能力以及有效的公民道德的发展,更不必说机械劳动或从事有收益的工作了。""在对社会必要的和有用的职业中,并无内在的东西把它们分成'学术的'专业一类,和低级的、卑贱的、不自由的职业一类。"[3] 将职业分裂

---

1. 徐国庆.从分等到分类——职业教育改革发展之路[M].上海:华东师范大学出版社,2018.
2. 姜大源.技术与技能辨[J].高等工程教育研究,2016(4):71-82.
3. 杜威.杜威教育论著选[M].上海:华东师范大学出版社,1981:213,402.

为职业和专业,将技术分裂为工人的技能、技术员的技术和工程师的工程,将教育分裂为职业教育、技术教育和专业(学术)教育,被部分学者认为反映的是阶级社会鄙薄体力劳动的文化传统和分裂的社会基础。

从实践看,我国职业教育的本质是技术教育。具体落实到商人暨商业类职业,首先,从古到今,随着人类劳动分工的日益细化和专门化,形成了丰富的商业职业;其次,这些职业在社会分工中的地位变化也极大,商人在东西方都曾受到歧视和排挤,如今则成为社会流通的重要中介;最后,其教育模式和机构同样历经变迁,当今商业从业者的入门资格、教育经历可谓大相径庭,中等职业教育、高等职业教育、学术教育中都有其踪迹。

本书主要关注中等职业教育中的商业职业(及其教育)。

2. 技术对职业的影响

此外,职业与技术关系的讨论中还有一个非常重要的维度,那就是技术变迁对职业暨其任职资格的影响。自机械化以来,机器换人引发的去技能趋势就一直是重要的教育暨社会议题。当前,劳动世界中最重要的议题之一莫过于智能信息化技术的影响。四次堪称技术革命的变迁分别为:18世纪末期的机械化,20世纪初的电气化,20世纪中后期的信息化,21世纪的智能信息化技术。就21世纪的智能信息化技术,各国使用不同术语描述这一技术变迁,或强调其内容特征,或强调其影响力,比如:数字化技术、计算机技术、物联系统即虚拟和实体互联系统(Cyber-Physical Systems,CPS)、人工智能、工业4.0、劳动4.0以及新工业革命等。

技术变迁对劳动和就业的冲击是近代工业革命以来的传统议题,但智能信息化技术不仅可以替代劳力者,甚至可以替换劳心者;不仅发生在一个企业之中,更超越企业边界,从纵横两个维度对整个生产流程和经济流程产生影响,从而引发了各国政界、经济界和教育界的密切关注。各界聚焦技能需求的变化,分析智能数字化技术对劳动力的替代风险,以期为产业发展及教育政策提供决策基础。

牛津大学弗雷等人(Frey & Osborne)的研究开启了这一轮争论的热潮。他们召集工程专家,基于美国劳工署职业信息网络数据,分析了其中702个职业(工作),评估其为智能数字化技术替代的风险。认为:2010—2020年间,美国47%的工作处于高风险状态,集中在行政管理、物流、制造类;工作岗位暨就业呈两极分化态势:高收入的认知性工作以及低收入的操作性工作会保留或增长,而中等收入的常规性工作流失[1]。

20世纪80年代以来,工业国家对技术变迁的研究有两个重要理论假说:技术偏向型技术变迁(Skill-biased Technological Change,SBTC)和就业的极化(Polarization),即技术变迁利于有技术者、资格高者;低资格者虽仍然有更多机会,但收入低;中层技术工人则因技术升级带来的"去技能化"(Deskilling),被替代的风险最高。因而就业态势呈现U形极化,典型如美国和英国[2]。

技术变迁对劳动市场影响的研究多采取工作任务分析法(Task-based Approach,TBA)[3],即根据工作任务类型判断某类工作为技术替换的概率。通常将任务分为五类:非常规性分析(即创造性认知)、非常规性互动(即社会认知)、非常规性操作(即感知和精细动作)、常规性认知和常规性操作。其中,后两类可以为人工智能替代。一个职业中如果只有30%以下的任务可由机器完成,属于低风险;可由人工智能替代的成分达到30%~70%,为中度风险;70%以上则为高风险。基本采用专家评估方式。

德国联邦职业教育研究所(BIBB)基于1979—2012年的西德从业者数据调查表明[4]:

· 德国当前总体上并未出现就业极化现象,但是产业结构变化和工作转换的频率加快。从1979—2012年间,只有1992—1999年间在职业主领域这一层级发现过狭义的极化现象,且中层技术人员并非极化的受害者。

· 资格越高,工作的创造性要求越高,精细操作越多,则被替代的风险越低。但不同年龄组所受影响不一样,对于25—34岁的从业者而言,其工作中常规性任务的比例与其被替代的风险并无多大关联。总体上,决定某个岗位为智能数字化技术所替代的关键并非常规性任务的比例,而是其岗位暨职业

---

1. Frey C B, Osborne M A. The Future of Employment: How Susceptible are Jobs to Computerization? [R/OL]. [2013-09]. https://www.oxfordmartin.ox.ac.uk/downloads/academic/The_Future_of_Employment.pdf. [2018-01-18].
2. Sarkar S. Employment polarization and over-education in Germany, Spain, Sweden and UK[J]. Empirica, 2017(44): 435-463.
3. Autor D H. The "task approach" to labor markets: an overview [J]. Journal for Labour Market Research, 2013(46): 185-199.
4. Helmrich R et al. Digitalisierung der Arbeitslandschaften: Bundesinstitut für Berufsbildung [R/OL]. Bonn, 2016.

中的各类活动的组合。

从1979—2012年间,各个职业领域常规性任务比例呈下降趋势,但下降趋势越来越平缓,甚至停滞。因为要应对非常规性任务,必然需要一定的常规性任务作为基础。根据工作中的认知要求高低及人机关系的紧密程度,这一研究将数字化技术对职业的影响分为四类,见表1-1。

表1-1 工作(认知要求与人机关系)与数字化技术发展的关系[1]

项目		人机关系	
		人机关系高/上升	人机关系低/下降
认知要求	高/上升	H1 受益者; "维护者""专家"	H3 受益者; 选择性的数字化"使用者""专家"
	低/下降	H2 受损者; "数字化的辅助工"	H4 数字化无关者; "非数字化的辅助工"

德国联邦职业教育研究所基于企业面板数据的调查表明[2],这一轮技术变迁总体影响比预计的要轻微,最主要的变化会是从业者工作性质的变化,需要承担的任务复杂度提高:重复性的操作任务会减少或消失,知识含量更高、与人相关的任务增加。

德国劳动和职业研究所(IAB)则采用了两种数据。其一是从业者调查,但量比较小,仅作为预调研;其二是联邦劳动局用于职业咨询的官方数据库"职业网"(Berufenet),针对2011年、2012年、2013年三年的职业信息进行归类和评估,仅2013年度的数据就涉及3900多个职业、8000多个工作任务要求,并对德国多个地区展开系列评估。结果表明:数字化技术浪潮对德国职业固然会有冲击,中等资格层面的某些职业也确实遭遇了挑战,但一方面具体情况还要视职业的领域和层级作具体分析;另一方面,当下只有极少数职业可以完全为智能数字技术替代,大部分职业都还有不可替代的任务。而且,从历史的维度而言,过去的几个世纪中,真正完全消失的职业还是很少,更多的是参

---

1. Helmrich R et al. Digitalisierung der Arbeitslandschaften: Bundesinstitut für Berufsbildung [R/OL]. Bonn, 2016.
2. Lukowski F, Neuber-Pohl C. Digital technologies make work more demanding: Berufsbildung in Wissenschaft und Praxis[J]. VET Trends, 2018 (Speical Edition).

照新的条件进行调整。地区受冲击的风险与其行业结构密切相关,以制造业为主的地区风险大于服务业为主的地区。不同的职业数据库对结果有影响:同一数据库根据1988年和2010年不同职业分类框架归类,也会影响分析结果。职业工作内容会随着技术发展调整,一些技能也可以迁移,不同阶段的技术是一种存续关系。此外,从技术层面到现实的转化,还要考虑经济、法律、伦理等各种因素。

国际劳动市场本身对资格的要求变化也不明显。虽然资格总体有所提高,但是经合组织(OECD)国家中,只有25%的岗位需要学术资格,远低于高校毕业生在劳动人口中的比例[1]。2013年德国高达82%的技术岗位要求具有职业资格,仅18%要求高校毕业资格[2]。因此,高资格人员的低就现象在OECD国家相当普遍,德国有近四分之一(23%)的大学毕业生存在低就现象,略高于OECD国家平均水平,但远低于加拿大和美英[3]。

中国类似的宏观研究一是少,二是缺乏系统的数据基础。代表性的研究当属中国社科院的中国城市劳动力调查(CULS)项目,方法是典型城市的从业者问卷调研。该研究发现[4]:2005—2016年间,中国非常规的分析型任务和非常规的互动型任务随着时间的推移在市场上更具比较优势,这与德国暨国际的相关预测基本一致;但劳动密集程度最高的工作任务需求并未发生明显的变化,可能与非常规性操作任务难以为机器替代有关。与国际研究的不同点在于:虽然劳动力成本在增加,但最有可能为机器替代的常规性认知工作任务却在增加。说明技术的变迁对劳动市场的冲击还需考虑多种因素,这也印证了德国的预测。

此外便是腾讯研究院委托北大陈永伟所做的分析。陈永伟采用弗雷等人的思路,利用中国职业目录展开框架性分析,认为中国有70%的职业可能会受

---

1. Mueller N. Akademikerausbildung in Deutschland: Blinde Flecken beim internationalen OECD-Vergleich [J]. Berufbildung in Wisenschaft und Praxis,2009(2):42.
2. Bechmann S et al. Betriebliche Qualifikationsanforderungen und Probleme bei der Besetzung von Fachkräftestellen: Auswertungen aus dem IAB-Betriebspanel 2013[R/OL]. 2014[2018-01-15]. http://doku.iab.de/forschungsbericht/2014/fb1414.pdf.
3. Kracker N. Überqualifizierung von Akademikern in Deutschland: Die Wahrscheinlichkeit ist sehr ungleich verteilt [R/OL]. https://www.iab-forum.de/ueberqualifizierung-von-akademikern-in-deutschland-die-wahrscheinlichkeit-ist-sehr-ungleich-verteilt/. [2018-01-12].
4. 都阳,贾朋,程杰.劳动力市场结构变迁、工作任务与技能需求[J].劳动经济研究,2017,5(3):30-49.

到人工智能的冲击,大概有60%的城市从业人员会受到冲击,并按产业结构对各省的情况进行比较。分析结果相当粗放。这一结果差异既与中德研究的数据基础不同,也源于中德两国在经济发展结构和阶段方面的差别:中国工业生产自动化程度偏低,本来就需要产业转型和升级,再面临信息化的叠加影响,技术上所受的冲击会更大一些。

考虑到不同数据对分析结果的影响,中国急需加强各类信息库的建设,以便系统、及时地把握变迁,同时也有利于理性和深入评估技术变迁的影响。

工作任务的分析思路及结果对于思考职业教育价值暨课程和教学改革颇有价值。德国的历史经验和当前研究都表明,技术变迁暨智能信息化技术对德国职业的整体替代并未发生,更多的是改变了职业任务的组合,充分说明不同阶段的技术形态之间并非简单替代,而是相互存续的关系。当前英美等国都在制定并实施制造业再造的战略,作为有良好制造业发展传统和基础的德国和中国,如果没有技术人员储备,技术的创新和产业的升级也会失去源头和基础。简单套用别国分析结果,认为中国应重点发展服务业、弱化中等职业教育的建议欠妥。职业教育面临的挑战是:如何通过常规任务的学习促进劳动者的技术创新和社会互动能力,以应对非常规的认知和互动性任务,实现技能的迁移及可持续发展。

德国劳动市场资格上移的供需矛盾显示了经济发展与个人发展之间的传统张力,也掀起了各界对普通教育和职业教育利弊的传统之争。有中国学者基于美德两国的比较认为,偏向职业教育的德国政策会导致新技术采纳较慢,经济增长放缓,阻碍劳动力市场调整与产业升级,国家产业结构调整缓慢、失业率更高、成年后失业持续时间更长。从产业的发展角度而言,基于英美日德的比较显示,企业内部技能形成机制更有利于累积型创新(德日),也对应着协调型市场经济制度;而企业外部技能形成更有利于急进型技术创新(英美),同时对应着自由市场经济制度,从而形成各自的比较优势[1]。从能力发展和个人收入角度而言,对经合组织多国成人数据库(PIAAC)的分析表明:职教对读写基本素养的促进不如普教,收入效应与高教相比也处于劣势[2]。当然,以上研

---

[1] 王姣娜. 普通教育还是职业教育?[D]. 北京:中国社会科学院研究生院,2015.
[2] Brunello G, Rocco L. The effects of vocational education on adult skills, employment and wages: What can we learn from PIAAC? [J]. SERIEs, 2017(8):315-343.

究都有其数据基础及分析思路造成的局限,尤其需要进一步深入研究职教对问题解决能力的培养。这也因此成为当前德国的一个关注热点。但总体上,促进职业教育学习者的可持续发展,重视继续教育暨终身学习,是此轮技术革命热议中德国各界的共识。

一个国家对技术变迁的响应以及教育路径的选择,必须考虑其整体的制度背景、产业基础、世界分工地位、民众的意愿、个人能力特征、社会及家庭经济投入以及国家发展愿景,它是技术、经济、社会、文化和个体等因素的多元互动,不可简单在普教和职教之间做非此即彼的选择。

中国职业教育面临更严重的文化和社会观念的挑战,更缺乏利益相关者进行合作协商的制度性机制和文化传统。明确并协调职业教育对国家产业发展和个人发展的价值,根据不同职业和学生特点设计不同培养路径,注重职业教育的内涵发展,开发并落实技术暨职业的育人价值,通过职业活动发展创新技术素养,并逐步在资格和内容层面落实普职的渗透和融合,是中国建设现代职业教育体系的关键。而这些既需要在制度设计时进行全面的价值考量,也需要更为深入、理性的科学研究作为基础。

职业本是一个连续体,从工人到工程师再到科学家,从贩夫走卒到专业人士,都包括在内。技术也本是一个连续体,从工人的技能,到工程师的技术,甚至到科学家实验室的技术,也都包括在内。职业教育和技术教育同样是一个连续体,它们之间只有量的不同(实践和理论的不同比例),而没有质的断裂。但因为社会职业在经济、政治、性别角色等方面形成分层和断裂,以及教育资源分配使得特定职业与特定教育路径呈现出密切的相关性,从而使得职业教育中的职业窄化为特定的一类职业。技术性是职业教育的基本属性,而技术的变迁也对职业的形态及资格要求有着深刻影响,但须在技术与社会的互动中系统分析。

习 题

- 各国的姓氏与职业通常都有密切的关系,请说明一些典型姓氏代表的职业名称。
- 以一种商科职业为例,说明技术对职业暨职业活动的影响。
- 请试着与同伴、父母一起对一些职业按照职业声望进行排序,并就各自的结果进行交流。你们的结果是否相同?为什么会有这样的共同点或差异?

第二章　职业资格证书制度

什么人可以从事(商业)职业,即从业资格问题,并不是一个不言自明的问题。不同时代、不同社会对此都曾有不同的回答及规范。现代社会中,职业资格证书制度正是对这一问题的回应。中国相关制度几经变迁,与之密切关联的正是不断变化的劳动市场实践与需求。

思　考

- 国家职业资格证书制度包含哪些内容?
- 职业资格证书与职业准入有什么关系?
- 职业资格证书与教育资格证书、职业资格证书与职业教育的关系是什么?
- 我国的职业资格证书制度经历了怎样的发展过程?为何如此?
- 职业资格由谁鉴定?对谁有何种价值?制定者的不同与其价值之间是否有关联?
- 职业资格证书、学历证书在我国劳动管理中的功能地位如何?

一、发展脉络

所谓职业资格,是对从事某一职业所必备的学识、技术和能力的基本要求。

一国职业资格证书制度是国家劳动管理的重要组成部分,也是劳动就业制度的一项重要内容。它反映了社会生产力发展的必然要求,被视为劳动市场上的一种重要信号机制,也是一个社会文明与进步程度的重要标志。它界定了职业的标准,具体职业中包含哪些具体工作内容、资格要求,是否需要准入,经由何种教育和培训路径发展,等等。

一国完整的职业资格证书制度,具体内容有四部分说,包含职业分类、职业资格标准、职业资格证书、职业准入四大部分内容,视野更宏观;也有三要素说,即职业标准、内容模块和资格证书[1],其中将分类与标准视为一体,不考虑单独的职业准入,更多关注资格证书。

· 职业标准。指对职业资格证书等级进行划分的基本依据。标准反映了雇员必须知道并能应用于专业实践的知识。这些标准通常会制成文件,并获得政府部门和社会团体的认可。

· 内容模块。指培训课程的构成。必须通过学习这些模块,个体才可能获得被专业团体正式认可的职业资格证书。这些模块可被学校和培训提供者用于开发特定的课程,且必须获得专业团体的正式认可。

· 资格证书。指对标准的正式认可。通过一个评价过程达到标准后,就可颁发职业资格证书。学习过程可通过工作过程进行,也可通过成功地学习一组课程进行,两者都可以。一旦获得了职业资格证书,就意味着获得了进入劳动力市场的许可,以及接受继续教育的机会。

无论四部分说还是三要素说,核心要素都是职业标准。因为内容模块实际上是标准的具体化,而资格证书是对标准的正式认可凭证,准入与标准更是密切相关。

1949 年以后我国职业资格证书制度的发展可分为如下三个阶段[2]。

(1) 第一阶段:1949—1989 年,起源阶段

1949 年中华人民共和国成立后,计划经济体制时期,将民众按工人、农民、干部的身份界定进行相应的社会保障及工资待遇。工人和干部的职业资格评定体系因而界限分明。

20 世纪 50 年代初,在工人管理上,很大程度上照搬了苏联的技术等级标准:确定了技术等级、工资等级、工作物等级三者一致的原则;确定了工人技术等级标准的多等级结构形式;确立了工人技术等级标准由行业部门颁布的格局。1963 年对该标准进行了适用性修订。1978 年第二次修订,将工人技术等级标准与培训、考核联系在一起。1985 年又进行了一轮修订,将复杂的等级结构变为初、中、高三级结构[3]。我国已形成了世界上建立标准较早、等级结构最为庞杂(六种以上)、标准数量最为庞大的职业技能标准体系。

---

1. 徐国庆. 职业知识论与职业教育课程内容设计[J]. 职教通讯,2006(7):11-15.
2. 陈宇. 技能职业职业资格证书(制度与体系)[M]. 北京:海洋出版社,2006:59-82,14-15.
3. 张峻峰. 我国工人技术等级标准的历史沿革[J]. 中国劳动科学,1991(1):43.

（2）第二阶段：1990—2007 年，转型阶段

随着改革开放逐步深入，工人、农民、干部的身份三分法日渐模糊，也不再适应时代发展，人事领域的改革也逐步加大步伐。1990 年，推出了专业技术人员资格考试，专业技术资格制度开始实施。

1993 年，中共十四届三中全会首次明确提出学历文凭与职业资格并重，劳动部发布《职业技能鉴定规定》。1994 年 3 月，劳动部、人事部联合颁发《职业资格证书规定》；1994 年，全国人大通过《中华人民共和国劳动法》，确立了职业资格制度的法律地位；1994 年 6 月，中央编制办批准成立劳动部职业技能鉴定中心，负责国家职业资格证书制度的实施。在我国运行了 20 年之久的企业工人技术等级制度，开始被改造为社会化管理的国家职业资格制度。

《中华人民共和国劳动法》第八章第六十九条规定："国家确定职业分类，对规定的职业制定职业技能标准，实行职业资格证书制度，由经过政府批准的考核鉴定机构负责对劳动者实施职业技能考核鉴定。"《中华人民共和国职业教育法》第一章第八条明确指出："实施职业教育应当根据实际需要，同国家制定的职业分类和职业等级标准相适应，实行学历文凭、培训证书和职业资格证书制度。"

这一时期，职业资格分为从业资格和执业资格两大类型。

· 从业资格是指从事某一专业（工种）学识、技术和能力的起点标准。商科职业资格大多属于此类。很多职业都要求持有上岗证。

· 执业资格是指政府对某些责任较大、社会通用性强、关系公共利益的专业（工种）实行准入控制，是依法独立开业或从事某一特定专业（工种）学识、技术和能力的必备标准，实施注册登记制。商科职业中，从事审计的会计师即需要注册会计师资格。

（3）第三阶段：2008 年迄今，进一步改革阶段

2008 年开始，专业技术职业资格中开始区分"能力水平评价和行政许可类职业资格制度"[1]，技能职业资格中也开始区分"水平认证资格和准入资格制度"。

市场对职业资格证书的认可参差不齐，职业教育中谋求学历与职业资格的双证书模式遇到了实践的挑战，最需要技能证书的农民工群体难以得到培

---

1. 吕忠民.职业资格制度概论[M].北京：中国人事出版社，2011.

训和认证。有如下表现。

・现代科技革命对传统产业体系和社会分工体系产生巨大影响,相对于不断涌现的新职业,职业资格证书开发速度尤其是职业标准跟不上形势发展变化。现有职业资格证书覆盖面不够、更新周期长,出现不够用、不好用、跟不上的情况。

・由行业企业组织开发的社会化证书,总体而言,通用性强、认可度高、含金量足的不多,大多数证书存在着口径宽窄不一、内容交叉重叠、稳定性不足、适用范围不广和规范性不强等问题,还不能满足职业院校人才培养需要。

・国家职业资格证书、行业企业的社会化证书主要应用于职业领域,并没有考虑学校职业教育的特点和需要。加之双证书出自不同体系、适用不同规则、遵循不同逻辑,各有各的标准,融合起来难度较大,难以在同一课程体系和教育过程中落地[1]。

鉴于国家职业资格证书制度运行了二十多年之后出现各种新问题,2014年,新一届政府将职业资格制度的改革作为一项重要工作任务,基于是否需要准入,将职业资格分为准入类和社会技能鉴定两大类,取消了大量职业资格鉴定和证书,职业资格证书从此进入新时期。

在深化"放管服"改革背景下,国家对职业资格证书的数量做了较大幅度删减,目前仅保留了140种,除涉及国家财产、人民生命健康安全、消费者权益等资格类证书之外,将职业(工作)规范要求、职业技能评价等责权均下放给行业企业。自2014年开始,国务院要求各地区、各部门要从全面深化改革特别是供给侧结构性改革的大局出发,进一步转变职能、转变观念、提高认识,加大职业资格许可和认定事项清理力度,不断降低人才负担和制度成本,持续激发市场和社会活力,促进就业创业;指出减少职业资格许可和认定事项是推进简政放权、放管结合、优化服务改革的重要内容,也是深化人才发展体制机制改革和推动大众创业、万众创新的重要举措。2014年以来,国务院先后分六批取消了319项职业资格许可和认定事项,2016年12月再取消114项。至此,国务院部门设置的职业资格许可和认定事项已取消70%以上。

2017年5月,国务院常务会议决定设立国家职业资格目录。有以下三个

---

1. 孙善学.对1+X证书制度的几点认识[J].中国职业技术教育,2019(7):72-76.

原则:

- 通过公布目录,实施清单式管理。
- 区分准入类和水平评价类职业资格。所谓准入类职业,是指关系到公共安全、人身健康、生命财产安全等的职业或工种,以法律法规或国务院决定为依据;水平评价类职业则是具有较强专业性和社会通用性,技术技能要求较高、行业管理和人才建设确需的职业或工种。
- 依法设置的职业资格必须纳入目录,实行动态调整。

2017年9月12日,人社部发布《关于公布国家职业资格目录的通知》。文件将职业资格重新分为专业技术人员职业资格和技能人员职业资格。

2019年12月30日,国务院常务会议决定推行水平评价类技能人员职业资格的社会化技能认定。

职业资格目录清单陆续发布。2020年1月起,除消防员、安检员等7个工种依法调整为准入类职业资格,用一年时间分步有序将其他水平评价类技能人员职业资格全部退出国家职业资格目录,不再由政府或其授权的单位认定发证。与此同时,推行职业技能等级制度,制定发布国家职业标准或评价规范,由相关社会组织或用人单位按标准依规范开展职业技能等级评价、颁发证书。已发放的水平评价类技能人员职业资格证书则继续有效。

这一改革举措比较符合商业行业实践——实践中绝大部分商科职业并无严格的准入需求,有利于扭转部分职业资格证书价值不高、从业资格作为上岗证流于形式等问题。但同时它对商科职业教育影响比较大,此前数十年间试图通过双证书制度促进职业教育质量控制的努力路径该何去何从,成为新的挑战。商科职业资格水平的社会化技能鉴定工作如何开展,标准如何得到各界认可并有效促进职业教育质量改善及毕业生向职业世界的过渡,在学理和实践操作层面都仍然有很多工作要做。

二、职业分类

职业分类是职业标准制定的基础。

职业分类是采用一定的标准和方法,依据一定的分类原则,对从业人员所从事的各种专门化的社会职业所进行的全面、系统的划分与归类。它是一个国家形成产业结构概念和进行产业结构、产业组织及产业政策研究的基础,对社会各个行业的发展有着十分重要的指导意义,任何一个国家的职业分类都影响并制约着其国民经济各部门管理活动的成效。而对于职业教育而言,职业分类的意义在于为科学制定教育专业提供基本依据。

职业分类作为人力资源管理与服务的重要基础工具,自20世纪中期以来得到了世界各国和地区以及国际劳工组织的重视。据不完全统计,目前美国、加拿大、日本、英国、德国、法国、澳大利亚、瑞士、荷兰、丹麦、俄罗斯、波兰、奥地利、挪威、匈牙利、新西兰、菲律宾、韩国等许多国家都已制定了本国的职业分类。

1. 产业和行业

1) 概念和分类

分类是科学研究中一项基本而关键的工作。根据联合国国际标准行业分类的定义,分类就是在对有关现象进行交流时,从统计角度处理这些现象时使用的语言系统。它们将浩瀚的统计数据划分成就有关统计对象的那些特点而言尽可能同质的类别。

讨论职业分类,必然首先落实到产业、行业这些概念。收集和整理行业有关数据,这是职业研究的第一步。

原始的"产业"(Sector)一词,是指生产作业或财产。现代产业是具有同一属性的企业的"集合",或具有某种同一属性的经济活动的"集合"。具体来说,"产业是由提供相近商品或服务、在相同或相关价值链上活动的企业共同构成的","一个产业是具有某种同一属性的经济活动的集合"。

根据联合国国际标准行业分类,产业是指主要从事同样或类似种类的生产性经济活动的所有生产单位的集合。

产业是大的概念,具有以下特点。

· 有着相似的生产结构、服务和劳务结构的(专业)领域。

· 无论是国内还是国际的数据、统计和研究都能适用于相同的(专业)领域,并可以用来把握特定行业的发展。

· 对相互之间没有本质区别的产品、客户、技术诀窍和专业知识、服务设施和工作任务进行讨论。

而行业,则是主要根据职业、性质或具体事物对社会各个领域的称呼。有时与"产业"混淆使用,来表示同一概念,常指社会领域。行业属于概念广泛的常用中文词汇,其分类有多种标准。按产品或服务内容分类,如钢铁行业(钢铁业)、食品行业(食品业)、饮食行业(餐饮业)等;按工作、职业特性分类,如律师行业(律师业)。

中文中还有行当、行这样的说法,一是指百工技艺所做的职业,另指戏曲演员专业分工的类别。前一个小于现代职业概念中的内涵,主要指技术工匠类职业,倒是非常接近中等职业教育中职业的范围。

职业与行业不是同一个概念,但是实际应用中多见混用现象。行业包含了企业与职业,提供同类型产品和服务的企业组成的就是某一行业,而体现在企业之中的就是职业。因此,行业是较大的概念,如服务业包含了服务性职业,但并非全部包含,美国相关研究数据显示:约有不到56.2%的服务性职业出现在服务业中,而大约98.1%的服务性职业存在于服务生产类行业,还有12.1%会在商品生产类行业出现。

在经济研究和经济管理中,经常使用的产业分类方法主要有两大领域暨两大部类分类法、三次产业分类法、密集资源种类分类法等。

(1) 两分法

两分法指两大领域、两大部类分类法。这种分类法是按生产活动的性质及其产品属性对产业进行分类。按生产活动性质,把产业部门分为物质资料生产部门和非物质资料生产部门两大领域,前者指从事物质资料生产并创造物质产品的部门,包括农业、工业、建筑业、运输邮电业、商业等;后者指不从事物质资料生产而只提供非物质性服务的部门,包括科学、文化、教育、卫生、金融、保险、咨询等。

(2) 三次产业分类法

这种分类法是根据社会生产活动历史发展的顺序对产业结构的划分,也是世界上较为通用的产业结构分类方法。产品直接取自自然界的部门称为第一产业,对初级产品进行再加工的部门称为第二产业,为生产和消费提供各种服务的部门称为第三产业。

三次产业分类法是1935年由新西兰经济学家费歇尔在其著作《安全与进步的冲突》中首次提出的。英国经济学家、统计学家克拉克在费歇尔的基础上,采用三次产业分类法对三次产业结构的变化与经济发展的关系进行了大量的实证分析,总结出三次产业结构的变化规律及其对经济发展的作用。

在世界经济发展史上,人类经济活动的发展有三个阶段:

· 第一阶段:初级阶段,人类的主要活动是农业和畜牧业。

· 第二阶段:开始于英国工业革命,以机器大工业的迅速发展为标志,纺织、钢铁及机器等制造业迅速崛起和发展。

· 第三阶段:开始于20世纪初,大量的资本和劳动力流入非物质生产部门。

费歇尔将处于第一阶段的产业称为第一产业,处于第二阶段的产业称为第二产业,处于第三阶段的产业称为第三产业,即把产业门类划分为第一、第二和第三产业。这一产业分类方法提出后,得到广泛的认同,并一直沿用至今。可以讲,所有的传统产业经济理论都是建立在三次产业划分基础上的。因此,其理论贡献是不言而喻的。然而,就像任何理论的提出都有其现实的背景、从而具有某种历史规定性一样,三次产业划分的提出也不例外。这种划分法,是以工业时代的产业经济发展为现实背景的。当时,经济发达的美国、英国、法国、德国还处在以工业化为主导的阶段,其划分的依据是物质生产中加工对象的差异性。也就是说,第一产业的属性是取自自然界;第二产业是加工取自自然的生产物;其余的经济活动全部统归第三产业。

对这种产业三分法也存在很多质疑。

· 认为它在理论基础方面,混淆了生产劳动与非生产劳动的界限,社会再生产过程被描述得过分笼统与简单。

· 认为它在具体划分现实的经济活动上,尚存在不少难以自圆其说的矛盾,如采矿业是取自自然的产业,理应划入第一产业;但矿业同农、林、牧、渔、狩猎等归在一起,似乎又很不协调,因为它有更多的属性,接近制造业。再如供水、供电、煤气等行业放在第二、第三产业中均可说得通。第三产业的内容则非常庞杂,把性质上相距甚远的部门行业混杂在一起,难以分析其变化实质,尤其是科技、教育知识领域。

进入20世纪80年代,信息技术及以其为核心的现代高技术群迅速壮大,人类产业活动的规模和方式有了巨大变化,三次产业分类理论的局限性日益突出,具体包括如下表现。

· 需求结构升级使产业范围扩大,产业正涵盖愈加丰富的社会生活领域,包容越来越多的形式、日益多样的分工和专业化程度日益提高的人类经济活动。产业活动愈来愈成为非单纯的生产、生活资料和服务的供给部门,其联结社会生活各部分以及各部分与其外部环境包括自然环境的作用不断加强。

- 产业经济分析和产业政策的制订与实施要求拓展产业分类理论。伴随着生产力的飞跃和经济发展水平的提高，社会分工的规模和深度提高，生产的社会化和经济的一体化发展，导致生产和消费过程社会化，第三产业长足发展，并且其中不同的部门和行业有不同的表现，不仅其他产业内部不断有新的部门分离出来进入第三产业，第三产业内部也出现了分化和重组。随着社会信息化过程的展开，第三产业中的部分部门已经成为经济发展的重要依托，而传统意义上的第三产业内部活动从数量到性质都发生重大变化，产业分类急需变革。

围绕信息产业化浪潮展开的"第四产业"讨论和以寻求可持续发展途径为目的而展开的"环境产业""资源产业""生态可持续工业""高技术产业"的讨论，把一批新兴产业的归属、地位、本质揭示问题提到产业经济研究的热点中来。现在由于新兴的信息通信技术（IT）在任何领域都能得到应用，再无行业界线，从而成为一种跨领域技术。

（3）密集资源种类分类法

这种产业分类方法是按照各产业所投入的、占主要地位的资源的不同为标准来划分的。根据劳动力、资本和技术三种生产要素在各产业中的相对密集度，把产业划分为劳动密集型、资本密集型和技术密集型三类。

- 劳动密集型产业指进行生产主要依靠大量使用劳动力，而对技术和设备的依赖程度低的产业。其衡量的标准是在生产成本中工资与设备折旧和研究开发支出相比所占比重较大。一般来说，目前劳动密集型产业主要指农业、林业及纺织、服装、玩具、皮革、家具等制造业。随着技术进步和新工艺设备的应用，发达国家劳动密集型产业的技术、资本密集度也在提高，并逐步从劳动密集型产业中分化出去。例如，食品业在发达国家就被划入资本密集型产业。

- 资本密集型产业指在单位产品成本中，资本成本与劳动成本相比所占比重较大，每个劳动者所占用的固定资本和流动资本金额较高的产业。当前，资本密集型产业主要指钢铁业、一般电子与通信设备制造业、运输设备制造业、石油化工、重型机械工业、电力工业等。资本密集型工业主要分布在基础工业和重加工业，一般被看作发展国民经济、实现工业化的重要基础。

- 技术密集型产业指在生产过程中，对技术和智力要素依赖大大超过其他生产要素的产业。目前技术密集型产业包括：微电子与信息产品制造业、航空航天工业、原子能工业、现代制药工业、新材料工业等。

当前以微电子、信息产品制造业为代表的技术密集型产业正迅猛发展,成为带动发达国家经济增长的主导产业。因此可以说,技术密集型产业的发展水平将决定一个国家的竞争力和经济增长的前景。

在这一基础上,英国学者帕韦特[1]从促进技术创新的角度,基于英国数据提出了另一种产业分类思路。

- 供应商主导型:服务业、传统制造业。
- 规模密集型:原材料、汽车等。
- 信息密集型:金融、零售、旅游。
- 科学基础型:电子、化学。
- 专门化供应商:仪器、软件、资本货物。

基于这一分类思路,商业主要是供应商主导型和信息密集型。

综上所述,产业分类在基本的分类原则之外,需视研究的目的和需要,选择合适的视角,形成具体的标准。

2)国际国内实践

(1)国际

① 联合国国际标准行业分类

为使不同国家的统计数据具有可比性,联合国颁布了《全部经济活动的国际标准行业分类》(ISIC;简称《国际标准行业分类》)。现在通行的是2006年发布的第4版。《国际标准行业分类》主要目的是提供一套能用于根据此类活动收集和提供统计数据的活动类别。它是一种按照经济活动种类划分的分类,而不是货物和服务分类。一个单位所进行的活动就是它所从事生产的类型。

《国际标准行业分类》的定义尽量满足以下两个条件。

- 生产和提供的具有某一类特点的货物和服务类别占归属该组的单位产出的大部分。
- 包含生产和提供具有该类特点的大多数货物和服务类别的单位。

为保证对相似单位根据经济活动进行分类的唯一性及便捷性,需满足以

---

1. Keith Pavitt. Sectoral patterns of technical change: Towards a taxonomy and a theory[J]. Research Policy, 1984(13):343-373.

上条件,且各组中的单位应尽可能相似。

《国际标准行业分类》中不同层级的类别名称为:门类、类、中类、小类。

第一级为门类,以字母顺序排序;编码为两位数字的类别表示"类",三位数字的为"中类",四位数字的为"小类"。ISIC 第 4 版包括 20 个门类、88 个大类、238 个中类和 419 个小类。

在《国际标准行业分类》中,"活动"指的是生产活动。生产活动定义为使用投入(如资本、劳动力、能源及原材料)来产生产出的行为。从活动中得到的产出可以(在市场或非市场交易中)向其他单位转移或销售、储存或者由生产单位自行利用(表 2-1)。

对一个经济体进行统计时,要区别主要活动、次要活动和辅助活动。

·主要活动:一个经济实体的主要活动是指对该实体增加值贡献最大的活动,但并不一定非要占一个实体增加值总额 50% 或以上,或其增加值超过该实体任何其他活动的活动。主要活动产生的产品既可以是主要产品,也可以是副产品。后者是生产主要产品时必然产生的产品,如在屠宰牲畜生产肉类时产生的兽皮。

·次要活动:最终为第三方生产产品的各种单独活动,这种活动不是有关实体的主要活动。次要活动的产出必然是次要产品。大多数经济实体至少会生产某些次要产品。

·辅助活动:主要活动和次要活动如果没有若干辅助活动(诸如簿记、运输、贮藏、采购、推销、清洁、维修、安全等)的支持是无法进行的。至少每个经济实体都会从事部分这类活动。因此,辅助活动是实际存在的提供全部或主要供一个实体使用的非耐用品或服务以支持一个实体主要生产活动的那些活动。

表 2-1　国际标准行业分类

部门分类	包含产业
门类 1	农业、林业、狩猎和渔业
门类 2	采矿和采石业
门类 3	制造业
门类 4	电、气和水

（续表）

部门分类	包含产业
门类5	建筑业
门类6	批发、零售、餐馆和旅馆
门类7	运输、储存和通信业
门类8	金融、保险、房地产和商务服务
门类9	社区、社会和个人服务
门类0	无法充分描述的活动

② 欧共体经济活动术语

欧共体经济活动术语(NACE)在很大程度上以联合国《国际标准行业分类》为蓝本(第4版)，大部分结构保持一致。这种经济分类特别适合还未健全、结构还不清晰的行业，这样可以更好地把握这类行业，并对其结构性发展提供指导意见，可促使在案例研究框架内进行更深入的研究。

该术语将以企业活动领域为基础的行业划分为以下四个层面。

·第一层为相应的经济领域名称(门类)。

·第二层为经济部门名称(大类)。

·第三层对企业活动进行了更详细的界定(中类)。

·第四层为活动类型名称(小类)。

目前采用的是第2版，包括21个门类、88个大类、272个中类、615个小类。

③ 美国暨北美标准行业分类

美国1930年就有《美国标准行业分类》(USSIC)，最后的修正版是1987年版。其中涉及服务业的是E、F、G、H、I五个大类。后因制定了推动北美经济一体化的《北美行业分类系统》(NAICS)，1997年4月9日，美国国务院管理与预算办公室(OMB)宣布以NAICS代替USSIC。

《北美行业分类系统》(NAICS)是美国、加拿大和墨西哥北美三国通用的新的行业分类系统。该分类分为五个层次，前四层为统一分类，第五层为各个国家自己设定的细分类。所以分类编码中前5位为北美统一编码，最后1位是北美三国各自的区别码。

现行系统五年修订一次。2017年的新版中，包含20个门类、99个大类、

713个小类,美国的细类1069个。

(2) 中国

随着我国改革开放逐步深入,国际交往日趋频繁,规模不断扩大,特别是在加入世界贸易组织后,不论是进行国际比较还是进行信息交流,都要求我们按照国际分类标准加工统计信息。

国民经济行业分类作为我国国家标准于1984年首次发布实施。随着经济的飞速发展,新兴行业不断涌现,产业结构发生了巨大变化,我国对国民经济行业分类进行了多次修订:1994年进行了第一次修订,形成《国民经济行业分类与代码》(GB/T 4754—1994);2002年进行了第二次修订,形成了《国民经济行业分类》(GB/T 4754—2002),并于2003年起逐步应用于计划、统计、财政、税务、工商行政管理等国家宏观管理和部门管理活动中;2011年再次修订,最新版本为《国民经济行业分类》(GB/T 4754—2017)。

最新标准《国民经济行业分类》(GB/T 4754—2017)由国家统计局起草,国家质量监督检验检疫总局、国家标准化管理委员会批准发布,于2017年10月1日实施。这一版本的行业分类共有20个门类、97个大类、473个中类、1380个小类。与2011年版比较,门类没有变化,大类增加了1个,中类增加了41个,小类增加了286个。

在国家标准的制定和修订过程中,遵循的一个基本原则就是必须从我国现阶段的行业发展情况出发,按照国际通行的经济活动同质性原则划分行业,并积极与国际标准衔接。

强调分类原则和方法的一致性,注重二者之间的相互转换。我国国家标准与国际标准产业分类相衔接突出表现在强调分类原则、分类方法的一致性,注重二者之间的相互转换。具体表现为如下方面。

· 遵循国际通行的经济活动同质性原则。我国《国民经济行业分类》遵循国际通行的行业划分原则,即采用经济活动的同质性原则划分国民经济行业,每一个行业类别都按照同一种经济活动的性质划分,而不是依据编制、会计制度或部门划分,打破了部门管理的界限。

· 采用了相同的分类体系。国际标准产业分类是联合国制定并向各国政府推荐用于进行统计数据国际间比较的统计分类标准,它已成为世界各国交流和对比统计数据的工具。我国《国民经济行业分类》也采用了与之相同的分类体系,也就是在分类层次上包括了门类、大类、中类和小类。

·在小类层次上可以相互转换。我国《国民经济行业分类》在研究和修订过程中,参照了国际标准产业分类的有关规定,对存在差异的行业小类在内容上进行了调整。在实际执行中,所有行业小类都建立了对应关系,并可以通过计算机软件直接转换为国际通行标准。

·调整和增加一些行业类别,便于二者衔接。为了与国际标准产业分类相衔接,我国《国民经济行业分类》调整和增加了一些行业类别。如:将原来属于采掘业门类中的木材及竹材采运业调整到农、林、牧、渔业;将原来制造业门类中的纤维原料初步加工业中类全部调整到农、林、牧、渔业门类中的农、林、牧、渔服务业大类;在制造业门类中增加了废弃资源和废旧材料回收加工业大类;等等。

根据我国现阶段行业发展情况,为满足宏观经济管理的需要,我国《国民经济行业分类》比联合国《国际标准行业分类》更为详细,2011年版本比国际版本分别多3个门类、35个大类、239个中类和621个小类。

尽管我国《国民经济行业分类》与国际标准产业分类层次相同,即使是在一些门类层次上,二者也可以简单对应,但从大类、中类和小类层次看,各行业划分的详细程度存在差异。由于制造业在我国国民经济中处于主导地位,是拉动我国经济增长的主要行业,因此分类更为细致。我国《国民经济行业分类》2011年版中,制造业分为30个大类、169个中类、482个小类,分别比国际标准产业分类多7个大类、108个中类和355个小类。农、林、牧、渔业,交通运输、仓储和邮政业,批发和零售业,公共管理和社会组织等行业在各个分类层次都有程度不同的差异。这些差异主要体现在各行业的主要产品分类上。

中国的产业和行业划分为以下三类。

·第一产业:农业,林业,畜牧业,渔业。

·第二产业:工业(采掘业,制造业,自来水、电力、蒸汽、煤气的制造和供给业),建筑业(采矿业和制盐业归入第二产业)。

·第三产业:流通部门、服务部门。

由于第三产业包括的行业多、范围广,根据我国的实际情况,第三产业划分为两大部分:一是流通部门,二是服务部门。具体又划分为以下四个层次:

·第一层次:流通部门,包括交通运输业、邮电通信业、商业饮食业、物资供销和仓储业。

·第二层次:为生产和生活服务的部门,包括金融、保险业,地质普查业,房地产、公用事业、居民服务业、旅游业、咨询信息服务业和各类技术服务业,等等。

·第三层次:为提高科学文化水平和居民素质服务的部门,包括教育、文化、广播电视事业,科学研究事业,卫生、体育和社会福利事业,等等。

·第四层次:为社会公共需要服务的部门,包括国家机关、党政机关、社会团体,以及军队警察等。

第一产业为直接从自然界获取产品的产业,《国民经济行业分类》(GB/T 4754—2002)中,第一个门类即 A 类,包括农业、林业、畜牧业、渔业以及农、林、牧、渔服务业共计 5 大类。

第二产业主要是制造业,中国将采矿业和制盐业归入第二产业。中国的第二产业分为 4 个门类即 B 类、C 类、D 类和 E 类共计 45 个大类;其中 B 类分为 6 个大类,C 类属于传统产业,分为 32 个大类,D 类 3 个大类,E 类 4 个大类。

我国国民经济核算中产业部门分类,考虑到我国宏观经济管理、社会公众和对外交流的需要,以及现行统计、会计核算资料基础确定,将现有产业分为门类、大类、中类和小类四个层次,共有 20 个门类。

·批发业:包括九个中类,主要按商品品类分,也杂糅了一个业态模式的区别。具体为:农、林、牧、渔产品批发;食品、饮料及烟草制品批发;纺织品、针织品及原料批发;文化、体育用品及器材批发;矿产品、建材及化工产品批发;机械设备、五金产品及电子产品批发;贸易经纪与代理;其他批发业。

·零售业:包括九个中类,除商品品类的分类标准之外,还有一个业态的标准杂合其中。具体为:综合零售;食品饮料及烟草专门零售;纺织服装及日用品专门零售;文化体育用品及器材专门零售;医药及医疗器材专门零售;汽车、摩托车、零配件和燃料及其他动力销售;家用电器及电子产品专门零售;五金、家具及室内装饰材料专门零售;货摊、无店铺及其他零售业。

·商务服务业:包括组织管理服务、综合管理服务、法律服务、咨询与调查、广告业、人力资源服务、安全保护服务、会议展览及相关服务,以及其他服务业。

3)产业结构变化中的商业

第一产业的增加值和就业人数在国民生产总值和全部劳动力中的比重,在大多数国家呈不断下降的趋势。直至 20 世纪 70 年代,在一些发达国家,如英国和美国,第一产业增加值和劳动力所占比重下降的趋势开始减弱。

第二产业的增加值和就业人数占的国民生产总值和全部劳动力的比重,在 20 世纪 60 年代以前,大多数国家都是上升的。但进入 20 世纪 60 年代以后,美、英等发达国家工业部门增加值和就业人数在国民生产总值和全部劳动力中的比重开始下降,其中传统工业的下降趋势更为明显。

第三产业的增加值和就业人数占国民生产总值和全部劳动力的比重各国都呈上升趋势。20世纪60年代以后,发达国家的第三产业发展更为迅速,所占比重都超过了60%。

从三类产业比重的变化趋势中可以看出,世界各国在工业化阶段,工业一直是国民经济发展的主导部门。发达国家在完成工业化之后逐步向"后工业化"阶段过渡,高技术产业和服务业日益成为国民经济发展的主导部门。

工业内部各产业的结构也有阶段性特征。简言之,工业化可分为三个阶段:

- 以轻工业为中心的发展阶段:像英国等欧洲发达国家的工业化过程是从纺织、粮食加工等轻工业起步的。
- 以重化工业为中心的发展阶段:在这个阶段,化工、冶金、金属制品、电力等重、化工业都有了很大发展,但发展最快的是化工、冶金等原材料工业。
- 工业高加工度化的发展阶段:在重化工业发展阶段的后期,工业发展对原材料的依赖程度明显下降,机电工业的增长速度明显加快,这时对原材料的加工链条越来越长,零部件等中间产品在工业总产值中所占比重迅速增加,工业生产出现"迂回化"特点。加工度的提高,使产品的技术含量和附加值大大提高,而消耗的原材料并不成比例增长,所以工业发展对技术装备的依赖大大提高,深加工业、加工组装业成为工业内部最重要的产业。

以上三个阶段,反映了传统工业化进程中工业结构变化的一般情况,并不意味着每个国家、每个地区都完全按照这种顺序去发展。例如,1949年之后的中国,在特定的历史条件下,就是首先集中力量建立起一定的重工业基础,改革开放初期再回过来进行发展轻纺工业的"补课",而现在则要以信息化带动工业化。

农业内部各产业结构的变化也有一定的趋势性特征。随着农业生产力的发展,种植业的比重呈下降趋势,但其生产水平日益提高;畜牧业的比重逐渐提高;林业日益从单纯提供林产品资源转向注重其环境生态功能,保持和提高森林覆盖率越来越受到重视;渔业日益从单纯依靠捕捞转向适度捕捞、注重养殖,其比重稳步上升。

商业作为第三产业中的重头戏,成为各国社会发展进程中的重点行业,尤其是商务服务业的发展。

2. 职业分类

1）意义和原则

职业分类是依据一定的科学方式和标准对不同职业进行的系统划分和归类，分类工作不仅要有正确可靠的依据，而且应当遵从科学规范、先进合理、内容完整、层次分明的基本原则。国际劳工组织、各国家和地区职业分类原则共同性与差异性并存。

职业分类与行业分类密切相关，但并不一致。同一职业可在不同行业中就业，比如会计、销售员等典型商科职业。职业跨行业就业的可能性越高，其价值相对也越高。

职业在人类社会的发展阶段中，与个人资源状况、社会声望等都密切相关。而个人的择业自由，也并非自然而然之事，是伴随人类社会现代化、民主化进程的结果。职业的选择、通过职业实现个人发展成为每个人的重要事务。通过职业对社会进行管理，在现代社会因而尤其显得必要。

国际国内展开职业分类的原则大同小异[1]。

· 国际劳工组织把完成工作的任务和职责所需技能相似性作为分类原则。

· 中国职业分类遵循工作性质的同一性原则，同时考虑到政治体制等因素。

· 德国将工作内容的同一性或相关性作为分类原则，并按能力水平分级。

· 日本主要依照工作内容的同一性划分，同时还考虑如下因素：承担的工作形式；必需的知识和技能；产品类型或提供的服务类型；使用的原材料、工具或机械设备的类型；工作的地点和环境；对营业场所或其他组织所发挥的作用。

· 加拿大按照对知识、技能和能力的不同要求，对全国所有的职业进行分类，形成全口径的职业分类体系。按照职业特点平行划分行业，根据工作岗位从高到低划分层次，依据技能水平确定职业级别。

· 英国职业分类遵循如下原则：胜任某项工作所需的技能、经验以及资格、工作的性质。

· 澳大利亚和新西兰将性质相近或相似的工作分别归类并作有系统的排

---

1. 王晓平，张浩，陈祝林. 职业发展概述[M]. 上海：同济大学出版社，2004.

列。通常按照如下原则：职务所承担的责任；专业知识、技能及资历；生产的产品或提供劳务的种类；工作环境、工作程序或使用的原料。

·新加坡职业分类的主要原则是工作内容的同一性，不考虑权威、责任、工作经验、技能和资格。

·韩国的职业分类遵循工作性质的同一性原则。

·我国台湾地区的职业分类将性质相近或相似的工作分别归类并作有系统的排列：职务所承担的责任；专业知识、技能及资历；生产的物品或提供劳务的种类；工作环境、工作程序或使用的原料。

上述国家和地区职业分类体系均把工作性质、内容的同一性作为职业分类的重要原则，国际劳工组织以及日本、加拿大、英国、澳大利亚和新西兰等国家都把职业技能作为职业分类的参照原则。

各个国家在职业分类时还考虑了国际职业分类 ISCO-88 技能等级原则：

·第一等级：需要接受基本的教育。

·第二等级：需要接受中学教育。

·第三等级：需要接受高等教育（不一定拥有学位）。

·第四等级：需要接受至少大学本科教育（需要获得大学学位）。

2）中国职业分类

中国古代即有职业分类之实践：商代即开始出现士、农、工、商的区分。西周时期已是国有六职，坐而论道，谓之王公；作而行之，谓之士大夫；审曲面执，以饬五材，以辨民器，谓之百工；通四方之珍异以资之，谓之商旅；饬力以长地财，谓之农夫；治丝麻以成之，谓之妇功。此后长期有以农为本、以商为末，重本抑末之传统思想与实践。

1986 年，我国首次颁布了《职业分类与代码》（GB 6565—1986），并启动了编制国家统一职业分类标准的宏大工程。1992 年，在中央各部委的大力支持和协助下，原劳动部组织编制了《中华人民共和国工种分类目录》，这个目录将当时我国近万个工种归并为 46 个大类、4700 多个工种，初步建立起行业齐全、层次分明、内容比较完整、结构比较合理的工种分类体系，为进一步做好职业分类工作奠定了坚实基础。

1995 年 2 月，原劳动部、国家统计局和国家技术监督局联合中央各部委共同成立了国家职业分类大典和职业资格工作委员会，组织社会各界上千名专家，经过四年的艰苦努力，于 1998 年 12 月编制完成了《中华人民共和国职业分类大典》。这是我国第一部具有国家标准性质的职业分类大全,于1999年5月正式颁布实施。2015年又颁布了新版本。

1999年版《中华人民共和国职业分类大典》(简称《职业分类大典》)把我国职业划分为由大到小、由粗到细的四个层次:大类(8个)、中类(66个)、小类(413个)、细类(1838个)。细类为最小类别,亦即职业。第四大类商业、服务业人员,包括8个中类、43个小类、147个细类[1]。

2015年版《职业分类大典》分类原则则由"工作性质同一性"调整为"工作性质相似性为主、技能水平相似性为辅",以反映现代社会分工的复合性,淡化职业的身份界限。四个层级依然不变:大类、中类、小类、细类(职业)。除大类外每个层级的数量都有变化:75个中类、434个小类、1481个细类,并列出了2670个工种,标注了127个绿色职业。中类和小类都有所增加,但细类明显减少,减少了205个职业,取消了342个其他职业[2]。这充分体现了近年来职业变迁的速度之快,以及职业内涵的拓展。其中,商业职业主要但不限于分布在第四大类。2015年版第四大类包括15个中类、93个小类、278个职业。与1999年版相比,三个层级上都有所增加,而且幅度较大:分别增加了7个中类、50个小类、81个职业。

8个大类如表2-2所示。

表2-2 中国职业大类

第一大类	国家机关、党群组织、企业、事业单位负责人
第二大类	专业技术人员
第三大类	办事人员和有关人员
第四大类	社会生产和生活服务人员
第五大类	农、林、牧、渔业生产及辅助人员
第六大类	生产制造及有关人员
第七大类	军人
第八大类	不便分类的其他从业人员

---

1. 国家职业分类大典修订工作委员会. 中华人民共和国职业分类大典[M]. 北京:中国劳动社会保障出版社,1999.
2. 国家职业分类大典修订工作委员会. 中华人民共和国职业分类大典[M]. 北京:中国劳动社会保障出版社,2015.

工种是对活动对象或劳动对象的分类称谓,也称工作种类。现行的工种是按劳动所从事的劳动对象的性质,以及工艺技术、知识技术专业调整或活动的特点划分的工作对象类别,概括地讲就是较为突出其共性原则。工种在我国是对职业进行分类的具体标尺,是职业分类的最低层级。

岗位是对劳动者具体活动和工作位置的称谓,也有人将其称作职位。它是人力资源开发和管理的基础元素,是从组织的视角出发看劳动,与分配给个人的一系列具体任务直接相关。因此,职位与参与工作的个人相对应,有多少参与工作的个人,就有多少个职位。

《职业分类大典》因为反映了经济结构特别是产业结构的变化,尤其是人口、就业结构的变化,因而在以下领域可以也必须加强应用。

- 相关机构开展国民经济信息统计和人口普查、劳动力需求预测和规划。
- 各地公共就业和人才服务机构对民众进行职业介绍和职业指导。
- 各类职业教育培训机构设置专业、制定培养标准和课程规范。
- 相关机构梳理职业资格、建立职业资格目录清单管理制度。

3)美国职业分类

20世纪七八十年代,受美国经济持续下滑影响,美国施政者开始认识到制定一套职业分类标准的重要性。通过借鉴其他工业化国家相关成功经验,美国于1997年引进职业分类标准(Standard Occupational Classification,缩写SOC),并结合自身国情进行修改,构建了美国第一个职业分类标准体系。这一标准的制定对于规范美国劳工队伍、提高劳工队伍素质、联结教育系统和就业市场具有里程碑意义。当前最新修订版本为2018年版。

在1997年之前,美国的职业名称词典(Dictionary of Occupational Titles,缩写DOT)描述了12000个左右的岗位,而之后的职业分类标准和职业信息网络的现有版本中都只描述了一千个左右的职业。

以下分析以2010年修订的职业分类标准体系为准,简称2010SOC。该体系根据职业工作活动以及技能要求的相似性将工作进行归类,包括23个大类、97个中类、461个小类和840个细类(职业),如表2-3所示。

表2-3 美国职业大类

代　号	名　称
11 - 0000	管理类职业
13 - 0000	商业和金融事务类职业
15 - 0000	计算机和数学类职业
17 - 0000	建筑和工程类职业
19 - 0000	生命、体育和社会科学类职业
21 - 0000	社区和社会服务类职业
23 - 0000	法律类职业
25 - 0000	教育、培训和图书馆
27 - 0000	艺术、设计、娱乐、体育和传媒类职业
29 - 0000	保健实践和技术类职业
31 - 0000	保健支持类职业
33 - 0000	保卫以及服务类职业
35 - 0000	食品加工和餐饮相关职业
37 - 0000	建筑和地面清洁类职业
39 - 0000	个人护理和服务类职业
41 - 0000	销售以及相关职业
43 - 0000	办公、行政支持类职业
45 - 0000	农业、林业和渔业
47 - 0000	建筑和酿造业
49 - 0000	安装、维护和维修类职业
51 - 0000	生产类职业
53 - 0000	交通和运输职业
55 - 0000	军队特殊职业

4）德国职业分类

德国职业分类（KIDB）以前有两个系统，一个是联邦劳动和职业研究所

(IAB)分类(1988),一个是联邦统计局分类(1992)。2010年联邦劳动和职业研究所将两大系统进行了合并和修订,2011年生效,由此结束了两个分类系统并行的局面。与此前相比,KIDB(2010)的IAB版与国际ISCO-08体系的兼容性更强,但也继续表现出明显的德国特色,即在第一层级坚持行业分类的单一原则。该职业分类采用了横向行业分类、纵向能力分层的构建方式,共划分为职业领域、职业大类、职业中类、职业小类和职业细类五个层次,相对应地使用了五级序号,每级数量分别为10个、37个、144个、700个和1286个。

KIDB(2010)将德国职业划分为10个大类,如表2-4所示。

表2-4 德国KIDB(2010)职业大类

编号	大类
1	农业、林业、畜牧业和园艺业
2	原料开采、生产和制作
3	施工、建筑、测量及房屋技术
4	科学、地理和计算机科学
5	运输、物流、防护和安全
6	商业服务、商品贸易、销售、酒店及旅游
7	商业组织、会计、法律和行政
8	卫生、社会、教学和教育
9	语言学、文学、人文科学、社会学、经济学、传媒、艺术、文化和设计
0	军人

版本变化的明显趋势是:上位行业分类越来越细致,最下位的职业则综合性更强,具体数量明显缩减。但德国商科教育职业的数量却有所不同,具体数量从20世纪80年代的36个上升到2011年的57个,细分程度增加;学徒数量与其他服务业一起超过技术类教育职业,根据德国联邦职业教育研究所(2013)的统计,大致40%以上的学徒岗位分布在商科领域。

职业分类中一大典型难题是条块的融合,因为职业分类必然涉及行业(横向的块,即活动、知识、技能的同一性)和能力水平(纵向的条,即同一职业中任务复杂度的高低)的双重维度。

德国职业分类的特点是行业横向逻辑优先,在块内再分条。横向的行业区别是主要逻辑,在第四层级时才出现行业和能力并列,在每个行业中将领导层单列,以数字9明示,比如,6219,就是销售的监察和管理层。四级(主要是)行业分类之后,根据技术复杂度高低(即纵向能力维度)再细分为四个等级——帮工级别(1)、指向专业活动级别(2)、复杂的专门级别(3)、高度复杂级别(4),能力等级逐步递增。但不是每个职业都会覆盖四个级别,比如零售商务人员,就只分了三个能力等级。

德国职业编码因此为五位数,前四位标注的是行业,第五位标注的则是能力等级。因而行业归属及能力等级可由职业编码直接明示。因此,五位数的社会职业编码对应的是第四层级职业小组(Berufsgruppen),仍然是比较大的工作群。

德国职业体系体现了分类体系的科学性与全面性、职业分类的横向对接与纵向继承、职业描述内容的系统性与指导性,以及职业体系与教育培训体系的对接等特点。

德国属于资格社会,劳动市场的分割基本基于职业资格辅以就业形式的二元分割形式。没有相应的职业资格,很难获得相关职位;相应级别的职业资格也对应着相应的工作岗位和社会保障。而还有一部分职业则属于明确由法律法规强制性准入资格类,主要是医护类职业。

三、职业标准

1. 标准的基本结构

国家职业标准是在职业分类的基础上,根据职业(工种)的活动内容,对从业人员工作能力水平的规范性要求。它是从业人员从事职业活动、接受职业教育培训和职业技能鉴定以及用人单位录用、使用人员的基本依据。国家职业标准由劳动和社会保障部组织制定并统一颁布,每个国家职业标准都包括了职业概况、基本要求、工作要求和比重表等内容,对各职业的活动范围、工作内容、技能要求和知识水平作了明确规定。中国陆续补充出台国家职业标准,其组成如表2-5所示。

表2-5 中国国家职业标准组成部分

1. 职业概况	1.1 职业名称
	1.2 职业定义
	1.3 职业等级
	1.4 职业环境
	1.5 职业能力特征
	1.6 基本文化程度
	1.7 培训要求(期限、教师)
	1.8 鉴定要求
2. 基本要求	2.1 职业道德
	2.2 基础知识
3. 工作要求	3.1 初级(五级)
	3.2 中级(四级)
	3.3 高级(三级)
	3.4 技师(二级)
	3.5 高级技师(一级)
4. 比重表	4.1 理论知识
	4.2 技能操作

2. 标准开发的挑战

标准开发的挑战，主要表现在以下方面。

1）职业标准的及时更新问题

职业活动与社会科技、经济、法律等发展联系紧密，尤其是科学技术，在内容层面深刻影响着职业标准。保证职业标准能够与时俱进，是关系到职业标准严谨性与权威性的关键问题。

要解决职业标准的时效性问题，一方面要在制度上保障行业企业专家的广泛与及时参与,形成多方参与的常态性运行机制。另一方面,职业标准的汇编形式则是制约职业标准体系更新的技术性因素。传统纸质书籍的出版形式,降低了相关职业标准进行及时更新的可能性;而现代网络技术为及时更新职业标准提供了可能。

2)职业标准与《职业分类大典》的对应性问题

当前职业名称的对应不甚明显,部分国家职业标准提到的职业不在《职业分类大典》的体系中。这种错位会引发对职业分类合理性的质疑,也会导致职业学校专业设置依据混乱、参考标准不一。

3)职业标准与教育标准的关系

二者之间的关系基本上呈现两种模式:一是各自独立,相互关联;二是合二为一,融为一体。下面将重点阐述之。

职业标准描述的是就业需求,是职业活动的领域、职业活动的规格以及胜任职业所必需的相关知识和技能。

教育标准首先需回答的问题是:为了胜任工作,达到职业标准的要求,学生需要学习哪些内容?教育标准描述的是学习目标、内容及教育培训的组织和时间安排,具体规定了期望的学习成果、所应获得的资格以及覆盖学习内容、目标、时间进程、教学方法和教学设施的教学方案等。

中国自2014年开始由教育部公开出版暨颁布中等职业教育教学标准,其中财经商贸类已颁布相关专业标准。

教育标准在教育教学要求与职业标准间起着桥梁作用,一方面保障了教育体系中一些固化原则与普遍要求得以在职业教育培训中实施,另一方面也因为它是以经济需求和企业要求导向下的劳动力市场为主导满足了职业标准的要求。

职业教育专业教学标准与职业标准的协调与融合是职业教育界和职业界衔接的关键点,是实现我国职业教育"五个对接"思想与双证融通培养理念的落脚点。与我国一样,世界上许多国家所制定的职业标准与职业教育专业教学标准大多是两个独立的体系。职业教育的吸引力和有效性首先在于能成功地将劳动力市场的职业能力需求与教育体系的资格供给紧密结合在一起。而将这二者紧密结合的一个重要前提条件或者说是核心内容之一就是将职业体系中的职业标准与教育体系中的教育标准紧密结合起来。

德国采用了与其他大多数国家不同的开发与使用方式,没有所谓独立的社会职业标准,只有"教育职业标准",集中体现了其根据职业原则进行社会治理的特征。

其教育职业标准即以"职业教育条例"形式(Ausbildungsordnung,缩写AO)发布的法规,形成涵盖职业标准的专业标准。因此,德国的职业标准就是教育职业的专业标准。它基于职业教育法(BBiG)及手工业条例(HwO)由各个政府专业部门颁布实施,是遵循知识、技能和能力循序渐进积累逻辑的教育标准的一部分。

根据德国职业教育法,教育职业标准至少需确定以下五部分内容:教育职业名称、教育培训时间、教育职业规格、教育框架计划和考试要求。简称为:名称、时长、目标、内容和考试要求。需要补充说明的是,该标准描述的是教育培训的最低要求,它一方面规定了当前职业领域对从业技术工人必须的、不可或缺的技能、知识和能力要求,另一方面也为实践世界的实施提供了拓展空间,尤其是那些还未显现出来的资格与需求发展趋势。

德国双元制职业教育中,该教育职业标准是各教育职业实施教育培训时所参照的规范化的目标、内容与考试方案,既是设计与实施职业教育的根本标准,也是双元制职业教育中企业培训的基本标准。它在全联邦范围内规定了双元制职业教育的企业部分,而双元制教育培训体系的其他部分,即学校部分(职业学校),则以此为基础由联邦州负责协调制定。在德国,现代化与高效率的教育培训体系离不开高质量的职业教育条例,它为面向未来的职业教育奠定了基础。

四、职业资格证书制度

职业资格证书体系是技术人才培养体系有效运行与现代劳动者就业管理非常重要的制度基础。它是我国职业资格制度的重要组成部分。它作为基本的制度,能提升学习者技能学习的积极性、保证企业参与技能形成,从而促进劳动者就业并提高就业质量,最终提高生产安全与产品质量。

1. 证书制度模式

根据职业资格证书等级划分标准的不同,不同国家的职业资格证书从资格内容角度,可分为三种基本模式,即基于整体能力的职业资格证书模式、基于模块化能力的职业资格证书模式和基于教育资格的职业资格证书模式[1]。

1）基于整体能力的模式

以中北欧双元制职业教育地区为代表，如德国、奥地利、瑞士、荷兰，基于整体职业实践水平来颁发证书。

荷兰职业资格证书开发小组采取了下列程序来开发职业资格证书框架：

· 研究国家和国际的划分框架。

· 选择划分标准。

· 定义证书水平划分的标准。

· 把这些划分标准制定成量表。

· 确定职业资格证书的水平结构。

将职业以责任、复杂性和迁移能力三个维度作为资格划分的标准，其定义如下：

· 责任，指职业行动对别人所执行的职业行动影响的程度，它被划分为三个水平：只负责自己的行动；不存在责任层级，责任是相互的；存在与监督、管理相关的层级责任。

· 复杂性，指职业行动基于标准程序的程度，它被划分为四个水平：机械的日常方法，主要是机械地执行；依据标准程序，但主要不是机械地执行，而是程序运用；要综合标准程序，主要是运用熟悉的程序解决问题；开发新程序，运用问题解决技能形成新方法。

· 迁移能力，指职业行动能够被应用于不同职业情境的程度，它被划分为三个水平：工作相关技能，这些技能是生产周期的一部分；职业相关技能，技能与生产技术相联系；职业独立技能，技能可被应用于不同的职业或工作。

基于三个维度的不同程度，荷兰将职业资格证书分为五个等级，具体如表2-6所示。

德国则将所有职业分为四个层级，能力等级逐步递增，见表2-7。

---

1. 徐国庆. 职业资格证书模式的国际比较研究[J]. 国外职业教育, 2006(1): 10-14.

表 2-6 荷兰职业资格证书的五个等级

等 级	工作内容
水平 1（助手）	工作者负责执行自己的工作；工作内容主要包括机械的日常方法的应用，仅在有限的程度上应用标准程序；包括工作相关的技能与知识
水平 2（基本的职业实践者）	工作者负责执行自己的工作，在工作中还有与集体同时合作的责任；工作内容包括应用机械的日常方法和标准程序；包括职业相关的技能与知识
水平 3（全方位的职业实践者）	工作者负责执行自己的工作，同时必须负责他对别的同事的行动（非层级的），另外，工作者需承担明确的和层级的责任；应用机械的日常方法和标准程序进行监督与管理，应用标准程序和综合标准程序；包括了大部分职业技能与知识
水平 4	工作者负责执行自己的工作，同时也要负责他对同事的行动（非层级的），另外还要承担明确的层级责任，这些责任涉及规划、行政、管理和整个生产流程的开发；他要综合或开发新的程序；包含专家技能、知识和职业独立的技能和知识
水平 5	主要涉及高等教育领域。工作者负责执行他自己的工作，并且必须负责他自己的行动对同事的影响（非层级的），另外，工作者承担着明确的层级责任，它不是指执行意义上的责任，如监督与管理，而是正规的组织意义上的责任；这一工作包括了应用和综合、设计、有限数量的复杂标准程序（专门化），同时也包括了为大范围的活动应用、综合与设计标准程序，重点是根据政策的开发与执行情况，设计新的程序或者战术与战略行动；包括专门化的、独立于职业的技术和知识

表 2-7 德国职业资格证书层级

级 别	资格层级	资格名称
帮工级别（1）	未获得任何职业资格者	无
指向专业活动级别（2）	获得职前职业教育资格	艺徒
复杂的专门级别（3）	获得职后继续教育资格	技师/经济师；技术员/商务师
高度复杂级别（4）	学术资格	

德国职业资格以工业行会为例,分为以下三个层级。

·艺徒(Geselle),通过职前职业教育获得。

·工业技师(Industriefachmeister),或经济师(Fachwirt)/商务师(Fachkaufleute),通过职后实践工作基于进修培训获得;IT运营技术人员;经考试认定的培训人员。

·企业经营管理人员(Betriebswirt),经考试认定的技术管理人员,IT策略专业人员,经考试认定的培训师。

2)基于模块化能力的模式

以能力本位教育的英国和澳大利亚为代表,主张把与职业相关能力的复杂程度作为职业资格证书水平划分的基本依据,资格模块化明显。

它基于国家职业标准,规定了某一职业的合格表现,界定了当前的最佳工作方式、适应未来要求的能力以及具备胜任工作的知识和理解力。该体系的资格证书不规定完成时间,也不规定申请对象:申请对象可以是全职职工,也可以是正在工作或做兼职的学校/学院学生,没有年龄限制,没有特别的准入要求,主要基于国家标准对学习结果进行评估,根据所需能力不同可以分为五个等级(表2-8)。

表2-8 英国国家资格(NVQ)五级职业资格证书框架

水 平	标准描述
1	在接受管理的条件下,在完成一定范围的任务中所表现出的职业能力
2	在接受有限管理的条件下,完成更多、要求更高的任务中所表现出的职业能力
3	在明确的职业或工作范围中,取得满意的、负责任的成就所需要的职业能力
4	设计明确的任务、产品或过程,或使之具体化,以及负责其他人工作的能力
5	专业反思的能力,掌握了一定范围的相关知识,以及在比4高的水平上运用这些知识的能力

我国1993年开始实行的国家职业证书资格制度对英国模式借鉴比较多,采取的是模块化能力形式的资格证书制度,因此中职和高职教育中一个专业

通常对应着多个职业资格证书。

3) 基于教育资格的模式

美国、法国目前实行的都是这一模式。基本上学校制的职业教育都有这一特点。

这一模式把接受一定程度的教育作为获得某种职业资格证书的必要条件。美国职员和管理岗位的职业资格证书标准中明显看出其职业资格证书的"教育"特征。

专门经验通常是入门水平以上职位的要求,申请者必须显示他拥有特定知识与技能的能力。专门经验通常是与目标工作岗位相关的经验。而在美国职业资格证书标准中,对教育的需求通常在中学及同等学历以上,参见美国人事管理办公室颁发的《普通职位职业资格证书标准》(*Qualification Standard for General Schedule Positions*)。

在法国,水平 1 和水平 2 的职业资格证书通常要求等于或高于工程师学校的培训要求;水平 3 通常要求高等技术员培训的文凭,或者高等技术学院文凭;水平 4 通常要求拥有相当于技术学士或技术文凭的证书;水平 5 通常要求相当于 BEP(职业水平证书)和 CAP(职业能力证书)水平(初中毕业后学习两年获得)的培训。

2. 职业资格与职业准入

中国国家职业资格证书制度变迁的不同时期,其核心问题均在于实践中劳动市场对职业资格的认可程度与方式。反映在制度和学理上则是对职业资格证书制度与就业准入制度关系的争议。

学界对此一直颇有争议,可概括为"同一说"和"联系区别说"两种立场[1]。

1) 同一说

此说认为职业资格证书是表明劳动者具有从事某一职业所必需的学识和技能的证明,是劳动者求职、任职、开业的资格凭证和用人单位招聘、录用劳动者的主要依据。据此,职业资格证书是劳动者从事某项职业的必备条件,因而职业资格证书制度与就业准入制度含义相同。职业资格证书的本义是关于职业最低准入条件的证书,而不是能力等级证书。某人一旦获得了职业资格证

---

1. 李红卫. 国内学者职业资格证书制度研究综述[J]. 教育与职业,2012(6):22-25.

书,就意味着他获得了政府认可,可以进入劳动力市场。

2)联系区别说

其依据是职业资格有不同的种类。金难(1996)[1]建议:将责任迥异、难易悬殊的多种职业所需职业资格分为"重大资格""一般资格""注册资格"和"免注册资格"等多种类别,实行多头管理,以合乎客观实际需要。"重大资格"的判别标准:一是对人民生命财产安全产生直接影响的严重程度;二是影响的权限范围——人数和地域面积大小。此类资格为"入门资格"或"起点资格",即未获资格擅自以该职业身份从事活动便视为违法。有人认为此类资格类似国外的许可执照(License),必须经过注册(Registration)的法规程序。"一般资格"则类似国外的证明、证书(Certification),一般不需要经过注册的程序。石金涛[2]等则将职业资格明确划分为两种类型:一种属于从业资格范围,由各种协会向公众提供的服务型资格认定,是单纯技能型的资格认定,不具有强制性;另一种则属于执业资格范围,主要是政府根据相应的法律、法规,针对某些关系人民生命财产安全的职业而建立的准入资格认定制度,有严格的法律规定和完善的管理措施,如统一考试、注册和颁发执照管理等,不允许没有资格的人从事规定的职业,具有强制性。这里的执业资格制度即指就业准入制度。显然,职业资格制度与就业准入制度的内涵及外延并不完全相同,二者是包含与被包含的关系,即职业资格制度包含就业准入制度,或者说职业资格制度的外延要大于就业准入制度。他们因而认为:准入资格制度是职业资格制度的一个分支。

这些争议的本质其实是对"准入"的含义及主体有不同认识。同一说更多强调了政府视角,但事实上,很多职业的进入并不需要相应职业资格,商科很多职业就是典型。虽然国家职业资格证书制度中对营业员、营销人员都有相关职业资格证书,但在劳动市场的实践中,营业员证书并非上岗必须条件,甚至待遇都不一定与之直接挂钩。从这个意义上来说,职业资格作为劳动部门暨政府的认可,不代表劳动市场的认可。

2014年职业资格制度大幅整改前,虽也区别从业资格和执业资格,也在一定程度上区分职业资格是否带有准入的强制性特征,但未能充分考虑社会实

---

1. 金难.对在我国建立职业资格制度的构想[J].社会学研究,1996(5):6,8.
2. 石金涛,陈琦.职业资格制度的发展:人力资本理论的观点[J].科学管理研究,2003(6):104-108.

践的现实性、企业经营的自主需求,导致很多职业持证上岗的要求流于形式,这在商科职业领域尤其明显。

2014年以来,通过区分国家准入类和社会性水平评价类,职业资格和职业准入之间的关系在新政策背景下得到了更明确的界定。政府大力整改职业资格制度,已经分四批取消了211项政府相关部门设置的职业资格许可认定事项;人社部同时取消了地方自行设置的各类职业资格事项。大幅缩减职业资格制度中的数量,废止了《招用技术工种从业人员规定》,这意味着对没有法律依据的准入类职业,社会组织和用人单位不得实行就业准入,不得要求劳动者持证上岗。

所谓准入类职业资格,也称为国家职业资格,由人社部门或者人社部门认可的机构核发。按照国家法律规定,从事一些比较复杂或特殊技术工种的劳动者,必须经过培训,并取得职业资格证书后,方可就业上岗。职业资格证书犹如"通行证"。这属于劳动者从事某一特定专业(工种)的必备标准,以前我国也将其称为"执业资格",但这一说法容易引起混乱,以后不再提倡使用。目的是强制提高劳动者技术能力,保护劳动者人身安全和国家、企业利益安全,提升职业规范水平。

所谓水平评价类职业资格,指对社会通用性强、专业性强的职业(工种)建立的非行政许可类职业资格制度。"水平评价类"犹如"等级证"。这是劳动者从事某一专业(工种)的起点标准。职业技能等级认定的主体又分两种情形:人社部门认可的企业认定自己的企业员工,人社部门认可的机构为企业用户进行认定。商科职业中,除会计类职业多有资格准入要求之外,大多职业为水平评价类职业。

3. 职业技能鉴定

职业技能鉴定是一项基于职业技能水平的考核活动,属于标准参照型考试。它是由考试考核机构对劳动者从事某种职业所应掌握的技术理论知识和实际操作能力做出客观的测量和评价。职业技能鉴定是国家职业资格证书制度的重要组成部分。

国家职业技能鉴定中心是由国家人力资源和社会保障部职业技能鉴定中心以及中国就业培训指导中心共同开发的、对国家职业技能从业人员实行在线管理的网络服务平台,主要提供全国各省市的职业技能证书查询服务。当前该中心共有33个国家级行业职业技能鉴定机构(站),在全国有众多的承担具体职业技能鉴定的站点,但商科行业不在其中。

职业技能鉴定分为知识要求考试和操作技能考核两部分。知识要求考试一般采用笔试,操作技能考核一般采用现场操作加工典型工件、生产作业项目、模拟操作等方式进行。计分一般采用百分制,两部分成绩都在60分以上为合格、80分以上为良好、95分以上为优秀。

职业技能鉴定一般分为三个等级:初级,中级,高级。

·初级鉴定:学徒期满的在职职工或职业学校的毕业生。

·中级鉴定:取得初级技能证书并连续工作5年以上,或是经劳动行政部门审定的以中级技能为培养目标的技工学校以及其他学校毕业生。

·高级鉴定:取得中级技能证书5年以上、连续从事本职业(工种)生产作业不少于10年,或是经过正规的高级技工培训并取得了结业证书的人员。

国家职业资格制度改革之前,人社和劳动部组织的职业技能鉴定涉及的商科职业主要包括:营业员、收银员、采购员、仓管员、理货员、医药商品购销员。

4. 资格证书与教育学历

职业教育与培训本应是职业资格证书制度的一部分,但现实世界中,职业资格与教育学历资格之间的互认与融通却是制约中等职业教育发展的一个重要挑战。

早在1993年,《中共中央关于建设社会主义市场经济体制若干问题的决议》就正式提出"实行学历文凭和职业资格两种证书制度"。之后便在职业院校开展了"两种证书"试点,着力推行,但结果差强人意。

当前知识社会中,终身学习已然成为个人发展的必须,社会劳动分工继续细化,很多职业技术性都在增强,普通教育和职业教育融合的趋势在增长。职业资格与普通教育资格的等值如何体现?如何相互沟通?是当今各国教育及劳动部门都在思考的重要问题。为此,联合国教科文组织、欧盟及多国政府都制定了相关标准,以促进这两种教育体系之间的融通。

1) 国际教育标准分类(ISCED)

联合国教科文组织国际教育标准分类(ISCED)的设立是为了对学校类型和学校系统及其教育目标设立标准和进行比较。国际学生成绩评估项目

(PISA)正是使用该分类标准。国际教育标准分类的目的,首先是为了信息的收集、汇编,最终促进国家间人员的流动。根据正式达到的教育结果或目标,教育项目的质量被分为六个级别(表2-9)。

表2-9 国际教育标准分类[1]

层级	名称	对应(学校)教育阶段
第0级	第一级前教育	即学前教育阶段
第1级	第一级教育	即小学教育阶段
第2级	第二级教育第一阶段	即初中教育阶段
第3级	第二级教育第二阶段	即高中教育阶段
第4级	第二级教育之后非第三级教育	高中后的非学历教育
第5级	第三级教育第一阶段	5A:博士学位以下的大学教育 5B:应用技术大学毕业,本科毕业
第6级	第三级教育	第三阶段(博士学位),学术和研究人员教育

国际教育标准分类法给出了"教育领域"的一个大致分类。但其中的争议是:职业教育和培训应该划入哪个等级? 1999年,欧洲共同体统计署(Eurostat)和欧洲职业培训开发中心(CEDEFOP)共同发起倡议,就职教培训领域提供了一个更加完善的数据整理——共有65个类目的职教培训领域,并将培训过程界定为"为某种固定的职业活动而进行的一组培训活动,该职业活动的定义依据所涉及的专业、目标、目标人群、方法论、时长、内容和结果"。但批评意见认为,职教培训领域的界定仍然应以典型的学科专业理解为基础。

2) 欧洲暨德国资格框架(EQF & DQF)

资格框架的作用是对资格进行分类。这种"划分"为员工和雇主减轻了界定资格水平的负担,因此提高了员工就业的灵活性。2007年欧洲议会通过了

---

[1]. International Standard Classification of Education ISCED [EB/OL]. 1997. http://unesdoc.unesco.org/images/0011/001113/111387eo.pdf.

欧洲资格框架（EQF，表2-10），据其定义，资格框架是"借助于一套对所达到的各个学习水平进行界定的评价标准，对资格进行分类的一种工具。其目标是与各国国家教育系统进行融合和协调，并提高劳动力市场及公民社会方面的透明度、开放性、相互建设，旨在提高资格的质量"。

表2-10 欧洲资格框架

项目	知识	技能	能力
	理论知识及/或事实性知识	认知技能（借助于逻辑性、直觉性、创造性思维）和实践技能（技巧和方法、材料、工具及仪器）	承担责任、独立自主
一级	掌握普通基本知识	具有从事简单任务的基本技能	需要在有组织的条件下以及在他人的监督指导下开展工作或学习
二级	掌握某个工作或学习领域的事实性知识	具有运用相关信息完成任务以及运用简单规则和工具解决常规问题所需的基本的认知和实践问题	需要在他人监督下且具有一定自主性地开展工作或学习
三级	掌握某个工作或学习领域的事实、原则、程序性知识和一般概念	具有应用基本方法、工具、材料和信息完成任务和解决问题所需的一整套认知和实践技能	能够独立完成某个工作或学习任务；能够在问题解决的特定情境中调整自己的行为
四级	掌握某个工作或学习领域广泛的理论与事实性知识	具有解决某个工作或学习领域各种具体问题所需的一整套认知与实践技能	能够在常规的工作或学习情境下，根据有关准则进行自我管理；能够监督他人开展的常规性工作，担负某种工作或学习活动的评价和改进责任

参照欧洲资格框架的"元框架"和转换标准，德国开发了具有本国教育特色的资格框架，以职业教育与普通教育之间的等值为出发点，建立了以学习结

果为基础的国家资格框架。同时,德国通过国家资格框架的建设梳理和完善了普通职业和各类职教项目之间的融通与衔接,其资格标准构建涵盖了资格体系、等级标准和资格类型规范三方面内容[1](表 2-11)。

表 2-11　德国国家资格框架(2015)[2]

资格等级	资格类型
1	职业准备教育;劳工局促进措施(BvB);职业准备年(BVJ)
2	职业准备教育;劳工局促进措施(BvB);职业准备年(BVJ);入门资格培训(EQ);全日制职业学校(职业基础教育)
3	双元制职业教育(2 年制);全日制职业学校(中学毕业证书)
4	双元制职业教育(3~3.5 年制);全日制职业学校(助理职业);全日制职业学校(根据职业教育法/手工业条例,完整资格的职业教育)
5	IT 专家(通过认证的);服务型技术员(通过考试的)
6	学士;商务专家(通过考试的);专科学校(通过国家考试的);专业管理人员(通过考试的);师傅(通过考试的);操作型专长者(IT 领域)(通过考试的)
7	硕士;策略型专长者(IT 领域)(通过考试的)
8	博士

3) 澳大利亚职业资格框架

1992 年,澳大利亚成立国家培训总局,致力于推进国家培训框架(National Training Framework,NTF)下的劳动力培训。

澳大利亚职业资格框架形成了整体布局,澳大利亚质量培训框架(以下简称质量培训框架)负责市场准入、过程评审和质量监督。由职业技术教育(Technical And Further Education,缩写 TAFE)学院扩展而来的经政府注册的众多办学机构(以下简称 TAFE 机构),其中包括 TAFE 机构、社会办学机构、企业等,承担着培训的主体责任,按照相关培训要求开展教学。

国家培训框架涵盖了高中、职教和高等教育三个部门。4500 余家 TAFE

---

1. 谢莉花.德国国家资格框架中资格标准的构建分析——以职业教育与培训领域为例[J].外国教育研究,2016(11):44-56.
2. 同上。

机构中,有约 1500 家是跨区域经营。澳大利亚全国 1400 家提供国际教育的机构中,也有近 500 家是 TAFE 机构。TAFE 机构在年龄、学历、学习方式和地点等方面具有较大的灵活性,使职教成为教育领域中最活跃的部分。

职业资格框架已形成一个完整的体系。该框架起初仅包含 13 种职业资格,2010 年增加到 15 种。同年,澳大利亚还推出了职业本科资格证书和职业研究生学历。现在,澳大利亚职业教育已形成一个完整的体系:证书、文凭、高级文凭、职业研究生证书、职业研究生文凭。其中,证书又分为 1—4 级。澳大利亚政府打通了职教内部上升的通道,完善了职业教育层次。经过一段时间的学习、特定的培训和专门的考试,可以获得更高一级的证书。同时通过学分认定和互换的方式,政府实现了职业教育与其他类型教育的互通。

4) 中国的双证融通

我国职业资格证书制度与职业教育有着密切的联系。20 世纪 80 年代,党和政府认为我国职业教育不发达的一个重要原因是对从业者没有技术、技能方面的资格要求,于是提出了建立职业资格证书制度的构想。20 世纪 90 年代建立职业资格证书制度的工作提上日程后,国家法律、政府文件都要求职业院校积极推进"双证书"制度的建设工作。《国家中长期教育改革和发展规划纲要(2010—2020 年)》再次将职业资格证书制度、"双证书"制度作为增强职业教育吸引力的重要举措。2019 年职教改革"20 条"聚焦"1 + X"证书制度的建设。

上海市职业技能鉴定中心提供双证融通项目。所谓双证融通,是指以基于学历教育与职业资格培训之间共同的职业能力为本的教育培训要求,探索专业教学标准和职业技能标准的融通、教育课程评价方式和职业技能鉴定方式的融通,从而实现学历教育与职业资格培训的衔接贯通、实现职业资格证书和学历教育课程学分的转换互认。分为以下四种类型:面向院校学生的"课程重组型双证融通"、面向院校学生的"学分认可型双证融通"、面向培训学员的"直通车式双证融通"和面向持证学员的"证书认可型双证融通"。

中国在职业教育领域施行学历证书与职业资格证书双证书制度,是我国对教育和劳动就业事业进行管理的重要方式。然而长期以来,两种制度并没有得到有效的沟通和协调发展,对职业教育和劳动就业的健康发展带来了一定阻碍,与制度设计的初衷有相当的距离。究其原因,除历史和制度方面的因素外,很大程度上还有技术和操作方面的问题,这体现在宏观和微观两个层面。

· 在宏观管理层面,目前我国还缺乏一个能够被教育和劳动主管部门同时接受的、有效的技术支持系统。一方面,职业院校在就业导向的课程改革实践中,无法将国家职业资格标准、现代职教课程模式以及学校人才培养的整体设计通过简单易行的方式直接结合起来;另一方面,劳动管理部门也缺乏手段来判断职业院校课程与国家职业资格标准的符合程度。

· 在微观教学层面,课堂教学长期以来一直是我国职业教育的基本教学模式,然而它却无法从根本上克服知识技能的"迁移"(Transfer)困难问题。直到如今,我们仍然没有相应的技术手段,将"课堂教学""做中学"(learning by doing)和"在岗学习"(learning on the job)进行有效的整合,从而缩小教育培训与实际职业活动之间的差距。其结果是职业院校的课程和教学脱离生产实际,难以与国家职业资格和岗位实践要求直接对应;而劳动部门是否给予职业院校毕业生对应的中、高级职业资格证书,在很大程度上取决于院校所在地相关部门与领导人之间沟通和协商的结果。

概括而言,我国职业资格证书制度面临的最重要问题是社会公众对职业资格证书及职业资格证书制度的认可度较低。究其原因,除技术层面的因素,如职业资格鉴定标准滞后、与实际生产技术不适应,以及职业资格标准的统一性与地方、行业技术岗位要求的特殊性的矛盾等之外,主要是认识、政策、制度及机制方面的原因。

· 人们对实行就业准入的职业范围持不同意见。如有学者认为,计算机操作员、餐厅服务员、美发师等职业没有必要实行就业准入,即持证才能上岗。一来这些职业的技术含量不高,二来并非涉及人员生命及财产安全的职业。对这样的职业实行就业准入,难免会有假借"加强行业管理"之名行"限制公民的就业权利和企业的用工自由"之实的质疑和批评。

· 鉴定质量不高,导致证书的含金量不足。鉴定质量不高,固然有职业标准滞后、鉴定人员素质不高的原因,但体制、机制方面的原因更为关键。这方面的问题主要表现为培训、鉴定一体化,即鉴定机构既当"裁判员"又当"运动员";鉴定站主要靠培训费和鉴定费维持运转。国家劳动行政部门要求职业技能鉴定机构的工作遵循"社会效益第一,兼顾经济效益"的原则,但在基层却往往是"职业技能鉴定价值取向模糊,社会效益与经济效益位置颠倒"。

· 证出多门,让考证者无所适从,也在一定程度上扰乱了劳动力市场。目前我国各地区、各行业采用的"上岗证"大致有三种:劳动部门颁发的具有政府准入效力的资格证书;行业部门认可的具有强制效力的资格证书;在行业内部有一定认可度,但不一定具有强制效力的国内外流行的各种资格认证。此外,各省区市也各自制定了一批"上岗证"。由于缺乏全国统筹,职业资格证书的考试和发放表现为各自为政,相同类别重复认证、互不认可。如电子商务有人力资源和社会保障部职业技能鉴定中心的"电子商务师"资格认证,有中国商业联合会商业职业技能鉴定指导中心的"商业电子商务师执业资格认证",还有阿里巴巴组织的"阿里巴巴电子商务证书"。多头管理、缺乏统筹,一方面导致一些行业部门各自为政,垄断了本部门的考核和发证权;另一方面也使得用人单位和劳动者难以选择,不仅干扰了用人单位对劳动者的评价,并且在一定程度上影响了职业资格证书的权威性,对推行职业资格证书制度产生了消极影响。

五、职业信息数据库

随着网络技术的发展,职业信息数据库的建设自20世纪90年代以来成为各国劳动部门极为关注的一项活动。其中以美国为先导,德国在21世纪也进行了相关建设。这些数据库的建立,从宏观层面提供了从业人员数量、资格、职业活动等系统数据,为劳动管理和教育规划提供了丰富和细致的数据,是职业标准开发、职业资格考核与认证、职业教育专业设置、课程开发、职业启蒙等活动的重要基础。中国国家层面的职业数据库的建设因而成为职业研究的一个重点工作,但仍然在酝酿阶段。与发达国家相比,我国职业标准的制定及调整工作有几个明显的挑战和弱点:一是人口众多、地域辽阔,数据收集不易;二是缺乏相关常设机构,职业标准制定的动态调整不够;三是职业标准的公众知悉度不够,信息传播不够及时、透明。

以美国为例,美国职业标准分类系统(SOC)从最初的1977年版到1980年版、2000年版、2010年版,直到现在的2018年版,逐渐形成了稳定的修订周期,灵活地反映了美国劳动力职业结构的变化。在2018年版修订过程中,美国管理和预算办公室(OMB)计划从2018年起每10年进行一次SOC的修订。

所幸当今互联网及数字化技术为职业大数据的收集、更新与传播提供了极大的便利,有望从根本上改变我国职业信息数据库的建设问题。

1. 美国

职业信息网络(O*NET)是由美国劳工部组织开发并在1998年开始推出的职业信息系统。它吸收了PAQ、CMQ等多种岗位分析问卷的优点,取代了原来的职业名称词典,成为美国广泛应用的岗位分析工具,被视为当时岗位分析领域最主要的一项创新。

美国O*NET系统主要有以下几大突出特征[1]。

(1) 职位数量大幅减少并得到更宽泛的定义

它与美国劳工部原来的职业名称词典中以组织内部岗位(Job)分类单位不同,采用了内涵更为广泛、集合了多种岗位的职业(Occupation)。1991年的最后一版职业名称词典包含了12000个岗位,而O*NET现有版本中只有1100多个职业。

(2) 问卷和网络数据技术使得成本降低,信息及时有效

无论数据来源是任职者还是分析师,问卷调查都是主要的测量方式。在O*NET的问卷中,每个选项都已得到清晰的定义,并且从重要性和使用程度两方面进行评价。这种设计便于更加全面地考察每个项目。在使用程度方面,为了让评价者更好地做出判断,开发者特别采用了行为锚定的方法对其中的一些点值辅以代表性事件加以说明。当然,这些行为事件并不一定在实际工作中出现,但是可以反映不同点值之间的程度差异。

O*NET资源中心定期通过全国范围的调查,对内容模型中的数据进行更新,并发布修订报告。

(3) 不同的类别分别由任职者、分析师和统计数据等不同的评价者就来源进行评价

涉及职业活动的大量指标都由任职者亲自来评价;一些指标由分析师来评价,比如具体工作活动、工作价值观、职业兴趣等;此外关于工具和技术的信息主要由分析师通过网络检索并通过对印刷出版物的回顾以及与主题专家(Subject Matter Experts, SMEs)的讨论获得;另外一些指标则采用美国劳工统

---

1. 孙一平,谢超,肖春锦. 美国职业信息网络系统发展概况及对我国的启示[J]. 第一资源,2013(2):74-82.

计局的劳动统计数据,包括劳动市场信息、职业前景等。这种多样化的方式能保证获得全面有用的数据,并且具有较高的回收比例。

(4) 多层嵌套的指标体系

其内容模型结合工作导向(如职业要求、职业特征)和工作者导向(如知识、兴趣)两个角度,涵盖六大领域:工作者特征、工作者要求、经验要求、职业要求、劳动力特征和职业特定要求。每个领域又包含专门的类别(如能力),每个类别又分为多个层次(如能力类别包括四个维度:认知、心理、物理和感知)。这种多层指标体系设计能让职业描述在不同层次体现出普遍性或者特殊性,以适应不同的使用目的。

(5) O*NET 的模型中指标体系宽泛、全面

既有专门的指标如任务、资格许可、专业技能等用于特定的职业,又包括跨职业的宽泛指标如技能和职业兴趣,能在不同的职业之间应用和比较。全方位的指标体系(包含任务、工作活动、能力、技能、知识和工作背景等)能满足多方面使用的需要。但也因为指标特征过于宽泛,有时不能满足研究者和实践者直接应用的需要。

(6) 采用了多层次的职业分析系统

它能让人们从许多不同的视角来描述和理解岗位,使得获得的信息更加全面和整体。其分析范围不仅包括传统的个体层次(如技能和能力)和职业层次(如教育水平和资格证书),还扩展到了组织层次(如组织背景中的组织结构、组织文化)、产业层次(如组织背景中的产业类型),以及经济层次(如劳动市场信息)。O*NET 之所以对分析的层次进行扩展,有一个重要假设就是职业作为其分析的单位,尽管并不归属于某个特定的组织或行业,但是其性质会随着其所嵌入的组织和行业的性质发生变化而变化。因此,在内容模型中就增加了组织背景(如产业类型、组织结构)、劳动市场信息等类别来反映这一职业所处的背景信息。

背景因素会影响员工对岗位的认知及其最终履行工作的方式。这一方面已经得到不少的经验研究支持。比如说,组织的一些特征(如规模、外界联系程度、结构正式化的程度、技术)和组织效能会使员工对任务耗时的评价产生影响。组织文化的差异会使任职者对同一岗位所需的性格要求做出不同的评价结果;由于不同的组织具有不同的社会、任务和物理特征,使得从事相似岗位任务的任职者会采用不同的管理角色。这些研究都表明,在不同的背景下,

任职者对相同或相似岗位的评价结果很可能会产生差异,因此这种差异需要在岗位分析的工具设计中加以考虑,这正是 O ∗ NET 在内容模型中放入背景因素的主要原因。

2. 德国

德国职业信息网由德国劳动署(Arbeitsagentur)建设,旨在帮助求职者了解各种职业的相关信息,网址 www.berufenet.arbeitsagentur.de。服务于其他群体和目的的相关网站还有很多。

德国职业信息网与美国 O ∗ Net 信息网有类似取向,但在职业分类、职业发展路径上有较大不同,充分体现了德国作为一个"职业社会"的特点:职业是其进行社会治理的重要工具。这一网络是一个以职业为纲,贯通各类职业及其相关职前教育、职后进修的数据系统。

该网络系统对某个职业的结构化描述分为多个层级。第一层级便包括五个维度:概要、入职条件、职前教育、职业活动、前景。

•概要:从职业、职前教育、典型行业三个方面对特定职业进行简要概述。

•入职条件:分为专业条件和个人条件两个方面。专业条件包括职业活动的要求、职前教育的要求、学业要求、国外资格的认可;个人条件包括健康条件、兴趣、工作态度(行为举止)、能力四个方面。

•职前教育:从职业教育、框架条件、替代性选择三个维度展开。一般从内容、结构、津贴、期限/资格等方面描述职前职业教育,框架条件则指职前教育的一般状况和学习地点。

•职业活动:包括职业活动的内容、薪资、职业名称、能力;工作条件、工作对象、典型行业;职业的视频介绍以及类似职业的相关链接。

•前景:同一职业序列的继续教育,包括最新技术的继续教育、专门化方向的继续教育、晋升性继续教育;其他可能性;职业教育完成后的工作前景;任职可能性;类似职业;劳动市场情形,包括学徒市场(如有)、劳动市场、其他求职渠道,以及劳动数据统计链接。

这五个维度之外,该系统还针对每个职业提供以下信息:趋势、教育职业的发展历史、职业相关法律法规、各种信息来源、培训条例、框架课程;专业杂志、协会、工会、联邦职教所、劳动署等信息机构。

德国职业信息网络的一个特点是大量运用多媒体、访谈、音像、图片等介绍职业的日常活动,让用户获得直观体验。这与其主要针对民众的教育路径规划进行咨询和辅导的目的相关。

德国职业信息网络包含16个职业大类,其中商科类职业主要分布在两个大类中:经济和行政管理大类、交通和物流大类。经济和行政管理大类又分为11个中类:文秘、管理和企业领导、人事管理和服务、市场营销和广告、促销和售卖、贸易、金融-保险和不动产、会计和控制、税务和审计、法律和行政管理、经济科学。上述11个中类又可根据六种生涯发展路径分为:职前职业教育路径、职后进修路径、高等教育路径、大学教育专业路径、公务员路径、军事路径。

以促销和售卖中类为例,总共包含115个职业,其中职前职业教育路径37个、职后进修路径42个、高等教育路径13个、大学教育专业路径23个。

以贸易中类为例,共有四种发展路径:职前职业教育路径有26个职业、职后进修路径有25个职业、高等教育路径有4个职业、大学教育专业路径有8个职业。

其中职前职业教育路径的职业有:外贸业务助手、自动售货机专业职员、自动售货机服务人员、汽车销售人员、一般贸易经济师、对外贸易经济师、书籍商务职员、卫浴化妆品商务职员、食品营业员(残障人士)、普通营业员(残障人士)、花店营业员(残障人士)、手工食品营业员(面包烘焙)、肉类食品、蛋糕甜点烘焙、零售业营业员、花店营业员等。

职后进修路径包含职业有:经济师(专业学校):销售/市场营销;经济师(专业学校):一般性商业经营事务;经济师(专业学校):对外贸易商务;经济师(专业学校):贸易商务;经济师(专业学校):汽车商务经济师(专业学校)、家具商务;经济师(专业学校):牲畜和肉类商务、设计咨询;专业咨询:销售;专业商务:销售;专业营业/销售咨询:建筑、家用水暖;专业经济师:外贸经营;专业经济师:服装商务;专业经济师:出版商务。

高等教育路径有四个职业:经济师(高校)、汽车经济师(高校)、贸易经济师、出版经济师。

3. 中国

中国当前尚未有专门的、系统的职业信息数据库,相关数据散落在各个相关机构所设网站,主要在劳动系统。

国家技能人才评价工作网 www.osta.org.cn 是最重要的相关网站之一,

它包含以下五个内容。

·社会公众服务系统。主要是向公众提供国家职业资格证书信息查询，包括国内证书、国外证书、计算机高新技术、能力测评与能力证书共五个查询维度。

·职业分类与职业标准应用系统。包括职业分类信息系统、职业标准信息系统、职业与工种对照信息系统、国家职业分类大典修订工作平台等。其中职业按首字母顺序排列，不利于职业标准的广泛传播以及科研、教育等公益查询活动。

·职业技能鉴定管理应用系统。主要提供职业技能鉴定机构查询、职业技能等级评价机构公示、职业技能鉴定专用内部通信系统、联网国家职业职业资格证书数据交换系统、职业技能等级证书数据交换系统、职业技能等级认定机构申报备案系统等服务。

·国外职业资格证书信息公示与监督管理系统。包括国外职业资格证书信息公示系统、国外职业资格证书监管平台和国外职业资格证书注册预审管理系统。

·国家职业资格管理数据库。项目业务范围包括国家职业分类、国家职业标准、国家题库、组织实施机构、资格证书查询、质量监督、政策发文、法律法规等。

总体而言，这一数据库更多是劳动系统内部的管理平台，具体到职业标准全文及各类查询，均需付费才可以得到服务。

中国就业培训技术指导中心(ETTIC)与人力资源和社会保障部职业技能鉴定中心(OSTA)也合作开设网站 www.cettic.gov.cn。该网站为公共就业、职业培训和国家职业技能鉴定提供相关信息服务：其一是提供相关政策文件查询，如国家职业技能标准、职业分类大典相关政策；其二是为技能鉴定机构和证书提供查询服务；其三是服务于职业标准与教材开发，为职业标准开发提供意见征询平台。

其中涉及的职业并不全面，也没有系统整理，主要是根据职业技能标准推出的先后时间进行排列。商科类职业基本缺失，倒是在国外证书介绍栏目中有所涉及：商贸零售管理服务人员证书(Retailing)。它是国家人力资源和社会保障部(原劳动和社会保障部)与英国伦敦城市行业协会(C&G)于2000年3月联合推出的面向所有含有销售终端及零售人员的企业，以及在这一领域参加工作或从事培训的人员的职业资格证书。

综合美国、德国两个国家级数据库特征,结合当前中国相关网站的建设情况,有几个建设要点需要关注。

· 数据库作为服务平台的服务性、公开性与透明度。国家级职业信息数据库服务于学生、求职者、教育培训从业人员、研究者等多个公众群体。它既是数据搜集与分析的研究结果,更是进一步展开职业研究乃至影响职业政策制定的数据基础。

· 职业相关数据的多元维度。职业数据库应充分考虑不同群体不同职业信息的需求,因而要建立多元、综合的框架,并保持持续、广泛的工作者特征数据搜集。

· 职业教育暨发展路径。一国文化、法律、经济框架下对于职业内涵的理解有着重要的影响,更深刻影响着其职业发展的路径。

其中的学理难点在于如何界定职业,从哪些维度进行分类;实践难点主要在于数据的搜集,样本数据的代表性、及时有效性,职业活动向能力、技能的抽象、聚合与分析。

技术层面上,则需要考虑数据门户界面的友好程度:设立哪些搜索标准,便于普通用户进行相关职业的信息查找;采用何种语言模式和媒介材料,以方便用户的理解。

习 题

- 请比较中、德、美三国职业分类中财经商科类职业的划分,并基于各国最新统计数据,分析这一行业及其中具体职业在三国类型、总量、比重等方面的趋势以及异同。
- 请查阅美国、德国职业信息网中关于某典型商科职业的相关信息,比较之。
- 我国有哪些渠道可以查阅从业者数据、劳动市场信息?有什么特点?

第二编

商业职业

第三章　商业与商人

> **思 考**
>
> - 商业什么时候开始出现？
> - 商业经历了哪些发展阶段？
> - 在不同时代、不同国家，人们成为商人的意愿有差别吗？

一、商业的发展阶段

1. 中国

中国古代商业产生于先秦时期，仅晚于埃及，中国是各个文明中最早开始商业活动的国家之一。商人这一名词的由来是因为商朝以贸易立国，周灭商后，其后人仍以贸易为生，遂使族名成为职业之称谓，周人称他们为"商人"，称他们所从事的职业为"商业"，这种叫法一直延续到今天。

秦汉时期，秦始皇统一货币、度量衡，修驰道，促进了贸易的发展。

西汉"开关梁"，开通了陆上和海上两条丝绸之路，中外贸易逐渐发展起来。当时中国的一些大城市成为著名的商业中心，政府设专职官员管理市场。

隋唐时期商业进一步发展。"柜坊"专营货币的存放和借贷，是我国最早的银行雏形，比欧洲地中海沿岸的金融机构要早六七百年。"飞钱"类似于后世的汇票。柜坊和飞钱的出现是商品经济发展的结果，它们出现又促进了商业的便利与发展。但政治和生活上商人还是受到压制，如"不得服黄""禁工商乘马"。

两宋时期打破市（交易区）坊（住宅区）分开的制度、不再限制商品交易时间和地点，商业进一步繁荣。两宋不仅商品种类多，而且国内贸易、民族之间贸易和对外贸易都很繁荣。元代实现了国家的空前统一，促进了商业的继续繁荣。

明清时期，小农经济与市场的联系日益密切，农产品商品化得到进一步的发展;城镇经济空前繁荣和发展,许多大城市和农村市场都很繁华。其中北京和南京是全国性的商贸城市。在全国各地,涌现出许多地域性的商人群体——商帮,其中人数最多、实力最强的是徽商和晋商。这一时期又可分为两个阶段:在16世纪至18世纪的传统阶段,中国商业依合同和礼仪而立;自19世纪下半叶开始的近代化阶段,中国商业不得不因公司法和会计标准的引入而进行调整。

民国学者认为,明清中国商业未能发展到资本主义阶段,原因有四:中华文明的腹地黄河、长江流域物产丰富,民众可以自足,无竞争经商之内在动机;内陆国家多崇山峻岭,道路难通,交通阻隔,未能发展海运贸易;历来贱商之传统,商业知识简单;资本浅薄,未能发展出合作之投资机制,多为个人资本。

1949年中华人民共和国成立之后,在20世纪50年代中期基本完成商业行业的公私合营即社会主义改造,此后一直到1978年,主要以计划经济下的国营商业为主。

1955年国庆节前夕,由我国自行设计、自行投资建设、自主经营的第一座大型国营百货商店北京市百货大楼开业,其营业员张秉贵更因其一抓准、一口清技艺和一团火的服务精神成为这一时期百货业的代言人。这一时期商品基本都是国货。

20世纪80年代末、90年代初开始,超级市场、大型综合超市、便利店、专业店、专卖店、购物中心、仓储式商场等新型业态陆续进入中国,并得到迅速发展,彻底改变了传统百货业单一的经营模式。

2001年中国加入WTO,中国对外贸易得到了更加蓬勃的发展。20世纪90年代以来,随着互联网技术、网上支付手段的发展,美国率先开启线上商业业态。2003年"非典"暴发,民众购物习惯改变,再加上社会经济发展后国民井喷的消费需求,线上支付手段的发展、线下物流的支持,中国电子商务业态以阿里、京东等为代表蓬勃发展,在全球居于领先地位。物流行业以"四通一达"等企业为代表,浙商、闽商作为商业先锋也成为关注的焦点。

2. 德国

德国商业及其职业发展可分为四个历史阶段。

1) 第一个时期:萌发时期的远途游商

东方文明古国已在史前达到的商业文明的高度,直到 9 至 10 世纪才出现在欧洲的意大利,此后百年才在德语区出现。德国北方的贸易兴起要早于南方。这一时期并未形成所谓"商人群体"的集体意识。犹太商人虽然在当时具有重要意义,但主要是在加罗林时代,受到皇帝的特别保护,成为东方拜占庭文化圈和法兰克王国之间的中间人。每年或每两年 5 月他们都需要到亚琛(Aachen)给普法尔茨(Pfalz)王国交保护费。

公元 9 世纪,就有法兰克—日耳曼商人参与易北河以东的斯拉夫人的贸易活动。10 世纪,商贸活动迅速增加,但德国北部和西部地区要早于南部地区。两个地区可供贸易的商品不太一样。欧洲主要是贩卖奴隶和贵金属贸易,北部往弗兰德斯(Flanders)地区贩卖粮食,买进英格兰棉织物。俗称"光明之路"的商道(Hellweg),以前是弗利森人(Friesen)贩盐的商道,沿着莱茵河西伐利亚(Westfalia)商贸之路,从下莱茵地区,往东经过拓易拓布(Teutoburg)山脉森林,在莱茵河谷和鲁尔河流域的交汇区,连接杜伊斯堡(Duisburg)的帝国城市、莱茵河和鲁尔河流域的城市、帕德博恩(Paderborn),以及萨尔州(Sauerland)往南的山坡地区。该路线在帕德博恩又一分为二,一条往东,一条向北通往哈尔茨山脉及易北河中部,以及维泽尔河(Weser)下游和易北河下游。远途游商对从业者读写能力需求不高,发展到坐商之后,才开始要求掌握读写能力。

2) 第二个时期:封建帝国时期的坐商

12 世纪德国才出现有固定经营场所的商人,即坐商,并开始向教会和世俗势力争取相关权力。店内出现文员、簿记、财务和运输的不同分工,但还未在资格要求中明确。与系统性、制度化的手工业行会学徒培训相比,商科职业教育的点比较少,系统性、制度化更是无从谈起,但也开始重视后辈人才在会计、语言、行业规则、商品知识以及商路等领域的培训。由于商业规模较小,多为独立执业的小型商铺,人员需求有限,所以未能形成商业职业联合性组织。1648 年三十年战争结束后,重商主义抬头,大商人主要分布在传统的商品贸易、中介业务和金融业。这一时期开始关注商业从业人员的教育问题。重商主义的慈善家思想和虔信派教徒的虔信思想混合而成德国"市民意识"的精神立场。

3) 第三个时期:从大商人到工厂主

19 世纪前 70 年正是德国从封建制度向资本主义转化的时期,政治上正在大行改革,但同时又紧紧抓住老的权利和占有关系不变。随着普鲁士王国的改革,人身依附被解除,从业和行业限制被废除。出身不再构成从业特权或障碍,个人的成就影响力更大。人口在增长,经济结构迅速从手工业向工业化转变。钢铁生产的资本主义方式也影响着商人的从业。一部分富有的商人转变成为企业主和工厂主。商人有六类:小商贩和店主,银行家和大批发商,出版商,外贸商,运输领域从业者和一般商人。

这一时期,商业学徒制开始受到规制,学校性质的商业教育开始复兴。两类教育各具特色,并在此后汇入商科双元职业教育。学校的专业教师必须接受过相应的专业性职业教育,并能开发相应的教学计划和内容。1880年,基于自愿原则组织了第一次商科考试。1869年,行业条例(法规)就已经规定必须接受学校教育。萨克森和奥地利在商科学校制度化方面是先驱。企业和进修学校(双元职业学校的前身)相互之间的地位、普通文化课的传统、职业特定课程等问题当时已是讨论的焦点。

4) 第四个时期:作为企业家的商人、商科职员成为大众职业

工业化后的商人成为企业主,商业职员成为大众职业。这一时期的最主要特征是工业化、城市化以及国内居民流动。商业从业者独立从业的可能性大大降低,大多数都受雇于某一机构,如大型百货公司、商业事务所等。贸易辅助人员数量急剧上升,内部继续分化,形成职员身份的价值认同。出现了男性贸易辅助人员的协会,他们将女性职员视为自己的竞争对手,就像从前反对犹太商人一样。与男性职员相比,女性职员受到的职业培训时间更短,要求更低。女性职员也开始在政治和工会层面组织起来,将教育作为政治问题提出来。

19世纪开始,商人直接投资商品的生产,从而分化为工厂主和商业职员。1882—1907年间,矿业、建筑行业、手工业和工业领域的职员人数增加了7倍,自由执业的商人数量逐渐减少,商业职业成为大众职业。城市中商业迅速发展,对商业辅助人员的需求已不能仅由男性劳动力满足,女性从业者逐步进入这一领域,但业已形成的商业职员联合会对这一现象并不欢迎。

这一时期,商人表现出如下特征:

·对商人的认可逐步改善,他们成为中世纪之后欧洲社会变革的受益者,成为备受尊重的知识拥有者、咨询者和资金提供者。

·作为独立执业的商人,他们规避风险,根据收益谨慎扩张投资、发展业

务关系。

· 作为依附于某个企业的从业者,他们同样被视为知识的拥有者,具有相当的文化资本,掌握着书写、数学和外语;同时,通过工作中的学习习得相应从业资格。

商人的发展分化也从不同维度展开。

· 横向维度:主要是根据行业划分为商品经营、金融业、保险业、运输业、经纪人、商业向商品制造的转化早期(出版业、手工制造、工厂中的工业生产)。

· 纵向维度:基于经济的、社会的以及政治的层次可分为小摊贩、大商人以及或独立或受雇的职员、文员。商业企业内部功能缓慢分化:大老板、分公司负责人、会计、速记员、文员。

· 性别维度:1870年之后女性员工才开始大量进入商业领域。人口增长,商品经营形式也在发生变化,百货公司开始出现,工业企业、金融企业中管理任务增加,技术及工具在发展:打字机、打孔机、速写技术都逐步出现。

另外,随着商业职员队伍的扩张,商业职员中出现明显的分化:仅受过简单教育的普通职员(主要集中在零售业),通常以工人工会的组织形式联合起来;处于高位、自我认同更接近于财富拥有者的高级职员,以公务员协会形式组织起来。对商业职员的研究从此成为德国社会学的一个重要议题。

一直到20世纪80年代,商业职员和工人之间的自我意识差别仍是德国社会学研究的重要主题。与产业工人相比,商科职员更热衷于追求成功,表现出较强的事业野心。但研究也显示,并不存在一个可用于分析的所谓单一的职员阶层,其特征因其功能差异有很大差别,相关社会学研究因此也不再执着于"职员"这一概念。

职前教育路径早就开始分化,19世纪大学开始开设商科教育。1898年,莱比锡贸易高等学校成立了授予Diplom学位的商科专业。

3. 价值争议

为何需要从生产者到消费者之间的这样一个商业中介?这是一个伴随着人类发展的古老问题。人类社会对商人的态度其实相当矛盾和复杂。首先,很多文明对商业暨贸易活动都曾有过敌视和轻视,对商人的性情和行为特征都有一些刻板印象:东西方传统文化中都有对商人特质的描写,不乏批评与揶揄。中华传统文化中常批评"商人重利轻别离",莎士比亚名剧《威尼斯商人》

对犹太商人之贪婪与算计的刻画令人印象深刻。而近代以来,德国社会中则有"商人的荣耀"一说,说的是商人要有履行契约的职业德行。

制造商确实不一定需要通过营销中介来销售产品给消费者和企业买者,但商人作为中介的确可以比制造商更有效(更快、更低成本)地处理一些营销工作,例如运输、储存、销售、广告和构建关系,也就是所谓的营销中介(Marketing intermeidiaries):负责将原料送给生产者,再将产品送到消费者手中,即辅助生产者将产品和服务运送给企业和消费者使用的组织。之所以被称为中介,是因为他们处在将产品由生产者送到消费者的供应链中间。

中国传统重视农业,轻视商业,谓之重本抑末,主张以农为本、以商为末。思想源泉之一便体现为儒家思想的义利之辨,商人因逐利之本性被批评。实质上是因土地资源之限制,农耕文明状态中粮食短缺成为痼疾,即所谓"马尔萨斯陷阱"之困。因此,各个朝代莫不以农业暨粮食生产为第一要义。到了宋朝,贱商的观念开始发生一些改变,逐步出现"士商合流"之势。但明朝则在下西洋之后,全面施行禁海令,片帆不得下海,民间对外贸易几近消亡。1949—1978年社会主义建设初期,商业也被视为投机倒把,被强力禁止。

欧洲历史上,商人地位也曾长期低下。柏拉图、亚里士多德和西塞罗都曾经批评商人的逐利特征。中世纪的欧洲,只有犹太人等被排除于主流之外的族群才经商。但在15世纪到17世纪中叶的西欧,则出现了一个重大的转变:以英国为先驱和代表运用国家力量支持商业资本发展,欧洲出现重商主义思潮(Mercantilism),19世纪后成长为自由贸易,基于对贸易顺差的国力信仰,优势发展相关制造业、开拓海外市场、扶持对外贸易。这一思潮被视为工业革命之原始发育阶段,作为工业革命的前奏和基础在不同时代、不同制度环境中引发了英国、美国、日本和中国工业革命的前奏[1]。德国工业产品行销全世界,远远超过工程和技术教育源远流长、工业产品并不逊色的法国,德国商人在其中的作用不可小觑。

德国文化中虽有"商人的荣耀"一说,但回溯历史可以发现这一荣耀更多是一种标准,其实质是商业界的内部规范,是一种理想,而非社会现实。所谓"商人的荣耀",对内规范着商人之间固定的业务关系、保持偿付和信誉,对外则是维护客户关系、向政府纳税。这一尴尬还可从罗马神话人物墨丘利

---

1. 文一.伟大的中国工业革命[J].住宅与房地产,2016(27):43-50.

(Merkur)身上见到:它既是商人之神也是小偷之神。德国社会中,商人们通过参与教育活动和资本的积累,才从中世纪的被歧视局面中走出,获得社会尊重[1]。

商业暨商人因其与市场的紧密关联成为15世纪以来影响人类社会的重要力量。当前,随着生产率的提高,社会分工的发展,贸易活动空前繁荣,商业暨商人获得了前所未有的重要地位,出现"终端为王"的说法。

各界对商科职业教育的技术性和可习得性也常有所质疑。中国有句俗语:一年学个庄稼佬,十年难学生意人。说的就是商人之企业经营思维需要长期的习得。但商科职业教育因为对设备和资源的要求远远低于产业技术工人教育的要求,在实践中常常成为职业教育办学机构的首选。业界实践中,一线商业岗位对从业人员资格常无实质性、内容层面的要求,很多岗位入职门槛低,发展前景不明朗。

二、商业行业和职业研究

1. 商业行业研究

1) 教育视角的行业研究

职业教育视角下的行业分析作用如下。

- ·界定和区分研究领域(行业定义、客户案例挑选)。
- ·收集特定行业的信息,以对在研究过程中收集到的数据进行解释。
- ·获取行业结构、企业结构、培训和就业领域结构、职业结构等信息。
- ·收集研究对象的数据。
- ·分析行业内活动的个体、企业、联合会、机构的共同作用。
- ·对与职业教育相关的创新领域及与之相关领域的发展进行鉴定。

行业分析的对象可以是数据、行业界定、案例挑选或是文献分析。对行业的分析和描述从不同角度展开,这样就可以更准确地描述该行业结构和就业结构。

---

1. Franz Kaiser. Auf der Suche nach dem, Kaufmaennischen "mit Mitteln der Berufsforschung"-Ziele und Methoden bei der Erforschung der kaufmaennischen Aus-und Fortbildungsberufe unter besonderer Beruecksichtigung der Ordungsmittelanalyse[S]. Bielefeld, 2015.

从职业教育学角度来观察行业,主要分为两大类:制造类职业以及与之相关的服务、维修和贸易类职业。商科职业则属于后者。

通用的经济行业分类虽然适当,但常未深入职业活动层面。以商业为例,既有专门从事零售、批发、国际贸易商务活动的专业领域和从业者,也有嵌入其他经济部门从事商品销售、市场营销、仓储物流、金融服务的人员,而商品经营再因商品品类形成进一步的细分行业。

职业教育学研究框架内的行业分析作用如下。

· 对现有的职业结构进行研究(职业分类)。

· 了解行业结构,包括所从事的职业(从业);须经正式培训的职业,培训对象的数量和培训形式;培训和进修的组织情况;就业指标;经济指标,企业的数量、规模、结构;行会和其他组织及其角色。

· 全面了解由于产品和过程创新、企业的再组织及其对职业的现实和未来影响(专业工作的转变)。

· 确保随后开展的企业及工作过程的案例研究具有代表性。

借助于通常现成的行业定义,现有信息的收集工作一般都很容易。典型的信息来源有:统计部门、劳动与社会保障部门、行业协会以及研究机构的研究和报告。为了使数据和信息的对比变得更容易,一般会将它们进行分类,需要注意分类的标准及其角度,比如根据经济、教育相关或劳动力市场相关的标准。

行业分析中,涉及很多数据的收集、筛选,以及对行业边界的确定。要确定研究所需的行业数据,然后搜索并选择信息来源,收集数据并将其整理成图表,以描述行业的特点。行业研究的信息来源,可参考各行业协会、基金公司等金融机构的行业研究报告。教育和课程视角的行业研究,在研究报告的文本分析中,要重点关注产品和过程创新对职业任务或职业结构的影响。

2) 商业的分类

现代社会中,商业是一种以货币为媒介的商品交换活动,是买卖双方通过货币的中介,即买方付出货币、卖方取得货币,实现产品所有权与使用权由卖方向买方的转移,然后由卖方将换取的货币再去向另外的出售者购买所需的产品。

商品流通不仅指传统意义上的物质商品的流通,还包括非物质商品的流通,即各种生产要素商品的流通。

现实的商品流通,是市场经济中各种生产要素的整体流通,并且是从生产领域向消费领域的整个过程的流通,是包括商品实体流通活动在内的各种相关要素的所有流通活动。不单是商品的购、销、调运、储存及其所需资金、人力、科技、信息、设施等经营要素的经营业务活动;还包括对商业经营活动的一系列管理活动,也即对商业经营业务和商业经营要素活动所进行的计划、组织、指挥、协调和控制等职能活动;更包括为商业企业进行经营、管理活动所进行的一系列的各类型服务活动,如商品运输、金融、财务核算等。

商业是以物质的和非物质的要素商品为经营对象,以国内外市场为载体,通过各类商业企业的诸经营环节,而进行以商品交换活动为核心、以要素商品流通为主体的广泛商务活动的第三产业部门。简言之,它是社会经济中从事广泛商务活动的第三产业部门,或是从事广泛商务活动的经济部门。

现代商业覆盖广阔,可根据具体目的从不同角度进行分类。

·经营的空间范围:国内商业、对外贸易、国外商业等。

·经营的商品范围:物质商品经营业、服务业、饮食业、旅游业、银行业、信息业、证券业、劳务业、科技成果转让业等。

·经营商品的品类:是根据商品的种类和品种对经营范围的进一步细分,包括生产资料经营业、生活资料经营业,可再细分为机电、建材、化工、百货、食品、服装、房地产等经营业。

·经营环节:看商品经营活动在整个商品流通中所处的环节,包括商品采购业、商品储运物流业、商品代理经营业、商品批发业、商品零售业等。

·经营方式:看经营的地点及所依托的技术手段,可分为固定经营业、流动经营业、电子网络经营业等。

·经营形式:从产权的角度可分为独立经营业、联合经营业、合作经营业、合伙经营业、委托经营业等。

·经营业态:也称为商业业态(commercial activities),指针对特定消费者的特定需要,按照一定的战略目标,有选择地运用商品经营结构、店铺位置、店铺规模、店铺形态、价格政策、销售方式、销售服务等经营手段,提供销售和服务的类型化经营形态,如综合经营、连锁经营、方便经营、专业经营、供应链集团化经营、超市仓卖经营等。

2. 商业职业研究

1）研究视角

在西方,大规模的职业研究兴盛于20世纪六七十年代。职业研究不仅是教育科学,同时也是许多其他社会科学的研究重点。不同研究者从不同角度开展了相关研究[1]。

- 社会学视角的职业研究:职业的结构及其对个体和社会的价值(职业声誉、职业道德、职业功能);职业资格对个体的社会意义。社会学资格研究讨论的不是蕴含于工作任务中的工作质量,而更多的是企业、社会和技术系统中,技术和组织角度的工作条件。

- 劳动心理学视角的职业研究:藉由遵循形式质量标准的工作程序最终确认并加以结构化。主要关注工作对身体和心理的负担和要求。其活动列举实际上相互脱节,并不考虑其中蕴含的关联,不利于把握实际工作中的职业能力。由此产生的教育学难题是如何在职业教与学的过程设计中利用分析得来的这些活动。由于知识的构成要素不能直接客观化、无法进行选择,在工作分析中对工作关联的认识就有缺陷。

- 教育学视角的职业研究:通过怎样的教育途径来获取合适的职业从业资格。根据其研究内容又可分为职业资格内容的研究(包括现状及发展预测)和职业资格实际效用的研究。如何使劳动者通过职业教育适应技术发展的需要,即根据技术发展水平提出相应的职业资格要求,以保证人们能通过教育培训始终胜任工作要求。

早期职业资格研究的重点是对资格标准的内容及其实际效用进行分析和评价。后来,人们逐渐发现按照职业资格标准进行的职业教育培训在内容和形式上都存在着不能满足经济、技术和社会快速发展需求的滞后效应,造成从业人员职业行动能力上的缺陷,因此开始尝试针对技术和社会发展趋势提出职业资格预测,并着手开发用于早期和持续观察职业资格发展趋势的工具,形成了职业资格发展和预测研究的雏形。目前,职业资格发展研究已经逐渐成为职业资格研究的重要任务(表3-1)。

---

1. Matthias Becker/Spoettl, Georg. Berufswissenschaftliche Forschung. Ein Arbeitsbuch fuer Studium und Praxis[M]. Frankfurt am Main: Peter Lang, 2008: 37-51.

表 3-1　不同视角的职业研究

研究方向 \ 角度	职业	劳动	个体
职业科学	职业作为个体的行动系统参与职业生活和社会生活(职业任务所对应的职业)	能胜任并塑造职业工作任务的知识和能力(体现在实际职业劳动中的知识)	在有酬工作中以及从事该工作的个体职业能力的培养
管理制度/培训管理制度	各职业的结构	劳动所需资格作为培训的要点	职业培训过程的建构/职业培训规范(适用于个人)
工业社会学	职业作为劳动型社会的系统要素	劳动的结构以及作为工业社会的重要因素	工业社会中的劳动力
社会科学	职业作为社会的结构	劳动中个体的社会关系	在劳动型社会中个体的社会角色
劳动科学/劳动心理学	职业作为活动的集合	工作作为生活方式的社会心理学意义载体	工作对身体和心理的负担与要求

在学术研究领域,无论是社会学领域,还是教育学领域,对职教层级商科职业即职员的研究都远远少于对产业工人的职业研究。

2) 研究维度及职业趋势

总体而言,对商科职业的研究可以从以下维度展开:社会地位(声望和地位政策)、经济、法律、政治和文化的框架条件、企业的层级结构、活动领域和任务、技术、信息的协助手段、知识域和课程的职业结构、资格获得的路径,而其核心主题则指向商业思维行动,商人的能力、习性、性情和动机(表 3-2)。

当前研究表明,德国商科职业显示出以下重要态势。

・信息化使得长期以来就存在的去技能化潮流加剧,国际分工和合作更使得资格需求出现极化,就业风险陡增。

・技术的发展使得劳动的时间和地点日益灵活,尤其是项目制的劳动组织以及分店的出现,使得劳动更为主体化和去边界化,某些商科职业呈现一种"独立的假象",就业情形实际上变得更为困难和棘手。

表3-2　商科职业的研究维度 [1]

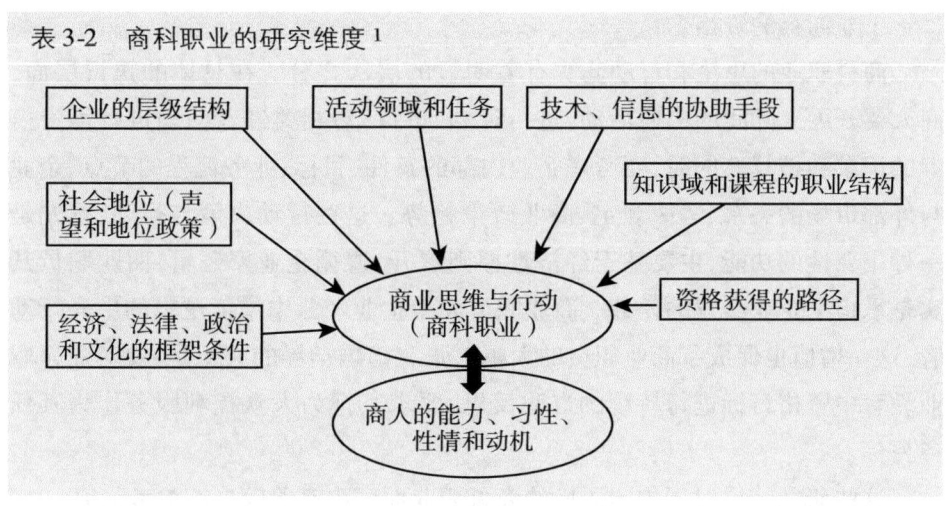

・服务业中的情绪劳动增加，常常涉及企业利益和客户利益的冲突，对服务质量也提出了更高要求。

・税收制度的改变、以市场为导向的控制模式、劳动过程的合理化精简、员工在心理层面以公司股价的上升（资本市场）为目标导向。决策更为集中、执行更为去中心化。

・商科职员工作中IT技术的渗透度极高。将不同情境和语言中的逻辑和象征符号进行转化，成为其日常工作。同时，其决策情境的开放度提高，必须处理不同利益群体的利益冲突。这些都要求他们具备对关联性进行反思的能力，以及了解业务流程、创造性解决问题的设计能力。

商科教育职业的资格特征表现出较为明显的共同基础。德国联邦职教所对55个职前培养职业和33个职后进修职业的分析发现，德国商科职业覆盖了四个不同领域。

・共同的基础：占到七成；包括商业审计和控制、商品经营（包含市场、销售和咨询）、信息和沟通。

・商科职业的特别、专业性特征。

・一般性的资格。

---

1. Franz Kaiser. Auf der Suche nach dem, Kaufmaennischen "mit Mitteln der Berufsforschung"-Ziele und Methoden bei der Erforschung der kaufmaennischen Aus-und Fortbildungsberufe unter besonderer Beruecksichtigung der Ordungsmittelanalyse[S]. Bielefeld, 2015.

· 非商科的资格。

商科职业的思维和行动其实有着明显的层次之分。在具体的执行层面，商人要开展人际间的沟通活动，进行计划、审计，对相关经营活动进行可资信赖的记录和核算。同时，要考虑企业内部的条件、目标、业务流程的节点、企业与外部市场的关系、法律规定、商业政策趋势。这些行动决策与行动，首先是一种中介性的功能，主要基于经济性原则展开，遵循企业家逻辑，商业职员其实是承担了企业经营的任务。商业职员成为企业经营中增值逻辑的中介行动者，这一增值也促成了商业职员的大幅扩张。德国学界的共识是：要对商科职业教育中资格目标进行持续的自我反思，要求其把为大众福利服务作为其任务目标。

这些研究结果对于中国语境的商科职业而言也有着较高的参考价值。

习 题

- 请以德国和中国为例，说明商业发展的不同历史阶段中典型的商科职业活动及其分工。
- 请说明不同学科对商科职业展开研究的视角区别。
- 请从职业教育的立场出发，论述职业研究中应重点关注的维度。

第四章 商品经营

商品经营是商业的核心业务活动。根据客户对商品的利用目的,广义的商品经营可分为零售业与批发业。根据基于商品的交易活动在一国之内还是要跨越国界,又分为国内和国际贸易。

> **思 考**
> - 街角杂货店、大型百货商场、超市、天猫之间的区别是什么?是什么催生了这些形态变化?
> - 零售与批发的本质区别是什么?
> - 国内商业活动与国际商业活动的本质区别是什么?
> - 以上这些活动对相关商业从业人员的要求有什么样的变化?

一、零售商业

1. 概念和功能

零售业是指以向最终消费者(包括个人和社会集团)提供所需商品及其附带服务为主的行业。

从营销学角度来看,零售业是任何一个处于从事由生产者到消费者的产品营销活动的个人或公司,他们从批发商、中间商或者制造商处购买商品,并直接销售给消费者。这种定义在近三十年营销学的文献中非常普遍。零售贸易业包括所有把较少数量商品销售给普通公众的实体。他们不改变商品的形式,由此产生的服务也仅限于商品的销售。

零售业具有以下特点。

· 首先,零售业的销售对象是直接消费者,主要是个人消费的城乡居民,也包括集体消费者,如机关、团体、学校等单位。在零售业中,有许多购买是无计划的或凭一时冲动的即兴购买,为了吸引顾客,零售商必须考虑到有关商店位置、交通设备、营业时间、花色品种、停车场所和广告宣传等各种因素。在消费者无计划地购买许多商品的情况下,零售商在预测、预算和订货等方面的控制度就减弱了。

·其次,零售企业销售的商品,主要是为了满足最终消费者的需要,而不是为了转卖或加工。商品一经售出,即从流通领域进入消费领域,其价值也就随着使用价值的被消费而得到实现。

·最后,零售企业销售次数频繁,销售数量零星,平均销售额较低。这意味着零售企业成本必须低廉,花色品种必须齐全,周转率必须高。信贷管理、存货控制、商品包装和加贴商标等方面,都是零售商必须严加控制的,以求提高效率。

零售业在商品分配中起着重要作用,它是制造商或批发商与最终消费者之间的媒介。零售商采购各种各样的货物与劳务并把它们出售给顾客,这个过程称为分配过程。一般制造商乐于生产一个新型的产品,并将其全部卖给一个买主;而一般顾客却希望从多类产品中选购,只买有限的数量。通过上述分配过程,零售商就在制造商与顾客之间架起了桥梁。

零售商大批量地采购制造商(或批发商)的品种有限的商品,这样,制造商(或批发商)就能最大限度地提高工作效率。另一方面,零售商通过提供种类繁多的商品或劳务(从众多制造商或批发商采购得来)并分成小份分售给顾客,以满足他们的需要。零售商承担的另一个分配职能是:对顾客、制造商和批发商传播信息。他们将商业和劳务的可供量与性能、商店位置、营业时间、销售额等信息通知顾客,又将销售预测、顾客意见、产品缺陷、存货周转率等信息通知制造商、批发商和进口商,使之根据这些信息对产品和劳务作出改进。

零售业是一个国家最古老的行业之一,也是一个国家最重要的行业之一。零售业的每一次变革和进步,都带来了人们生活质量的提高,甚至引发了一种新的生活方式。

零售业是反映一个国家和地区经济运行状况的晴雨表。国民经济是否协调发展,社会与经济结构是否合理,首先在流通领域,特别是在消费品市场上表现出来。

零售业是一个国家和地区的主要就业渠道。由于零售业对劳动就业的突出贡献,很多国家甚至把扶持、发展零售业作为解决就业问题的一项经济政策。

现代零售业是高投资与高科技相结合的产业。现在,零售商们运用着最先进的计算机和各种通信技术对变化中的消费需求迅速做出反应。

我国目前对零售业比较权威的分类和定义是国家质检总局、国家标准委2004年联合发布实施的国家推荐标准《零售业态分类》规定的。该标准按照零售店铺的结构特点，根据其经营方式、商品结构、服务功能，以及选址、商圈、规模、店堂设施、目标顾客和有无固定经营场所等因素，将零售业分为17种业态，包括店铺零售业态——食杂店、便利店、折扣店、超市、大型超市、仓储会员店、百货店、专业店、专卖店、家居建材店、购物中心、厂家直销中心和无店铺零售业态——电视购物、邮购、网上商店、自动售货亭、电话购物等，并规定了相应的分类条件。

2. 业态的变革

零售业态是指零售企业为满足不同的消费需求而形成的不同营业形态。业态差异化包含着产品和服务差异化等系列内容，是零售企业控制市场的重要力量。中国零售业态形成和演化的动因包括宏观环境、微观环境和企业内部环境3个方面的因素。宏观环境方面的因素有政治、法律和政策、经济、技术和文化等；微观环境方面的因素有零售饱和度、零售竞争者（国际性、全国性或地区性；同业态和异业态）、合作者（供应商和店铺房东）和消费者等；企业内部环境方面的因素有学习机制即模仿和创新能力[1]。

零售业态变革的原因有三：技术进步、外部市场环境变化以及零售业自身发展规律导致的内部结构调整。

零售业中的某些变化之所以能提升到重大变革的程度，必须满足三方面的条件：一是革新性，即这一变化应产生一种全新的零售经营方式、组织形式和管理方法，并取得支配地位；二是冲击性，即新的零售组织和经营方式将对旧组织和旧方式带来强烈的冲击，同时也影响着顾客购物方式的变化和厂商关系的调整；三是广延性，即这场变革不是转瞬即逝，而是扩展到一定的空间、延续到一定的时间。

近代以来，西方零售业的发展经历了三次重大变革，并在信息技术的催化下正在酝酿第四次重大变革，如今西方国家发达的现代零售业就是这几次零售革命的必然结果。近代零售业的多次变革，每一次都能找到技术力量推动

---

1. 李飞,贺曦鸣.零售业态演化理论研究回顾与展望[J].技术经济,2015,34(11):34-46.

的影子,它是伴随着同期技术革命所引发的产业革命而诞生的孪生兄弟,尤其是信息时代,网络技术在社会、经济各个领域的广泛运用,电子商务的兴起,迫使传统零售企业从管理观念、管理模式、组织结构和作业流程都将发生相应变革。而在中国,引发前三次零售革命的技术条件均已成熟,网络技术也已逐渐渗透到社会经济生活的各个角落,因而中国零售业变革是大势所趋。与西方发达国家不同的是,中国零售业是多项变革同时进行,而不是呈阶段性发展,这就导致这场变革具备了复杂性和急剧性。

零售业外部市场环境变化导致零售业内部作出相应调整。根据"零售组织进化论"的"适者生存"观点,零售企业必须同社会经济环境的变化相适应,才能继续存在和发展,否则就将不可避免地被淘汰。经过多年的经济体制改革,中国市场环境已经发生了根本性的变化,在从卖方市场向买方市场转化过程中,消费者逐渐成为控制市场的主导力量,信息技术的发展使得消费者的个性化和多样化需求得到充分满足,如果零售商不相应调整经营方式,则制造商极有可能越过中间商直接向消费者提供商品和服务;同时,跨国零售集团的进入,以更先进的管理方式提供更优质的顾客服务,使中国零售竞争在更高平台上展开,这些都迫使中国零售商为赢得生存空间而进行全方位的变革与创新。这些变革对从业人员的职业发展状况和从业能力都有着深刻影响。

1) 第一次变革:百货商店的诞生

零售业的第一次重大变革是以具有现代意义的百货商店的诞生为标志的,学术界称之为"现代商业的第一次革命",足见其划时代的意义。尽管当时百货商店被称为具有革新性的经营手法现在看来十分平常,诸如明码标价和商品退换制度;店内装饰豪华,顾客进出自由;店员服务优良,对顾客一视同仁;商场面积巨大,陈列商品繁多,分设若干商品部,实施一体化管理;等等。但这些改革对当时传统零售商来说,已是一个质的飞跃。

第一是销售方式上的根本性变革。

百货商店是世界商业史上第一个实行新销售方法的现代大量销售组织。其新型销售方法,概括起来就是:

· 顾客可以毫无顾忌地、自由自在地进出商店。

· 商品销售实行"明码标价",商品都有价格标签,对任何顾客都以相同的价格出售。

· 陈列出大量商品,以便于顾客任意挑选。

·顾客购买的商品,如果不满意时,可以退换。

这些销售方式现在看来虽然十分平常,但它是由百货商店的诞生及其对零售销售的变革而来的。

第二是经营上的根本性变革。

当时出现的百货商店最大一个特点是,设有若干不同的商品部,这些商品就像是一个屋顶下的"商店群",即把许多商品按类别分成部门,并由部门来负责组织进货和销售。而且,百货商店是主要以生活用品为中心,实行综合经营的大量销售组织。按不同商品和不同销售部位来经营,虽然每个部位的经营规模不大,但由于它们是汇聚在一个经营体之中的,因而这种综合经营的规模比起之前的杂货店和专门店来说就十分庞大。因此,百货商店实行综合经营也是其适应大量生产和大量消费的根本性变革内容之一。

第三是组织管理上的根本性变革。

传统的城市零售店和乡村杂货店,店主不仅亲自营业,而且自行负责人、钱、物的管理。与此根本性不同的是,百货商店由于同时经营若干系列的商品,企业规模庞大,因而其经营活动分化成相对独立的专业性部门,实行分工和合作;而管理工作则是分层进行的,企业订有统一的计划和组织管理原则,然后由若干职能管理部门分头执行。因此,百货商店是在一个资本的计划和统制下,按商品系列实行分部门、分层次组织和管理的。

中国从改革开放初至1989年年底,传统百货商店占零售市场绝对主导地位。上海百联集团在全国就拥有40家百货公司,主要分布在苏浙沪地区,比如上海东方商厦、上海第一百货公司。

百货公司的出现,使得营业员成为一种专门化职业。

2)第二次变革:超级市场的诞生

超级市场标志着一场零售革命的爆发,其对零售业的革新和发展以及整个社会的变化带来了以下影响。

·开架售货方式流行。开架售货尽管不是超级市场首创,但它却是因超级市场而发扬光大的。超级市场采用的自选购物方式,作为一个重要的竞争手段不仅冲击了原有的零售形态,而且影响了新型的零售业态,后来出现的折扣商店、货仓式商店、便利店等都采取了开架自选或完全的自我服务方式。

·购物时间大大节省。随着二战后女性工作时间增多、闲暇时间减少,人们已不再把购物当作休闲方式,而是要求购物更方便、更快捷,超级市场恰好满足了这种新要求,将原本分散经营的各类商品集中到一起,大大节省了人们的购物时间,使其能将有限的闲暇时间用于旅游、娱乐、健身等活动,创造了一种全新的现代生活方式。超级市场实施的统一结算和关联商品陈列,也大大节省了选购商品和结算的时间。

• 舒适的购物环境普及。超级市场所营造的整齐、干净的舒适购物环境,取代了原先脏乱嘈杂的生鲜食品市场,使人们相信购买任何商品都应能享受购物乐趣。

• 促进了商品包装的变革。开架自选迫使厂商进行全新的商品包装设计,展开包装、标识等方面的竞争,出现了大中小包装齐全、装潢美观、标识突出的众多品牌,这也使商场显得更整齐、更美观,造就了良好的购物环境。

超级市场的出现和发展现在看来有其历史的必然,其产生背景如下。

• 经济危机是超级市场产生的导火线。20世纪30年代席卷全球的经济危机使得居民购买力严重不足,零售商纷纷倒闭,生产大量萎缩,店铺租金大大降低,超级市场利用这些租金低廉的闲置建筑物,采取节省人工成本的自助购物方式和薄利多销的经营方针,实现了低廉的售价,因而受到了当时被经济危机困扰的广大消费者的欢迎。

• 生活方式的变化促成了超级市场。"二战"后,越来越多的妇女参加了工作,人们生活、工作节奏加快,加上城市交通拥挤,原有零售商店停车设施落后,许多消费者希望能到一家商场,停车一次,就购齐一周所需的食品和日用品,超级市场正是适应消费者的这种要求而产生的。

• 技术进步为超级市场创造了条件。制冷设备的发展为超级市场储备各种生鲜食品提供了必要条件,包装技术的完善为超级市场中的顾客自选提供了极大的方便;而后来的电子技术在商业领域的推广运用,更是促进了超级市场利用电子设备,提高售货机械化程度。此外,冰箱和汽车在西方家庭中的普及使消费者的大量采购和远距离采购成为可能。

理货、收银、库存管理代替直接的销售活动成为更常见的职业活动。

国外的零售业表现为诸多形式。

• 类型专卖店(Category Specialist):一种占地面积8000平方英尺,经销的商品品种少但种类多的折扣商店,如Toys"R"Us玩具专营店等。

• 家具改建中心(Home-Improvement):将传统的五金商店和木材贮藏场综合起来的类型专营商,如美国HOME DEPOT。

・仓储会员店（Warehouse Club）：一种以低价格无服务的方式向顾客和小企业提供有限种类的商品的普通商品零售商，如山姆会员店。

・折扣零售商（Off-price Retailers）：以低价经销具有时尚性但并非总是一类品牌的纺织品，如 MARSHALL。

・目录商店（Catalog Showroom）：指其陈列室邻近期货仓的一种零售商。

1992 年年底，超级市场开始在中国涌现，动摇了百货商店的市场基础。

3）第三次变革：连锁商店的兴起

连锁商店是现代大工业发展的产物，是与大工业规模化的生产要求相适应的。其实质就是通过将社会化大生产的基本原理应用于流通领域，达到提高协调运作能力和规模化经营效益的目的。连锁商店的基本特征表现在以下四个方面。

・标准化管理。在连锁商店中，各分店统一店名，使用统一的标识，进行统一的装修，在员工服饰、营业时间、广告宣传、商品价格方面均保持一致性，从而使连锁商店的整体形象标准化。

・专业化分工。连锁商店总部的职能是连锁，而店铺的职能是销售。表面上看，这与单体店没有太大的区别，实际上却有质的不同。总部的作用就是研究企业的经营技巧，并直接指导分店的经营，这就使分店摆脱了过去靠经验管理的影响，大大提高了企业管理水平。

・集中化进货。连锁总部集中进货，商品批量大，从厂家可以得到较低的进货价格，从而降低进货成本，取得价格竞争优势。由于各店铺是有组织的，因此，在进货上克服了盲目性，不需要过大的商品库存，就能保证销售需要，库存成本又得到降低。各店铺专门负责销售，就有更多的时间和手段组织推销，从而加速了商品周转。

・简单化作业。连锁商店的作业流程、工作岗位上的商业活动尽可能简单，以减少经验因素对经营的影响。由于连锁体系庞大，在各个环节的控制上都有一套特定的运作规程，要求精简不必要的过程，达到事半功倍的效果。

中国在 1993—1995 年年底，各种新型零售组织崭露头角，出现百花齐放局面。1996—1999 年，跨国零售商进入中国，加速了零售业现代化进程。1999 年以后，零售竞争日益加剧，连锁经营趋势增强。

根据商务部 2019 年数据，全国连锁门店的数量达 2000 余万家，从业人员约6113万人,占全国总就业人数的7.4%。"连锁经营管理师"于2020年2月正式作为新职业纳入国家职业分类大典目录。连锁经营管理师主要是指针对门店店长、区域经理以及少量在总部工作负责店铺营运的干部。

4)第四次变革:电子零售商务

信息时代,网络技术的发展对零售业的影响是巨大的,绝不亚于前三次生产方面的技术革新对零售业影响的深度和广度。网络技术引发了零售业的第四次变革,它甚至改变了整个零售业。这种影响具体表现在以下几方面。

·网络技术打破了零售市场时空界限,店面选择不再重要。店面选择在传统零售商经营中,曾占据了极其重要的地位,有人甚至将传统零售企业经营成功的首要因素归结为:"Place Place Place(选址、选址,还是选址)。"因为没有客流就没有商流,客流量的多少,成了零售经营至关重要的因素。连锁商店之所以迅速崛起,正是打破了单体商店的空间限制,赢得了更大的商圈范围。而在信息时代,网络技术突破了这一地理限制,任何零售商只要通过一定的努力,都可以将目标市场扩展到全国乃至全世界,市场真正国际化了,零售竞争更趋激烈。对传统商店来说,地理位置的重要性将大大下降,要立足市场必须更多地依靠经营管理的创新。

·销售方式发生变化,新型业态崛起。信息时代,人们的购物方式发生巨大变化,消费者将从过去的"进店购物"演变为"坐家购物",足不出户,便能轻松在网上完成过去要花费大量时间和精力的购物过程。购物方式的变化必然导致商店销售方式的变化,一种崭新的零售组织形式——网络商店应运而生,其具有的无可比拟的优越性使其将成为全球商业的主流模式并与传统有店铺商业展开全方位的竞争。而传统零售商为适应新的形势,也将引入新型经营模式和新型组织形式来改造传统经营模式,尝试在网上开展电子商务,结合网络商店的商流长处和传统商业的物流长处综合发挥最大的功效。零售业的变革不再是一种小打小闹的局部创新,而是一场真正意义上的革命。

·零售商内部组织面临重组。信息时代,零售业不仅会出现一种新型零售组织——网络商店,同时,传统零售组织也将面临重组。无论是企业内的还是企业与外界的,网络技术都将代替零售商原有的一部分渠道和信息源,并对零售商的企业组织造成重大影响。这些影响包括:业务人员与销售人员的减少、企业组织的层次减少、企业管理的幅度增大、零售门店的数量减少、虚拟门市和虚拟部门等企业内外部虚拟组织盛行。这些影响与变化,促使零售商意识到组织再造工程的迫切需要,尤其是网络的兴起,改变了企业内部作业方式,以及员工学习成长的方式,个人工作者的独立性与专业性进一步提升。这些都迫使零售商进行组织的重整。

· 经营费用大大下降,零售利润进一步降低。信息时代,零售商的网络化经营,实际上是新的交易工具和新的交易方式形成过程。零售商在网络化经营中,内外交易费用都会下降。就一家零售商而言,如果完全实现了网络化经营,可以节省的费用包括:企业内部的联系与沟通费用;企业人力成本费用;避免大量进货的资金占用成本、保管费用和场地费用;通过虚拟商店或虚拟商店街销售的店面租金费用;通过网络进行宣传的营销费用和获取消费者信息的调查费用;等等。另外,由于网络技术大大克服了信息沟通的障碍,人们可以在网络上漫游、搜寻,直到最佳价格显示出来,因而将使市场竞争更趋激烈,导致零售利润进一步降低。

中国零售行业集中度仍然偏低,市场竞争激烈,但也不再是完全竞争市场。龙头企业将成为行业整合的主力;多业态经营的零售企业比重逐步升高,零售业态越来越多元化、差异化。中国加入WTO以来,零售业的市场进入壁垒提高,包括成本、技术和选址;零售业需求持续增长,但增长幅度放缓[1]。2018年我国大卖场零售业态中的销售份额已经不足42%,而小型超市、便利店、杂货店的销售额占比高达58%。大小业态、新旧业态并存格局将长期维持,更有特色、离用户更近、更便利用户的小型业态将会有更好的发展前景。业态会继续裂变,形成更多的细分市场;品牌会聚合,出现更大的头部企业;企业的组织化程度会进一步提升,基础是技术、资本人次的聚合;渠道会分化,越来越多的消费者会接受"到家服务";生鲜会减量,需求增幅减少;边界会模糊,但大多数零售企业的经营还是有边界[2]。网络零售与线下零售业已显现融合带动效应,网络零售巨头积极并购实体零售企业以求发挥协同效应,而零售企业均谋求网络销售渠道,线上+线下+物流模式的"新零售"成为趋势。

2019年我国电子商务交易额为31.63万亿元,在线销售的企业比例为

---

1. 李春英.SCP视角下我国零售业的市场结构分析[J].商场现代化,2009(18):5-6.
2. 周勇.中国零售业的格局与变局[J].商业企业,2019(4):14-16.

45.3%。2019年5月,《电子商务法》开始实施。

3. 典型职业

零售业中最核心的职业活动便是对顾客进行商品销售和服务。其典型职业乃是营业员,最初产生于中东地区,即销售自己产品的工匠。在18世纪英国工业革命之后,商品的生产与销售分离,从而出现第一批现代意义上的营业员。

1) 岗位及工作任务

根据2015版职业分类大典体系,批发与零售业服务人员包括两个小类:4-01-01采购人员和4-01-02销售人员;又进一步细分为6个细类职业:采购员、营销员、电子商务师、商品营业员、收银员、摊商。

其中商品营业员(4-01-02-03)是最典型的传统零售职业,也称销售员,或导购员。这一称呼来自传统的店铺零售业态,其典型的岗位工作职责包括营业前的货品准备、营业中的销售服务、营业后的货品整理、售后的退换货、投诉等。

其分类有不同标准,但基本原则都是看不同类别中营业员的职业活动是否有重要区别。

· 根据业态区别。

· 所销售商品的类型:可分为有形产品和无形服务。

· 顾客类型:有确定的顾客,如实体店铺中的营业员;无确定的顾客,如电视购物的销售。[1]

具体任务包括如下方面。

· 根据各项经济指标,做好商品的销售工作。

· 执行公司的促销计划,检查价格标签和促销海报到位情况。

· 落实销售环境、柜台、货架及商品的清洁工作。

· 美化商品布局和陈列。

· 做好顾客服务,准确回答顾客提问并开展规范服务。

· 做好商品整理、保管、补充和盘点工作。

· 商品质量的检查、价目卡的核对工作。

---

1. 刘俊. 基于胜任力模型的A购物中心营业员能力升级的研究[D]. 上海:东华大学,2018.

- 认真参加早晚训。
- 及时反馈销售信息。
- 相关营业用具、小道具的使用、保管和保养。
- 处理商品的安全防盗等突发事件。
- 其他工作。

2）营业员能力维度

商品知识是营业员能力中的重要维度。比如服装店的营业员就要了解纺织材料、织物的织法,而药品、化妆品、食品、电信产品又各自有各自的要求。商品的品类、企业的规模对营业员这一商品经营岗位的影响非常明显,对其资格要求也有明显不同。比如经营化学类商品,就要求熟悉组内各种原料和药品的品名、规格、产地、单价与别名,熟悉组内商品的性能、效用、使用方法,熟悉对象级商品的成分、含量等级,熟悉各种商品的种类,并能做好保管工作,以及处理一些易于风化、潮解、变质、腐蚀、爆炸、燃烧的商品等。

对于中级营业员,一般要求如下。

- 知道主要商品的品名、别名、单价、含量、纯度等级及主要用途。
- 与客户互动的能力,其中也要特别注意人际交往的礼仪知识,因为营业员的言语和非言语表达能力、待人接物直接影响到其业绩表现。
- 数字媒体能力,会运用基本的办公软件、企业内部流程和财务管理软件;会使用电子收银设备。直到20世纪80年代仍然非常看重的计算能力不再那么重要,尤其在电子商务时代,对电子商务的销售员的要求有很大变化。
- 了解企业文化,积极参与有利于企业发展的文化维系活动。

3）职业资格

营业员业务技术等级于20世纪50年代中后期开始实施,主要是要求营业员掌握必备的业务技术知识与达到一定的熟练程度,同时对商品的销售对象有所了解。1993年引入职业资格证书制度以来,营业员分为初、中、高三级[1]。

- 初级营业员:要求具备基本的商业知识;具备职业道德,知晓消费者权益保护法及与商品有关的法律法规;熟练操作商品进销调存技能;基本了解商品的品名、产地、性能等基本信息;会推荐商品,点钞验钞,规范书写商业票据,礼品包装等技能。

---

1. 冯金祥.商品营业员:初级、中级、高级[M].北京:中国劳动社会保障出版社,1998:91-111.

·中级营业员:在初级技能之外,还应掌握商业类文章的撰写以及促销文案的制作;了解消费心理学基本知识;掌握收货服务技巧。

·高级营业员:在中级的知识及技能之外,还应掌握计算机使用常识;了解基本涉外经营知识;掌握销售数据分析技能;会制作基本的进销调存报表;掌握商品库存知识。

这三级资格评定是政府层面的技能提升路径,企业里针对营业员的则还是以绩效考核为主。2016年之后,营业员属于非准入类职业,属于技能等级社会鉴定类。

当前实体购物中心营业员队伍中,以上海某购物中心为例,学历主要以高中毕业为主,多为女性,流失率较高,传统观念中岗位价值较低[1]。企业需配备营销策略、店铺陈列、店铺规划和数据搜集处理人员。

营业员职业生涯发展中的结构性问题主要有:多种用工制度并存、身份晋升流于形式、职业发展通道单一。一般来说,百货商场营业员的发展路径,主要是由店员升到店长,再到品牌经理、区域负责人等级别,但品牌经理在同一座城市很可能只有一人,店长升迁也相当困难,在激烈的竞争环境下,一些老店员只能在开新店的时候才有机会升任店长。百货商场营业员需提高自身学习能力和学习兴趣,加强职后培训,才有望获得发展机会。

直播销售开始出现,对原来的销售模式和销售人员形成冲击。

二、批发商业

1. 概念和功能

所谓批发商业(Wholesale Business),就是指向再销售者、产业和事业用户销售商品和服务的商业。所谓再销售者,是指二次及其以下的批发商和零售商;所谓产业用户,是指从事生产和服务提供的营利性组织,即第一、二、三次产业的企业用户;所谓事业用户,是指不以再销售为目的,而是为了业务或事业上的需要购买设备和材料的非营利性组织。概括地说,批发商业是相对于零售而言的面向大批量购买者开展经营活动的一种商业形态。

批发商业的功能与意义如下。

---

1. 刘俊. 基于胜任力模型的A购物中心营业员能力升级的研究[D]. 上海:东华大学,2018.

·集散商品。这是批发商业的首要职能。由于生产部门一般是大量生产,但品种单一;而零售部门往往经营品种较多,但数量较少,为了调节生产与零售之间存在的这种矛盾,在生产与销售之间出现了批发环节。通过批发环节,从各生产部门采购数量多,品种、规格与花色全的商品,然后经过编配,再分别批发给各个零售采购者。这样,既满足了生产部门单品种、大批量销售商品的需要,又满足了零售部门多品种、小批量购进商品的需要,通过批发环节交易把生产部门与零售部门有机地结合起来,疏通了商品流通渠道。

·调节供求。生产与零售在时间与空间上也存在间隔。这是因为有的商品是常年生产、季节销售;有的商品是季节生产,常年销售;还有的商品是此地生产、彼地销售或彼地生产、此地销售。显然,生产与消费之间的矛盾,实质上是生产与零售之间的矛盾。为了解决生产供应与零售之间的矛盾,可以通过批发交易来解决。进一步讲,可以通过批发商的运输、储存、保管活动,来调节供求之间的时空矛盾。

·商品加工。批发商业主体在进行批发业务时,有时不得不对从生产部门采购来的商品进行重新包装、分级、整理和加工、编配等活动,以便更好地满足零售商购进的需要,从而提高流通效率。

·融通资金。批发商进行批发交易时,既可以向生产企业提供融通资金便利,也可以向零售商提供融通资金便利。主要表现在以预购商品的形式向生产企业购进商品,以赊销的方式向零售商销售商品。这样,既可为生产企业提供再生产所需要的资金,也可使零售商不致于因资金短缺而不能正常进货,有利于加快商品流通速度。

·传递信息。批发商在批发交易活动中,可将收集起来的信息进行整理与分析,然后传递给生产者与零售商。对于生产者,批发商可以提供市场需求变化等方面的信息,作为他们制定产品开发、生产计划方面的依据;对于零售商,批发商可以提供新产品供应等方面的信息,作为他们采购、销售决策的依据。

·承担风险。商品在从生产领域进入消费领域的整个流通过程中,存在着各种流通风险。如商品损坏、变质、丢失等静态流通风险,市场经营环境变化引起的动态流通风险等。而这些风险大多发生在库存期间或储存期间。批发商在组织商品流通过程中,又主要承担商品库存任务,具有调节供求的职能。因此,批发商要承担流通中的风险。

我国现阶段的批发体系即批发商业的主体构成主要有:生产企业的直供批发、代理商批发、经销商批发、第三方物流企业批发、配送中心的供货批发和批发市场批发等。在西方发达国家,批发体系除了以上构成,还有专业批发公司、分销商(集中采购低值日用品)、仓储式会员制商场、贸易中心(展销)、网络批发(贸易)、邮购批发商等。

要特别注意区分批发商业和批发市场,它们是两回事,批发市场只是批发商业体系的一种构成,是批发的一种载体而已。

批发商业的经营特点如下。

·批量交易与批量作价。批发交易一般要达到一定的交易规模才能进行,通常都有最低的交易量规定,零售交易没有这一限制。因此,批发交易与零售交易相比,平均每笔交易量要大得多。批发交易量的规定是有其经济意义的,那就是批发交易的价格往往与交易量成反比。即批发交易量大,批发成交价往往相对比较低。批发交易每笔成交量之所以能够比较大,因为批发交易的对象是各类用户,而不是广泛而分散的最终消费者。

·批发商业交易的商品仍停留在流通领域。由于批发交易的对象是各类用户,尤其是商业用户(或再消费者)和产业用户,它们购买商品的目的不是为了供自己最终消费,而是为了供进一步转卖或加工所用。因此,通过批发交易活动,商品还没有最终进入消费领域,而主要仍停留在流通领域。这是它与零售交易的本质区别。

·批发商业交易双方购销关系相对稳定。之所以如此,是因为批发交易的对象比较固定,变化较小。它们是些专门的经营者与使用者,不像零售交易的对象消费者那样,购买的行为随机性很大,感情型或冲动型购买占很大比例。因此,在批发交易中很容易使双方的关系稳定下来。

·批发商业交易范围比较广。这里主要有两个方面的原因:其一,批发交易的对象来源比较广,它有"商业用户""产业用户""业务用户"三类采购者,而不像零售交易那样,只有一类购买者即最终消费者;其二,批发交易机构数量比较少,不像零售网点那样到处设点,这样少量的批发机构往往意味着大范围覆盖的服务。

·批发商业朝着专业化方向发展。纵观世界各国批发交易的现状,批发交易的专业化方向成为一大趋势。究其原因,主要在于现代社会商品种类繁多,采购者的选择性越来越明显,为了适应和满足各类用户采购的需要,批发交易者必须备有充足的货源,即经营产品项目比较多,花色、规格、型号等比较齐全,以便供挑选采购之用。因而,使得批发专门化日益明显。

2. 分类与发展

按批发商性质不同,可分为独立批发商、制造批发商、共同批发商、批零兼营批发商和连锁批发商。

·独立批发商,又称商人批发商。它是指不依附于生产的独立的批发企业。此企业是用自己的资金,自己核算进货取得商品所有权后再批发售出的商业单位。其组织形式,一般以批发商业公司的形式出现。独立批发商多为成批进货,比生产者直接向零售商发货更节约运费和经营费用,所以对生产者有利。同时,又对零售商提供运输、储存、保管等业务,因而对零售商也有利。独立批发商因专门从事批发业务,拥有专门研究商品流通的经验与技术,专门提供流通环节的各种服务,因此便于商品顺利地通过流通领域,节约流通时间和费用,从而在现代批发商组织结构中是最主要的形式。

·制造批发商,是指生产企业的销售机构占有批发地位的批发商。我国商品流通领域中的工业自销,一部分就属于这种形式。

·共同批发商,是指为了与百货商店、连锁店等大型零售商的竞争相对抗,由零售团体组织的共同批发企业。其目的在于利用大量采购,节约流通费用,提高竞争力。这一形式在西方较为普遍。

·批零兼营批发商,是指以批发业务为主,同时进行零售业务的批发商。在市场竞争激烈的情况下,批发商为了提高经济效益,开展多角化经营,部分批发商便兼做零售业务。

·连锁批发商,是指由多家批发商组成的连锁组织。这种组积利用大量采购等有利条件,集结其下面的零售商,以对抗大型零售店的竞争。

按批发交易经营商品的范围不同,可分为普通批发商和专业批发商。

·普通批发商,是指经营商品范围很广、种类繁多的商人批发商,一般多指综合批发商或百货批发商。这种批发商能适应各种综合性零售商店的进货需要。如今,这种普通批发商呈现递减的倾向,逐渐向经营商品专业化方向转化。尤其在五金、运动器械、医疗设备、农机等商品上,这种转化倾向特别突出。

・专业批发商,是指专业化程度较高、专门经营某一类商品的批发商。如专门经营食品、纺织品、医药品等商品的批发商。专业批发商的优点是能够掌握所经营商品的性能、特征、用途等专门知识,便于零售进货时进行挑选和指导消费。其批发对象多数为专业商店。

按商品流通环节的不同,又可分为一次批发商、二次批发商和三次批发商。

・一次批发商,是指从生产者手中直接采购商品的批发商。根据其所处地区的不同和承担职能的差异,又可以分为产地批发商和集散地批发商。产地批发商,多设在某种产品集中生产地,可以随时集中商品,然后向二次批发商出售。集散地批发商,多以集中或分散商品为主要业务。一次批发商在人力、资金、设备、信息处理上具有较强的能力,所以在商品流通中起着巨大的作用。

・二次批发商,是指从一次批发商那里购买商品,再售卖给三次批发商的批发商。

・三次批发商,是指从二次批发商处进货,直接销售商品给零售商的批发商。

批发商业经营形式种类复杂[1][2],但大致可分为商人批发商、代理商和经纪人、制造商的分销机构和销售办理处三大类。

・商人批发商,属于传统批发商业,可分为完全职能或有限职能批发商。所谓完全职能批发商是指在经营的一定商品种类中备有齐全商品系列存货的批发商。所谓有限职能批发商是指经营某类产品专营部分产品系列的批发商,又可分为货架批发商、卡车货运批发商和邮购批发商。

・代理商和经纪人,主要包括代理批发商、制造代理商、佣金商、推销代理、经纪人、拍卖公司、进出口代理商、采购代理商等。主要是针对不同的生活消费品和生产消费品而形成的批发组织形式的差异以及针对批发贸易地区的不同而形成的组织差异。

・制造商的分销机构和销售办理处:制造商为了扩大销售,加强售后服务,建立自己的批发机构,直接渗透于流通领域,打破传统的批发渠道。制造

---

1. 李学工、朱红. 国外批发商业发展的特点、趋势及启示[J]. 上海商业,2001(4):62-64.
2. MBA 智库百科.

商分销机构大致有：一是工业公司的批发系统，即工业公司成立批发部和批发子公司，专门负责本公司产品的大宗批发业务；二是工商综合公司，即工业公司建立自己的批发子公司、百货商场和超级市场，是一种完善的自销形式。

按所经营商品的种类可作如下分类。

· 普通商品批发商，经营的商品范围较广、种类繁多，批发对象主要是中小零售商店，直接面对产品用户。

· 大类商品批发商，专营某大类商品，所经营类商品花色、品种、品牌、规格齐全。通常是以行业划分商品品类，如酒类批发公司、汽车零配件批发公司、仪器批发公司等。

· 专业批发商，专业化程度高，专营某类商品中的某个品牌。经营商品范围虽然窄而单一，但业务活动范围和市场覆盖面却十分大，一般是全国性的。如商品粮批发商、石油批发商、木材批发商、纸张批发商、金属材料批发商、化工原料批发商、矿产品批发商等。

· 批发交易市场，介于零售业和批发业之间的一种经营业态，交易行为也不十分规范，是以批发价格对商品进行批量交易。其类型有产地批发市场、销地批发市场、集散地批发市场等。

我国加入WTO以来的市场竞争中，批发对商品流通功能与作用的趋势越加明显，主要表现如下。

· 一是对商品合理流通的集散功能和商品需求信息的传递功能不可替代。几乎所有的批发企业都将信息传递作为企业生存发展的关键要素，因批发业拥有的对促进上游生产环节产品结构的有效调整和下游零售业经营品种结构调整的功能与作用是其他任何环节所不能替代的。

· 二是对中小零售商提供低成本、齐全商品和配送服务的支持作用不可替代。

· 三是对生产、现代物流或配送、走新型工业化道路、吸纳就业等相关产业发展的带动作用不可替代。

以中小批发企业最活跃的场所——商品交易市场为例来看。

· 首先，规模较大的商品交易市场以其较多品种、较低流通成本、较高流通效率，应合广大中小企业和个体、私营企业经营活动的需要，深受中小批发企业的欢迎。像以小商品闻名的义乌，到2005年，在义乌商品交易市场从事批发交易的人员超过50万人，带动义乌市小商品制造业2万多家，带动义乌周边地区小商品制造企业4万多家,带动产业就业100余万人,不仅体现出有集散功能的商品交易市场与小商品制造企业的互动,也充分体现了流通带动产业等经济发展的活力。

·其次,有集散功能的大型商品交易市场以其拥有的产业集群效应,承担着市场信息反馈、价格发现、商品展示、采购配送、技术研发、国内外贸易等诸多功能,已成为我国独具特色的新型流通组织形式。

·再次,商品交易市场与产业集群互动发展,不仅带动了市场经济中各种现代经营方式和多样化的流通组织的发展,而且结合我国转轨时期的经济结构特点和发展要求,培养了一大批批发商业职业经理人和懂市场经济运行的专业管理人才,这些人正积极实践和探索具有低成本、高效率特征的新型流通方式,同时,正在为树立民族产业品牌创造条件。

当然,尽管批发商业对经济发展的作用不能替代,但在发展的过程中也问题多多。目前,批发商业在发展中存在的主要问题有:批发商业基础设施建设滞后;批发交易方面,多数批发业仍沿袭传统高成本的交易方式,交易供求信息反馈滞后,市场预测利用率低;批发交易运营管理方面,对现代营销技术应用滞后,缺乏现代批发商业运营管理的专业人才,缺少统一的产业链规划布局;批发商业在流通经济中的社会地位和功能没有受到应有的重视,甚至误认为所有的批发环节都是导致流通成本上升的主要因素,进而出现重零售、轻批发的现象。

根据2005年我国第一次经济普查数据,2004年年底我国主要业种批发企业法人单位53.1万个,吸纳就业人员772.8万人,销售额为102042.4亿元,主营业务收入92242.7亿元,利润总额1900.1亿元;我国批发业个体经营户214.8万户,吸纳了503万人就业,销售额达到13944.5亿元。

限额以上批发企业数量减少,占批发企业总数的2.8%,网点增多,销售额增长,经营规模呈逐年扩大趋势;限额以上批发法人企业虽不多,但销售额占比呈增长状态,到2004年我国有批发功能的商品交易市场总数为81017个,比2003年整顿市场前减少了7794个。其中,全国有亿元以上商品交易市场3365家,平均每一交易市场成交额为7.76亿元,市场交易规模增大,成交额增长;全国限额以上连锁经营企业有批发功能的商品物流或配送设施1925个,统一配送比例达到75.9%,实现销售额约3800亿元,在提高商品流通效率的同时,获得了部分批发利润。

1) 类别结构

· 一是内资批发企业进入 2000 年后,国有和集体批发业所占比重减少,私营、个体批发业所占比重加大,2003 年我国批发业国有企业法人单位所占比重由 2000 年的 60.53% 下降到 38.24%,其他经营成分的比重则由 2000 年的 39.47% 上升为 2003 年的 61.76%。在全国工业消费品批发业的经济成分结构中,公有经济成分所占比重更小,而私营企业和个体经济所占比重明显加大。

· 二是港澳台商投资批发领域的企业比重增加较快,2003 年限额以上批发企业 199 家,而 2000 年只有 47 家,产业活动单位数和从业人数也呈快速增长。

· 三是从外商投资批发领域的企业数量和产业活动单位数以及从业人员整体发展看,呈快速增加态势,而中外合作批发从业人员数量呈减少态势。

2) 地区分布

东、中、西部限额以上批发企业销售额、交易市场规模差距大,东部地区商品交易市场发展较快,城乡商品交易市场总量差距不大,凸显集散功能的商品交易市场已成为中小批发企业最活跃的场所。

统计数据显示,2003 年限额以上批发业的批发额,东部地区为 27868.4 亿元,中部地区为 5197.8 亿元,西部地区为 4908.2 亿元。东、中、西部地区限额以上批发业分别占限额以上批发总额的 73.39%、13.69% 和 12.92%,东部 11 省市限额以上批发业销售额接近总销售额的 3/4;2004 年东、中、西部交易市场规模之比为 1:0.43:0.28;2004 年东部地区有亿元以上商品交易市场 1337 个,占亿元以上市场总数的 40%,交易额达 14172 亿元,占市场交易总额的 54%。

2004 年城市市场的数量为 26995 个,而农村地区的市场数量则为 55969 个,虽然城市市场的数量少于农村,但从总的交易规模和平均每个市场的交易规模看,城市市场明显高于农村市场,这与我国农村人口居住分散、商品交易市场规模相对较小有关。2003 年城市市场的交易总额为 15447.5 亿元,是农村市场规模的 1.4 倍;从平均每个市场的交易规模看,2003 年城市平均每个市场交易规模为 5720 万元,而乡村每个市场交易规模为 2046 万元,城市市场是农村市场的 2.79 倍。说明城市商品交易市场具有更强的商品集散能力和辐射范围。

但总体上,批发商业还不适应大流通市场格局,专职批发商发展滞后,与市场经济发达国家相比,我国批发业的密度和分布还处于一个较低的水平。据统计,我国每千家零售店拥有批发店的数目远远低于美、日、英、法等发达国家,每10平方公里拥有批发店数虽高于人口密度大大小于我国的美国,但远低于日本,还不到日本的五分之一。我国的批发商大多还未完成现代化的转变,由此造成批发商过剩的假象。批发企业的规模过小,而批发贸易本身就是指商品的批量销售,因此要求批发企业必须达到一定的规模,实行规模经营。但是由于批发经营主体的多元化,使得市场被重新分割,原有的专职批发商规模缩小,而大量分散的、兼营的、贩运式的批发经营也难以形成规模。除了进出口贸易和生产资料批发交易中有小部分规模较大的批发商以外,各类批发市场中基本没有大批发商,经营规模小。据统计,2002年大城市批发市场的批发商年平均成交114.9万元,中等城市为86.6万元,小城市为67.8万元。以小商贩为主体与支撑的传统批发市场已相对过剩,而依托现代科技、先进管理的大批发商严重不足。批发商"小、散、差、乱",极大地损害了中国批发业的形象。过小的经营规模使我国的批发企业经营成本高而效率低,难以形成规模效益,影响了批发功能的发挥,反过来又制约了批发业的发展,造成商品流通效率低下,市场交易秩序混乱。

3) 发展趋势

目前,我国批发商业改革创新发展趋势主要表现在以下方面。

(1) 拥有批发功能的现代工商企业不断增加

批发商业的竞争日趋激烈,拥有批发功能的现代工业批发商进入,将使原有的批发格局发生变化。拥有核心竞争力的传统批发企业仍有发展优势;专业批发企业将更加注重批发配送基础设施的建设;缺乏创新发展的批发企业将有被新交易方式取代的可能;零兼批的批发商业将呈减少趋势;外资批发企业的介入将对内资批发业构成威胁;中小型现代商业发展将对批发配送产生较强的依赖性;制配销联盟的自愿连锁将有发展潜力;区域特许将成为批发的一种形式,并呈现规范、发展的趋势;批发配送企业将由物流支持向提供菜单服务支持转换,并形成发展趋势。

(2) 改造、提升传统批发产业,推进供应链管理模式

从我国流通业的现状看,生产企业的自销、零售企业向生产企业的渗透,对传统批发企业形成了一定的冲击。因此,批发企业必须抛弃传统批发业的

固有观念,对自身的社会存在机能进行再发展、再构筑。我国的传统批发业集中在原物资、商业、外贸、粮食、供销合作总社五大行业,以及烟草、药品、油品、黄金白银等专卖行业。

按照推进流通现代化的要求,通过实施有进有退、资产重组、结构调整等措施,改造、提升这些传统的批发企业,充分发挥它们原有的规模、网络、设施、人才等优势,实现产业组织形式和企业营销模式创新,使其向现代流通方式转型,从原有的单纯批发业务向两头延伸,用供应链原理改造自身,以贸易为依托,以代理、配送服务为切入点,发挥大型批发企业的组织优势,创新出一条以产品为纽带,从上游原材料供应、中游物流配送到下游产品销售的供应链管理模式,建立新型工商和银企合作关系。

上游与下游企业涉及供应商、生产商与销售商,这些供应商、生产商与销售商可能在国内,也可能在国外。在这些企业之间,商流、物流、信息流、资金流一体化运作。生产商可以以自己为核心,建立供应链,如海尔集团。批发商与零售商也可以以自己为核心建立供应链,如香港利丰集团和美国沃尔玛连锁集团。建立自己的供应链与进入别人的供应链都是企业的必然选择。但整个供应链的运行中,往往以批发环节为主导。目前,中国许多企业还满足于孤军奋战,追求一时利益,而不去研究供应链战略与长远利益,这就是中国许多企业与国外成功企业的差距。

（3）积极探索电子商务批发交易

电子商务对传统流通业是一场革命,可以在网上虚拟市场,虚拟银行,实现网上采购与网上结算,通过物流系统送达千家万户。电子商务有 B2B、B2C、C2C 等多种形式,但以 B2B 即企业对企业的批发网上交易量为最大。有人预测,在未来 10 年,国际贸易额的 1/3 将通过互联网进行。电子商务的兴起给我国包括生产资料与生活资料商品在内的大宗商品批发交易提供了一种崭新的思路和模式。凡是适宜进行大批量批发的商品,通过电子商务,可以有效地延伸交易半径,扩大交易商圈,加速交易过程,降低交易成本。由于我国诚信体系建设还不够完善,银行网上结算系统还在探索,物流配送水平对电子商务交易还有一定制约。目前,商品批发的网上交易还不普遍,总规模还不大。但是总的来看,通过电子商务进行批发交易,是我国大宗商品流通的发展方向,有着光明的前景。

（4）进一步推进和完善代理制

实行代理制要处理好与其他经营方式的关系。批发企业在推行总代理、总经销时,既要抓好名牌产品,也要注意发掘那些具有潜在市场的产品,有条件的批发企业还可以采取参股、合资、合作等方式,以资产为纽带与生产企业建立更为紧密的关系,充当生产企业的总代理、总经销。

(5) 自办零售和开展零售支援

目前批发和零售的界限正在逐渐淡化。对我国的批发企业来说,应该充分利用自己的信誉优势、渠道优势和人才优势等自办零售。通过向零售领域的拓展,可以直接了解零售企业和消费者需要,有助于科学地组织货源,提供优势服务,扩大销售。批发企业向零售领域延伸还可以将批零交易内部化,以节约交易费用。特别是小型批发企业,避开与大型批发企业的直接竞争,向零售领域发展不失为一种摆脱困境的好方法。

F. 零售企业的经营状况直接决定批发企业的效益。批发企业必须强化为零售服务的观念,努力使自己具有独特的信息价值,建立数据库,为零售业活动提供全面支援服务。除了向零售企业转售商品外,还应向零售企业提供促销、广告营业技术指导和全方位服务;为零售企业提供市场信息,帮助零售企业进行市场调查、分析和预测,提供商品结构调整方案。

和传统批发业相比,物流配送中心是现代批发业的主要形式。目前,连锁经营方式在各种零售业态中的引进,为物流配送中心的发展提供了广阔的前景。我国的批发企业所具有的良好信誉和庞大的进货渠道是许多零售企业所无法比拟的,可以对现有仓库、网点、设施、设备加以改造,逐渐发展成为集仓储、包装、加工、分货、配送、运输等功能于一体的社会化专业物流配送中心,为其他连锁企业提供高效率、少批量、多品种的商品配送服务,帮助零售企业实现零库存。对批发企业来说,规模就意味着效益。批发业应该逐步走向合并和协作之路。但这种合作与协作之路不仅仅是将所有经营资源纳入同一组织,借以扩大经营规模,更多应该是相互独立的组织通过经营资源的共享,实现优势互补。这种做法对尽快改变我国批发企业规模较小的现状,尤其是解决小型国有批发企业经营困难,取得规模经济优势是一种很好的办法。在现阶段,可以借助政府或行业协会的力量,在明确不同企业责、权、利的基础上,明确分工,以网络组织原理重组批发业,通过资源的共享,充分利用现有的国有资产,取得规模经济效益。结合国内批发企业的改革,使国内少数实力雄厚的大型批发企业通过联合、兼并、参股、控股或连锁等形式,向多领域拓展,建立起全国范围的商品流通网络,并以此为基础向国际市场发展。

批发业是流通网络的节点和枢纽,对生产和流通的组织作用无与伦比,批发过程本身体现了高度的市场化、社会化、规模化和专业化。目前发达国家批发业中专职批发商的功能呈现多角化趋势,批发企业趋向大型化、集团化、国际化发展,系统分析、模型技术、线性规划、价值工程、决策技术、网络分析、库存技术等现代管理方法在现代批发商业中得到广泛使用。现代批发商业的最重要标志是批发商业与物流、配送业务及信息的系统化。尤其在我国市场经济发展中,现代批发商业通过集约市场经营资源,开展集货、分货、备齐商品等,将批发功能和交易总次数集约化,节约流通系统整体成本,降低交易成本,实现产品从生产到消费的高效率流通。因此,培育现代批发商业,应是今后我国出台流通产业政策中的重中之重。

我国商品交易市场经过 30 多年的恢复、培育、发展、规范和调整,已经形成了数量基本稳定、经营规模分层、经营方式分化、经营主体多元、区域布局差异、运营相对规范的商品市场体系。然而,长期以来,我国商品交易市场面临着宏观与监管等诸多问题,法律地位不明确,随着大中城市不断调整城市空间布局,商品交易市场面临着外迁的命运。

商品交易市场受到新兴业态与信息化的冲击。在面临国内外竞争压力的同时,商品交易市场的发展还承受着来自购物中心、超市、专卖店、便利店等新兴业态的冲击,特别是电子商务各种商业模式的冲击。逐级批发的流通方式面临着新的挑战,扁平化的流通层级组织成为未来发展的方向,有形批发市场必将弱化。

根据社科院流通蓝皮书课题组(2016—2017 年)预测,中国实体批发市场面临三分天下的局面。未来 5 年内,我国的商品交易市场有 1/3 将被淘汰,有 1/3 将转型为批零兼有的体验式购物中心,还有 1/3 将成功实现线上与线下对接。

3. 典型职业

1) 典型岗位和活动

批发商业的功能主要包括购买、分销、运输、储存、资金融通、服务。对应这些功能,根据批发企业的规模、类别、经营形式形成或综合性、或专门性的具体岗位。

一般性岗位的典型职业活动主要分为日常商品管理工作、商品配货的跟进及分析、对账和回款、客户关系的建立与维护等。具体如下。

其日常工作：

·熟悉和牢记货品的货号、颜色、价格，做好详细记录和充分了解，杜绝出现货品的重发和漏发现象。

·配发货品，根据每个代理商前一年当季货品的实际销售情况进行详细的数据分析，准确有效地给每位代理商合理化的细致建议。

·做好代理商拼货书面计划交给相关部门签字拿货（首批拿货前）。

代理商货品的落实跟进及分析：

·货品是否准时到达各代理商门店并跟进配货。

·及时跟客户沟通核对配货数量与其实际小时及库存，为代理商进货的合理行和备货的及时性进行审核，以防造成公司的库存积压。

·畅销货品要及时有效地发放到各代理商门店，各大门店的库存以及总仓备货的实际情况要及时准确地给到相关部门负责人以保证及时补货。确保畅销货品的备货、滞销货品的控制。

·要及时将代理商的滞销货品调换为畅销货品，确保各代理商门店有充足的畅销款，做到细致化为公司减少库存、帮代理商多增业绩。

·每周对代理商的实际补货或拿货情况进行销售情况分析，及时书面反映给领导，对上升或下降明显的门店进行分析，出现问题要及时解决。

·商场间的货物调配，以减少公司库存为前提，无条件配合执行。

代理商对账和回款：

·代理商进退货要及时准确录入电脑。

·要认真细致地核对代理商和公司之间的往来账目，确保每一笔账目的准确无误、及时交给财务审核。

·详细了解代理商信息、做好代理商信誉额度的欠款计划，及时提醒代理商欠款情况，并对代理商的回款负责。

建立客户关系，处理客户投诉，维护客户满意度：

·按照公司标准拜访客户，完成公司的销售任务。

·负责的区域范围内维护现有客户，并根据公司的要求开发新客户。

·管理协调批发部，维护良好的客情关系，保证当期销售业绩目标的实现及稳定提高。

·按照公司要求进行活动的跟踪及维护。

根据智联招聘网站2020年2月的数据统计,从事上述第四类批发业务的近六成为大专学历资格,高中生为8%,中专资格者为约6%。月工资近六成处在4000~6000元区间。

根据国家统计局2019年统计年鉴数据,2005—2018年间批发和零售业吸纳的从业人数从544万人增加到823万人,不过趋势并非直线上升,而是有所起伏。其中,北京、上海两地从业人数最多,北京73.6万人、上海84万人。从业人数排在制造业、建筑业之后(不计社会工作、教育等)。

2)职业资格

·初级推销员(国家五级):工作一年以上或经本职业正规培训,达到规定标准学时数,并取得毕(结)业证书。

·中级推销员(国家四级)(具备以下条件之一者即可):取得推销员初级职业资格证书后,在本职业连续工作两年以上,并经本职业中级推销员正规培训达到规定标准学时数;取得推销员初级职业资格证书后,从事推销工作三年以上;中等职业学校营销专业(含经济管理专业),毕业并从事推销工作一年以上;大学专科营销专业(含经济管理专业)毕业及以上学历;从事推销工作五年以上,并经本职业中级推销员正规培训。

·高级推销员(国家三级)(具备以下条件之一者即可):取得推销员中级职业资格证书后,在本职业连续工作两年;专科毕业后并工作两年以上;本科毕业后并工作一年以上或工作八年以上并经本职业高级正规培训。

·营销师(国家二级)(具备以下条件之一者即可):取得推销员高级职业资格证书后,在本职业连续工作三年以上,经营销师正规培训达到规定标准学时数,并取得毕(结)业证书;大学本、专科毕业,在本职业连续工作二年以上,经营销师正规培训达到规定标准学时数,并取得毕(结)业证书;有一年工作经验的在校MBA、本专业或相关专业研究生;连续从事本职业工作十年以上,经营销师正规培训达到规定标准学时数,并取得毕(结)业证书。

·高级营销师(国家一级)(具备以下条件之一者即可):取得本职业营销师职业资格证书后,在本职业连续工作三年以上,经本职业高级营销师正规培训达到规定标准学时数,并取得毕(结)业证书;大学本、专科毕业,从事本职业工作五年以上,经本职业高级营销师正规培训达到规定标准学时数,并取得毕(结)业证书;本职业(专业)研究生毕业,连续从事本职业工作二年以上。

营销师证书与推销员证书在类型上,职业评价、职业鉴定、申请条件、职业标准特点以及申报条件和职业技巧上都有较大的区别。具体如下。

· 营销师是指在各类企业、事业组织市场营销管理活动中从事市场调查、市场预测、商品(产品源)市场开发、商品市场投放策划、市场信息管理、价格管理、销售促进、公共关系等的专业管理人员,以及从事市场调研、市场分析、营销策划、市场开拓、直接销售、客户管理等的营销活动人员。

· 推销员(英文通称 Salesman,现称 Salesperson)是推销商品的职业人士,第一线前线职员,有如战场上的兵,功能是速销产品及服务等。也有说法认为,推销员可以是专业人士,例如基金经理、保险经纪、地产代理、化妆品美容顾问等。现代推销既是一项复杂的工程技术,又是一种技巧性很高的艺术。推销员从寻找顾客开始,直至达成交易获取定单,不仅要周密计划,细致安排,而且要与顾客进行重重的心理交锋。

· 采购员:一般不需要中职毕业生,涉及相当大的权力,辅助性工作。

三、国际贸易

1. 功能与分类

1) 概念与功能

国际贸易,也称国际商务,是指世界各国(地区)之间货物、技术和服务的交换。它是各国(地区)之间分工的表现,它反映了世界各国(地区)在经济上的相互依存关系。国际贸易的本质是"跨国界",其历史久远。丝绸之路就是著名的国际贸易商道。

国际贸易由进口贸易(Import Trade)和出口贸易(Export Trade)两部分组成,故有时也称为进出口贸易。从一个国家的角度看国际贸易就是对外贸易(Foreign Trade)。

国际贸易与国内贸易的共同性是:在社会再生产中的地位相同;有共同的商品运动方式;基本职能相同,且都受商品经济规律的影响和制约。

国际贸易与国内贸易的区别、亦是其主要特点是:贸易主体处在不同国度,资信调查较困难;易受双边关系、国家政策的影响;交易金额往往较大,运输距离较远,履行时间较长,因此贸易风险较大;除交易双方外,还涉及运输、保险、银行、商检、海关等部门,参与方众多,各方之间的法律关系较为复杂。因各国的经济政策不同,语言、法律及风俗习惯不同,各国间货币、度量衡、海关制度等不同,国际贸易比国内贸易更复杂,商业风险更大。

不同的国际贸易理论指导对外贸易的实践,便会产生各种各样具体的贸易政策和措施。自由贸易理论认为应当尽量消除妨碍贸易发展的各种措施,如削减关税和非关税壁垒;而保护贸易理论则认为应当根据本国产业发展的需要,采有关税和其他非关税措施,限制某些产品的进口,鼓励某些产品的出口。各种政策措施对进口和出口的影响程度是各不相同的,究竟采用哪种措施,或者是几种措施结合起来使用,达到某方面的目标,就需要我们作专门的研究分析。

事实告诉我们,国际经济贸易关系涉及各国的长远利益,因此各国采取的贸易政策措施通常贯穿着政治、军事上的考虑,因此在研究国际贸易政策与措施时,不能单纯从经济的角度,更应该从政治的角度去看问题。作为从业者,也需要有这样的宏观和多维度视野。

国际贸易对参与贸易的国家乃至世界经济的发展具有重要作用,具体表现如下。

(1)调节各国市场的供求关系

调节各国市场的供求关系,互通有无,始终是国际贸易的重要功能。世界各国由于受生产水平、科学技术和生产要素分布状况等因素的影响,生产能力和市场供求状况存在着一定程度的差异。各国国内既存在产品供不应求的状况,又存在着各种形式的产品过剩状况。而通过国际贸易不仅可以增加国内短缺产品的市场供给量,满足消费者的需求;而且还为各国国内市场的过剩产品提供了新的出路,在一定程度上缓解了市场供求的矛盾,从而调节了各国的市场供求关系。

(2)促进生产要素的充分利用

在当今世界上,劳动力、资本、土地、技术等生产要素在各个国家的分布往往是不平衡的,有的国家劳动力富余而资本短缺,有的国家资本丰裕而土地不足,有的国家土地广阔而耕作技术落后。如果没有国际贸易,这些国家国内生产规模和社会生产力的发展,都会受到其短缺的生产要素的制约,一部分生产要素将闲置或浪费,生产潜力得不到发挥。通过国际贸易,这些国家就可以采取国际劳务贸易、资本转移、土地租赁、技术贸易等方式,将国内富余的生产要素与其他国家交换国内短缺的生产要素,从而使短缺生产要素的制约得以缓解或消除,富余生产要素得以充分利用,扩大生产规模,加速经济发展。

(3) 发挥比较优势,提高生产效率

各国参与国际贸易的重要基础是比较利益和比较优势。利用比较利益和比较优势进行国际分工和国际贸易,可以扩大优势商品生产,缩小劣势商品生产,并出口优势产品从国外换回本国居于劣势的商品,从而可在社会生产力不变的前提下提高生产要素的效能,提高生产效率,获得更大的经济效益。

(4) 提高生产技术水平,优化国内产业结构

在当今世界,各国普遍通过国际贸易引进先进的科学技术和设备,以提高国内的生产力水平,加快经济发展。同时,通过国际贸易,使国内的产业结构逐步协调和完善,促使整个国民经济协调发展。

(5) 增加财政收入,提高国民福利水平

国际贸易的发展,可为一国政府开辟财政收入的来源。政府可从对过往关境的货物征收关税、对进出口货物征收国内税、为过境货物提供各种服务等方面获得大量财政收入。在美国联邦政府成立初期,关税收入曾占联邦财政收入的90%。至今,关税和涉外税收仍然是一些国家特别是发展中国家财政收入的重要来源。国际贸易还可以提高国民的福利水平。它可以通过进口国内短缺而又是国内迫切需要的商品,或者进口比国内商品价格更低廉、质量更好、式样更新颖、特色更突出的商品,来使国内消费者获得更多的福利。此外,国际贸易的扩大,特别是劳动密集型产品出口的增长,将为国内提供更多的就业机会,间接增进国民福利。

(6) 加强各国经济联系,促进经济发展

现代,世界各国广泛开展国际贸易活动,这不仅把生产力发展水平较高的发达国家互相联系起来,而且也把生产力发展水平较低的广大发展中国家卷入国际经济生活之中。国际市场的竞争活动,也促使世界总体的生产力发展进一步加快。这不仅促进了发达国家经济的进一步发展,也促进了不发达国家和地区的经济发展。

2) 分类

对国际贸易进行分类有各种标准,都有各自的诉求和目的。从教育和课程的角度而言是为了理解其中贸易活动的特点、分析其对从业人员的影响。

按商品移动的方向,国际贸易可划分如下。

·进口贸易(Import Trade):将外国的商品或服务输入本国市场销售。

·出口贸易(Export Trade):将本国的商品或服务输出到外国市场销售。

·过境贸易(Transit Trade):甲国的商品经过丙国境内运至乙国市场销售,对丙国而言就是过境贸易。由于过境贸易对国际贸易的阻碍作用,目前,WTO 成员国之间互不从事过境贸易。

按商品的形态,国际贸易可划分如下。

·有形贸易(Visible Trade):有实物形态的商品的进出口。

·无形贸易(Invisible Trade):没有实物形态的技术和服务的进出口。例如,机器、设备、家具等都是有实物形态的商品,这些商品的进出口称为有形贸易。专利使用权的转让、旅游、金融保险企业跨国提供服务等都是没有实物形态的商品,其进出口称为无形贸易。

按生产国和消费国在贸易中的关系,国际贸易可划分如下。

·直接贸易(Direct Trade):指商品生产国与商品消费国不通过第三国进行买卖商品的行为。贸易的出口国方面称为直接出口,进口国方面称为直接进口。

·间接贸易(Indirect Trade)和转口贸易(Transit Trade):指商品生产国与商品消费国通过第三国进行买卖商品的行为,间接贸易中的生产国称为间接出口国,消费国称为间接进口国,而第三国则是转口贸易国,第三国所从事的就是转口贸易。例如,战后的伊拉克有一些商机,但是风险也很大。我国的有些企业在向伊拉克出口商品时,大多是先把商品卖给伊拉克的周边国家,再由伊拉克的周边国家转口到伊拉克。

按结算方式可分为现汇贸易和易货贸易。

·如果国际贸易中采用可自由兑换货币来结算的话,就称为现汇贸易。现在国际贸易主要采用这种结算方法。有时候,贸易双方缺少可自由兑换货币,可以采用以货易货的方式(Barter)来结算,即双方交换的商品经过计价以后,用等值的不同商品互相交换。

·政府间的易货贸易需要签订贸易协定和支付协定,故又称为协定贸易。补偿贸易则是民间的易货贸易。

实践中也有把现汇贸易和易货贸易结合起来使用的情况。

按统计边界不同可分为总贸易和专门贸易。

·在对外贸易统计时,若以国境为界,凡进入国境的商品算作进口,离开国境的商品算作出口,则一定时期内的进出口额之和便为该国的总贸易(General Trade)。

·若以关境为界,凡运入关境的商品算作进口,运出关境的商品算作出口,则一定时期内的进出口额便为该国的专门贸易(Special Trade)。

有的国家采用总贸易概念统计对外贸易,有的国家采用专门贸易概念统计对外贸易。美国采用专门贸易与总贸易两种概念分别统计其对外贸易,我国则采用总贸易概念统计对外贸易。

按贸易方式可分为包销、代理、寄售、招标、拍卖、商品交易所交易、加工贸易、对等贸易、租赁贸易等。

(1)出口企业为了在别国推销自己的产品,不一定通过自己办销售店的办法,可以与国外的某家企业达成包销或独家经销协议,把某一种或某一类商品在某一地区的独家经营权利在一定期限内给予对方,即包销商。至于具体的买卖合同需要另行签订,但要受包销协议条款的约束。如果出口企业通过协议只是把某一种或某一类商品在某一地区的经营权在一定期限内给予一家企业,并无排他性,则这家出口企业还可以把该经营权给予其他企业,这些企业就是一般经销商。

(2)出口企业也可以通过和国外企业达成代理协议,委托代理商在市场上招揽生意,或从事其他委托的事务。委托商对由此产生的权利与义务负责,代理商只收取约定的佣金。根据代理商职权范围大小,可分为独家代理和一般代理。独家代理(Sole Agency)是指代理商在约定的地区和时期内拥有独家经营权,即委托商不得将该商品直接或间接地销售给代理区内的其他买主。而一般代理(Agency)不享有这种独家经营权。

(3)寄售(Consignment)是指这样一种销售方式,出口企业和国外的代销商订立寄售协议,把货物运交代销商,代销商出售货物后,扣除协议规定的销售费及佣金后把钱交付给寄售商。

(4)招标(Invitation to Tender)是指招标单位需要采购商品或兴办某工程时,说明有关条件,邀请有兴趣的企业在指定期限内按照一定程序报价,即投标。然后由招标人开标与评标,选择最满意的投标人进行交易。这种方式在国际贸易中经常采用。

(5)拍卖(Auction)是拍卖行接受货主的委托,按照一定的规则和程序在拍卖场以公开叫价的方法,把货物卖给出价最高的买主的一种交易方式。不易标准化鲜活产品或艺术品、古董等的国际贸易是通过拍卖来完成的。

（6）商品交易所（Commodity Exchange）是指按一定规章程序买卖特定商品的有组织的市场。只有正式会员可以进入商品交易所交易，其他人或企业通过正式会员或经纪人交易。商品交易所经营的商品，一般是标准化的原材料，且按照标准化的合同交易。商品交易所里有现货交易和期货交易，以期货交易为主。许多农产品、有色金属原料等，主要在商品交易所里交易。

（7）加工贸易分来料加工和进料加工。来料加工是指国内生产企业接受外商提供的原材料或零部件，按照外商的要求进行加工装配成产品，并把生产的产品交给外商，以收取加工费。进料加工则是国内企业自主从国际市场上进口原材料或零配件，自行加工成产品，并自营出口自负盈亏。

（8）对等贸易（Counter Trade）是指贸易双方用某种协议使进出口平衡的一种贸易方式。个体有多种形式，如易货贸易、互购（Counter Purchase）、补偿贸易（Compensation Trade）等。易货贸易双方是交易值相等，通常不涉及现汇支付。互购则通常使用现汇结算，并不要求互购价值相等。补偿贸易通常是由设备出口方先提供设备给进口方，然后将进口方用该设备生产的产品或其他产品交付给设备出口方，补偿设备的价款。

（9）租赁贸易（Lease Trade）是指设备拥有者与承租人订立租约，把设备交付给承租人使用一段时间，同时收取一定的租金的交易方式，可分融资租赁和经营租赁。融资租赁租期较长，通常租期结束、全部租金付清后，设备所有权就转移给承租人，这相当于承租人分期付款买到了设备；经营租赁租期较短，设备拥有者须通过多次出租，才能收回设备投资及其他费用。

3）发展特点

21世纪经济活动日益国际化、数字化、网络化，国际贸易活动的广泛开展带动和促进了全球经济的发展，全球化的国际商务背景和环境对国际贸易活动产生着重要影响。

我国从1978年至今取得了国际商务领域的重要成果。随着经济全球化进程的加快，特别是2001年加入WTO以来，我国的国际商务环境发生了重大的变化：从贸易运行的领域来看，货物贸易、服务贸易和知识贸易之间出现了相互渗透和相互融合的趋势；从贸易运行的体制环境来看，对外贸易运行的体制环境开始从单个国家的贸易体制环境向WTO全球多边贸易体制环境拓展，但当前又面临后全球化时代贸易战纷起、国际贸易环境复杂化和恶化倾向；从贸易运行的技术环境来看,现代化信息技术在贸易领域的广泛运用引起了贸易运行方式和手段的革命性变化。

(1) 中小企业作为积极参与者

改革开放以来,中小企业迅速发展,已逐渐成为中国经济发展的一支重要力量。经历了20多年发展之路的中小企业,不论是在经济舞台上的活跃度方面,还是对中国经济发展的贡献度方面,都令人瞩目。在确保国民经济稳定增长、缓解就业压力、拉动民间投资、优化经济结构、促进市场竞争、推进技术创新等方面,中小企业发挥着重要作用,它们为中国的经济发展注入了活力。越来越多的中小企业成为国际商务活动的积极参与者。

在经济全球化趋势越来越明显的今天,无论是被动还是主动,企业都必须参与国际市场的竞争。尤其是我国加入WTO之后,面对国外企业的大举进入,我国中小企业只有主动出击,进入并且融入国际市场,才能赢得竞争。因此,增强企业在国际市场上的竞争能力,成为我国中小企业的重要战略选择。同时积极开展国际商务合作,为我国中小企业在当前世界性产业结构调整中接受国外先进技术、管理经验和增强获得信息的能力,提供了难得的机遇。一方面,可以缓解中小企业投资需求与资源瓶颈的制约;另一方面,可以通过国外先进的生产技术和工艺手段,加强企业内部的消化和吸收,并与技术改造结合起来,改善中小企业的技术条件,提高其技术水平和管理水平。

(2) 从业资格的低门槛和高要求

总体而言,网络技术和新法规降低了国际商务创业门槛,提高了从业人员素质要求。

电子商务的发展为全球贡献了一种全新的网络经济模式。企业借助互联网和电子商务平台实现聚合和高效交流,大幅度地降低了企业间的协同成本,从而创造出可与大企业比拟的商业集群,即低成本、高效率、大市场。在这样的模式下,包括个人和中小企业在内,越来越多参与者看到了属于自己的机会,商业的进入门槛和创新门槛几乎达到了人类商业史的最低点。

过去由于交易费用的限制,海量的小交易者(如中小企业、中小网站和个人等)、小生意(比如个性化的生意)均很难进入全球范围的交易网络,也很难在大企业所掌控的世界中获得立足之地。但互联网和电子商务的发展,却创造了一个"低交易费用的世界"——从B2B模式下的中小企业,到C2C交易中的中小店主,再到个人网站,交易成本得到了大幅度的降低。电子商务的技术手段使得海量的小交易者、海量的小生意(个性化的生意)喷涌而出,经济和企业形态也为之大变。

概括来说,网络经济模式的典型表现就是:基于电子商务平台,以最低的门槛扩大网商的数量,通过集成和整合各种商务服务,构建电子商务生态系统,实现网商之间的大规模的虚拟协作,共同提升其竞争力和整体经济的运行效率。这种在短时间里迅速形成的大规模、高效率、相互协作的虚拟集群,是世界经济史上从未出现过的经济现象。

2004年7月1日正式施行的对外贸易法,规定放开货物贸易和技术贸易的外贸经营权,允许我国自然人依法从事对外贸易活动。对外贸易法第二章对外贸易经营者第八条中规定:"本法所称对外贸易经营者,是指依法办理工商登记或者其他执业手续,依照本法和其他有关法律、行政法规的规定从事对外贸易经营活动的法人、其他组织或者个人。"首次将自然人纳入对外贸易的经营主体范畴。新法的施行,标志着在我国从事外贸活动的门槛将降得更低,从事外贸经营的主体会更加多样化。如今我国的自然人从事对外贸易经营活动者已经大量存在,特别是在技术贸易和国际服务贸易、边贸活动中。

但技术手段的提升、贸易面的拓展、对个性服务的更高需求、严峻的就业形势,以及学历的"通货膨胀"现象,也使得企业在挑选从业人员时变得更为挑剔。

2. 典型职业

国际商务活动有哪些典型阶段?有哪些典型活动?这些活动之间的先后关系、关联程度是什么样的?具体操作和服务流程怎样?会用到哪些方法和工具?

根据中职教师培训项目国际商务专业2008年的调研结果,不同企业对毕业生的学历有明显不同的要求:规模大、实力强的大中型企业倾向于招收高学历、并有一定实践技能的本科人才,对中职校国际商务专业的毕业生需求非常少,中小型国际商务企业对学历有要求但并不过分严格,强调胜任工作的实际能力,因为而成为国际商务领域招收中职毕业生的主要企业类型。

无论何种规模的企业和岗位,都要求员工具备待人处事的能力、团队合作精神和吃苦耐劳等。要求员工充分了解行业,拥有国际贸易专业全面的知识,有灵性、有闯劲儿,并且有经验的积累。此外,必要的礼仪与计算机知识也是必不可少。

中小型国际商务企业外贸业务员的具体业务活动包括:准确报价;积极开发客户,了解外贸流程,努力下单;及时答复客户疑问,跟踪并确保商品质量;制作整套单据,处理运输事宜;获得有关产品的最新信息并提供给客户;处理好与各部门的关系;处理好交易后相关事宜。

目前外贸公司的业务人员需要的是通才,需要掌握对外业务洽谈、报价(含仓储、运输、保险等相关费用的计算等)、签约、履约等全过程的相关知识,主要负责联系客户、签订合同。

总体而言,企业对于国际贸易人才是以够用、适度为原则,特别要求英语能力和对外贸流程的了解。各个岗位之间的确有不一样的要求,比如对业务员英语能力要求较高,特别是表达能力;而对于跟单员,则要求熟悉工厂管理流程。

1)岗位及任务

当前典型职业工作主要分为五个岗位:一是跟单员/制单员;二是报关员;三是国际货运代理操作人员/船务代理操作人员;四是国际商务企业的办公室文员;五是外贸公司业务员。

实际操作中因规模、管理等方面的原因,各个岗位的区分并不一定清晰。很多公司跟单员和业务员岗位合并,有时业务员只负责邮件沟通以及客户洽谈事宜,订单生产则是跟单员的工作职责,甚至跟单员负责样品整理;而有些公司则是业务员处理单证方面事宜,跟单员只负责跑车间;还有的公司因为规模及条件的限制,业务员同时担当上面多个职位。因此企业尤其是中小型企业要求毕业生最好是多面手。

外贸业务员的工作挑战性大,机遇也多,工作压力大,前途远大,对从业水平要求比较高,待遇比较好;相应岗位要求也很高,中职校毕业生适任性较低。但也有小部分中职校的毕业学生在有人教有人帮的情况下从事着这一岗位的工作。

(1)外贸跟单员

外贸跟单员是指在进出口业务中,在贸易合同签订后,依据合同和相关单证对货物加工、装运、保险、报检、报关、结汇等部分或全部环节进行跟踪或操作,督促订单落实,协助履行贸易合同的业务人员。外贸跟单员是各企业开展各项业务,特别是外贸业务的基础性人才之一。

一名合格的跟单员/制单员需要掌握外销、物流管理、生产管理、单证与报关等综合知识。外贸跟单员主要负责合同的执行,主要包括(但不限于)备货、租船订舱、报验、报关、制单结汇、收汇核销、退税等。跟单员的工作内容主要有:外贸业务跟单,物料采购跟单,生产过程跟单,货物运输跟单及客户联络跟踪(客户接待)。

按业务进程,外贸跟单员可分为前程跟单、中程跟单和全程跟单三大类。前程跟单是指"跟"到出口货物交到指定出口仓库为止;中程跟单是指"跟"到装船清关为止;全程跟单是指"跟"到货款到账,合同履行完毕为止。跟单员按业务性质又可分为外贸跟单和订单跟单(生产跟单)。

根据所跟踪的内容,又可分为:

·出口货物跟单:(外贸业务跟进)了解基本外贸知识(谈判,报价,接单,签合同等)、基础外语及函电往来。

·物料采购跟单:(业务跟进)懂营销,懂产品(物料,性能,使用,保养)。

·生产过程跟单:(生产进度跟进)懂生产,懂管理,懂沟通。

·货物运输跟单:(出货跟进)了解货物运输知识(运输工具,方法,配柜)及报关知识。

·客户联络跟踪:(客户接待)了解对客户的管理,懂国际礼仪知识。

(2)报关员

报关员又称企业海关经纪人、企业报关人员。

职业的典型活动包括:按照规定申报出口货物的商品编码、商品名称、规格型号、实际成交价格、原产地及相应优惠贸易协定代码等报关单有关项目,并办理填制报关单、提交报关单证等与申报有关的事项;申请办理缴纳税费和退税、补税;申请办理加工贸易合同备案(变更)、深加工结转、外发加工、内销、放弃核准、余料结转、核销及保税监管等事项;申请办理进出口货物减税、免税等事项;协助海关办理进出口货物的查验、结关等;等待通关。

报关员必须具备一定的学识水平和实际业务能力,必须熟悉与货物进出口有关的法律、对外贸易、商品知识,必须精通海关法律、法规、规章并具备办理业务的技能。报关员为进出口货物收发货人办理报关业务,因其专业性、技能性强,在岗位竞争中极具优势。据统计,截至2012年年底,在海关注册登记的报关企业5759家,进出口货物收发货人53.53万家,而海关在册报关员仅7.837万人。因此,我国报关员需求仍有很大缺口。

(3) 外贸业务员

·售前：开发新客户，维护老客户，主要是接订单；网络平台的维护，利用各种 B2B 平台发布产品信息，积极寻找客户资源；积极与各种类型的客户保持常规沟通。

·售中：拿到订单后，要与生产工厂或部门配合，进行样品的确认、产品的生产，包括生产交货期、产品质量等方面的监督。

·售后：对订单的跟踪，发现问题及时解决，保证订单的正常运转。在各个阶段都要积极向主管或领导汇报工作情况。

外贸业务员因而要配合公司的所需，及时作好翻译工作；熟悉产品，对产品有所掌握，就产品的规格、质量等都能给客户及时的答复，并能独立分析其组成和给予准确的报价；熟悉产品在市场上的定位，找出报价时的不同并向客户进行论证；能独立开发客户，了解外贸流程；能随机应变，处理好客户的疑问，并努力下单；生产过程应跟踪、验货，做到质量保证；能够独立制作整套单据和相关的检验证明等，并独立联系货代，将货物安全送入仓库；及时通知客户和货代有关货物装运的情况；妥善保管客户的资料和样品，有条理地归档；退税核销要及时，将所需全套资料送给财务办理；提交季度业务汇总和年度总结；注意提升自身产品知识、英语和业务能力；在国外的重要节假日里，需发送电子贺卡以示问候，及时向客户提供我司最新产品信息和产品目录；处理好与各部门的关系，并及时向他们请教有关产品的最新信息和动态；根据市场的变化，适时地开发新产品。

(4) 国际货代人员

国际货运代理操作人员的主要工作包括：业务的审核、运作和跟踪；费收的核实、确认和输入；业务的完结、统计和分析；门点服务/仓储服务的受理、协调和安排；门点服务/仓储服务的跟踪、反馈和完结；业务的受理、指派和跟踪；报价的对外发布、跟踪和核实；客户日常操作维护。

(5) 外贸公司办公室文员

外贸公司办公室文员资格要求较低，是中职毕业生的典型就业岗位。主要负责办公室日常事务处理：部门的日常卫生打扫；电话的接听工作，并向电话询问者提供信息；来访人员的接待及安排工作；日常邮件收发，及普通文档管理；相关文件的打印、复印等。部门的费用开支和领样、寄样、业务记录都应有相应的文档管理并备份，以防丢失。特别要求责任心、细致、计划及沟通能力。

2) 职业资格

国际贸易相关职业资格虽然都属于非准入性资格,但也曾经属于对上岗持证有基本要求的岗位,路径曲折变化。有相关资格考试的包括:外销员、货代员、单证员、报关员。

(1) 国际商务单证员

单证员(Vouching Clerk)证书是从业资格证书。证书颁发机构为商务部中国对外贸易经济合作企业协会。证书的有效期暂定为5年,不需要进行年审。考试科目包括国际商务单证基础理论与知识、国际商务单证操作与缮制两科。单证员考试由商务部人教司同意、中国外经贸企业协会牵头。一年只进行一次考试。

(2) 报关员

2014年之前有全国统一的资格考试,由海关总署负责,且2008年起明确要求具有大专专科毕业及以上学历。且我国《海关法》第十一条规定:"未依法取得报关从业资格的人员,不得从事报关业务。"以法律形式明确了从事报关员工作的资格制度。

但自2014年起不再组织报关员资格全国统一考试。此后,报关从业人员由企业自主聘用,企业(单位)报关员需要在海关备案登记,由报关协会自律管理,组织考试,名为"报关能力测试",测试合格所获证书仅作为就业参考。海关通过指导、督促报关企业加强内部管理,实现对报关从业人员的间接管理。

报关员不得以自由职业者身份从业。因为根据中国海关规定,只有向海关注册登记的进出口货物收发货人和报关企业才可以向海关办理报关纳税业务。因此,报关员必须受雇于一个依法向海关注册登记的进出口货物收发货人或者企业,并代表该企业向海关办理业务。

(3) 外销员

外销员是指在具有进出口经营权的企业从事进出口贸易活动的工作人员。1989年,外经贸部开始对全国外经贸行业的外销员进行岗位培训,并组织全国统一考试,合格者颁发证书。1997年开始,统一实行外销员职业资格证书制度,考试面向社会公开。凡具有中专及以上学历,有志者均可参加考试。

该职业分为两个等级:外销员和国际商务师。五年内有效,需经过培训以保持该资格的有效性。

外贸公司业务员的资格认证由商务部中国对外贸易经济合作企业协会(简称"外经贸企协")负责。它是由原中国对外贸易经济合作部于1989年批准成立的我国唯一的外经贸行业组织。国家商务部为其直接领导。认证目标是鉴定考生对国际贸易业务员应具备的专业知识和工作技能的掌握程度;鉴定考生具备执行业务行为的能力。采取考试认证方法。考试合格者可获得由商务部中国对外贸易经济合作企业协会颁发的证书。

但2014年职业资格制度改革后,这一资格认证被取消。

(4) 国际货运代理人

国际货运代理人,指从事货运代理业务两年或两年以上的中国或境外公民,有一定的货运代理专业知识和实际操作(或企业管理)能力,并有相当程度的英语水平,且通过"FIATA货运代理资格证书"的培训和考试,能够根据客户的指示、并为客户的利益而揽取货物运输,其本人并不是承运人。货运代理也可以依这些条件,从事与运送合同有关的活动,如储货(也含寄存)、报关、验收、收款。具体规定可参看中国国际货运代理协会中心网站。

习 题

- 请分析招聘启事中对电子商务一线从业人员的能力及资格要求,注意其中企业规模、业态、地区、商品品类等因素。
- 请选择您所属地区的一家批发企业,聚焦其典型职业活动和岗位,分析其从业人员特征及发展路径。可从商品品类、客户类型、结算方式、发展趋势以及您认为相关的因素考虑。

第五章 专门化行业

> **思 考**
> - 商品交换涉及哪些过程？哪些是核心过程？
> - 需要怎样的技术性支持和社会基础设施？
> - 上述支持性技术和基础设施在不同时代有着怎样的发展？

一、市场营销

1. 概念

市场营销20世纪20年代起源于美国。美国市场营销协会(American Marketing Association, AMA)1985年如此定义市场营销：市场营销是对思想、货物和服务进行构思、定价、促销和分销的计划和实施的过程，从而产生能满足个人和组织目标的交换。

市场营销各种定义繁多，美国学者基恩·凯洛斯将其分为如下三类。
- 将市场营销看作一种为消费者服务的理论。
- 强调市场营销是对社会现象的一种认识。
- 认为市场营销是通过销售渠道把生产企业同市场联系起来的过程。

这些不同类别从侧面反映了市场营销的复杂性。

2. 营销观念的演变

19世纪末至20世纪30年代，随着美国经济的飞速发展，市场由供不应求转向供过于求，消费者的需求日益多样化和复杂化，销售问题突出。少数有远见的企业主在经营管理上开始重视商品推销和刺激需求，并注意研究推销术如"当面看货，包退包换"和广告术来扩大销路，由此市场营销开始萌芽。

1929—1933年资本主义世界爆发了严重的经济危机，其结果是出现生产过剩、商品销售困难、企业纷纷倒闭的局面。此时企业普遍面临的问题是如何把商品销售出去。为争夺市场、解决产品销路问题,企业主开始重视市场调查研究、分析预测市场需求,想方设法刺激消费,因而市场营销学开始受到学术界和企业界的重视。

20世纪50年代初到20世纪70年代末,随着"二战"结束,美国等西方发达国家把急剧膨胀的军事工业转向民用工业,加之战后科技革命的发展,社会生产力空前提高,经济迅速增长。一方面社会产品供应剧增、积压增加;另一方面政府推行一整套高工资、高消费和高福利的社会经济政策刺激和提高居民的购买力,消费者对于商品购买的选择性日益增加。市场营销日益应用于社会各领域,同时,从美国拓展到其他国家。市场营销观念和理论首先被引进生产力领域,先是日用品公司,如小包装消费品公司,继而被引入耐用消费品公司,接着被引入工业设备公司,稍后被引入重工业公司诸如钢铁、化工公司。其次,从生产领域引入服务领域,先是被引入航空公司、银行,继而保险、证券金融公司等。

1)市场营销

20世纪50年代开始,市场营销进入蓬勃发展时期。20世纪50年代,营销环境和市场研究成为热点,"市场细分"的概念浮出水面;60年代,研究重点聚焦于消费者,包括消费价值、消费观念、消费习惯等,著名的4Ps理论被提出,即Product(产品)、Price(价格)、Place(渠道)、Promotion(促销);70年代,随着服务业的兴起,服务营销为服务业提供了思想和工具,也推进了制造业开拓新的竞争领域;80年代,顾客满意度开始流行,同时品牌资产成为另一流行概念。伴随着全球一体化的进程,"全球营销"的思想被提出,与此同时,整合营销概念使市场营销发展到新的阶段。20世纪80年代以后,新的营销概念和理念层出不穷,如关系营销、数据库营销、绿色营销、社会营销等。

市场营销观念的演变与发展与社会经济发展紧密相关,可归纳为五种,即生产观念、产品观念、推销观念、消费者中心观念和社会营销观念。

(1)生产观念

盛行于19世纪末20世纪初。该观念认为,消费者喜欢那些可以随处买到和价格低廉的商品,企业应当组织和利用所有资源,集中一切力量提高生产效率和扩大分销范围,增加产量,降低成本。显然,生产观念是一种重生产、轻营销的指导思想,其典型表现就是"我们生产什么,就卖什么"。以生产观念指导营销活动的企业,称为生产导向企业。20世纪初,美国福特汽车公司制造的汽车供不应求,亨利·福特曾傲慢地宣称:"不管顾客需要什么颜色的汽车,我只有一种黑色的。"福特公司1914年开始生产的T型车,就是在"生产导向"经营哲学的指导下创造出奇迹的,使T型车生产效率趋于完善,降低成本,让更多人买得起。到1921年,福特T型车在美国汽车市场上的占有率达到56%。

20世纪50年代到80年代,中国基本处于生产观念时期。商业活动中的主要挑战是物资生产的短缺,而不是销售的促进。

(2) 产品观念

是与生产观念并存的一种市场营销观念,也是重生产轻营销。产品观念认为,消费者喜欢高质量、多功能和具有某些特色的产品。因此,企业管理的中心是致力于生产优质产品,并不断精益求精,日趋完善。在这种观念的指导下,公司经理人常常迷恋自己的产品,以至于没有意识到产品可能并不迎合时尚,甚至市场正朝着不同的方向发展。他们在设计产品时只依赖工程技术人员而极少让消费者介入。杜邦公司在1972年发明了一种具有钢的硬度,而重量只是钢的1/5的新型纤维。杜邦公司的经理们设想了大量的用途和一个10亿美元的大市场。然而这一刻的到来比杜邦公司所预料的要长得多。只致力于大量生产或精工制造而忽视市场需求的最终结果是其产品被市场冷落,使经营陷入困境。

(3) 推销观念

产生于资本主义经济由"卖方市场"向"买方市场"的过渡阶段,盛行于20世纪三四十年代。推销观念认为,消费者通常有一种购买惰性或抗衡心理,若听其自然,消费者就不会自觉地购买大量本企业的产品,因此企业管理的中心任务是积极推销和大力促销,以诱导消费者购买产品。其具体表现是:"我卖什么,就设法让人们买什么。"执行推销观念的企业,称为推销导向企业。在推销观念的指导下,企业相信产品是"卖出去的",而不是"被买去的"。他们致力于产品的推广和广告活动,以求说服、甚至强制消费者购买。他们收罗了大批推销专家,做大量广告,对消费者进行无孔不入的促销信息"轰炸"。但是,推销观念与前两种观念一样,也是建立在以企业为中心的"以产定销",而不是满足消费者真正需要的基础上。因此,前三种观念被称之为市场营销的旧观念。

(4) 消费者中心观念

是以消费者需要和欲望为导向的经营哲学,是消费者主权论的体现,形成于20世纪50年代。该观念认为,实现企业诸目标的关键在于正确确定目标市场的需要和欲望,一切以消费者为中心,并且比竞争对手更有效、更有利地传送目标市场所期望满足的东西。

市场营销观念的产生,是市场营销哲学的一种质的飞跃和革命,它不仅改变了传统的旧观念的逻辑思维方式,而且在经营策略和方法上也有很大突破。它要求企业营销管理贯彻"顾客至上"的原则,将管理重心放在善于发现和了解目标顾客的需要,并千方百计去满足它,从而实现企业目标。因此,企业在决定其生产经营时,必须进行市场调研,根据市场需求及企业本身条件选择目标市场,组织生产经营,最大限度地提高顾客满意程度。

执行市场营销观念的企业称为市场导向企业。其具体表现是:"尽我们最大的努力,使顾客的每一美元都能买到十足的价值和满意。"当时,美国贝尔公司的高级情报部所做的一个广告,称得上是以满足顾客需求为中心任务的最新、最好的一个典范:"现在,今天,我们的中心目标必须针对顾客。我们将倾听他们的声音,了解他们所关心的事,我们重视他们的需要,并永远先于我们自己的需要,我们将赢得他们的尊重。我们与他们的长期合作关系,将建立在互相尊重、信赖和我们努力行动的基础上。顾客是我们的命根子,是我们存在的全部理由。我们必须永远铭记,谁是我们的服务对象,随时了解顾客需要什么、何时需要、何地需要、如何需要,这将是我们每一个人的责任。现在,让我们继续这样干下去吧,我们将遵守自己的诺言。"从此,消费者至上的思潮为西方资本主义国家各国普遍接受,保护消费者权益的法律纷纷出台,消费者保护组织在社会上日益强大。根据"消费者主权论",市场营销观念相信,决定生产什么产品的主权不在生产者,也不在于政府,而在于消费者。

(5) 社会营销观念

社会营销观念是以社会长远利益为中心的市场营销观念,是对市场营销观念的补充和修正。从20世纪70年代起,随着全球环境破坏、资源短缺、人口爆炸、通货膨胀和忽视社会服务等问题日益严重,要求企业顾及消费者整体利益与长远利益的呼声越来越高。在西方市场营销学界提出了一系列新的理论及观念,如人类观念、理智消费观念、生态准则观念等。其共同点都是认为,企业生产经营不仅要考虑消费者需要,而且要考虑消费者和整个社会的长远利益。这类观念统称为社会营销观念。社会营销观念的基本核心是:以实现消费者满意以及消费者和社会公众的长期福利作为企业的根本目的与责任。理想的营销决策应同时考虑到：消费者的需求与愿望的满足，消费者和社会的长远利益，企业的营销效益。

（6）未来发展趋势

① 整合营销。不论公司运用何种营销手段与工具，在每一个独立的环节中要确保公司先前确立的特定品牌形象或特定系列产品的形象协调一致，使得品牌的影响力得到不断加成。需要以消费者行为学与心理研究作为依据和导向，确立符合消费者偏好的品牌形象，维护品牌形象在各个渠道和媒介的一致性。

② 公司社会责任（Corporate Social Responsibility，简称CSR）。欧美等国早在20世纪30年代就开始对CSR进行研究，几乎所有研究都表明对于任何想兴盛不衰、长久发展的企业和产品而言，加强企业在社会贡献与付出方面的形象推广是必不可少的市场营销环节。

③ 文化营销。人类文明的发展与社会的进步使得消费者的需求结构发生转变。在当今中国，随着人民消费水平和生活质量的提高，消费者购物选择产品和品牌时，不再单单以产品的性能、功用和价格等作为主要的选择标准，而是越来越多地考虑该产品和品牌的文化内涵。这样那样的文化内涵可能符合消费者的价值观，也可能让消费者觉得使用具备该文化内涵的产品可为其外在形象加分。

④ 网络营销。互联网络时代到来已久，网络营销的特点或者说优势已经被不断放大，爆发式增长的网点模式对于实体点营销模式的冲击明显。网络营销成本低、传播快、范围广，所面对的也大多是年轻、购买欲强烈、消费能力充足、行动力足够的群体。进入21世纪，互联网已使全球经济运行在一个新的平台上。新经济产生新营销，利用互联网创造性地开展企业营销工作，以满足不同消费者的需求，使传统的营销模式产生变革升华，并使市场营销产生颠覆性的变革。互联网在市场营销领域的应用将我们带入了一个全新的电子商务（Electronic Commerce，简称EC）时代。新的市场营销观念大都与发达的加工制造技术、电信和信息技术以及日益全球化的竞争趋势紧密相连，它们是"定制营销（Customized Marketing）""网络营销（Network Marketing）""营销决策支持系统（Marketing Decision-making Support System）""营销工作站（Marketing Work Station）"，等等。

互联网自身及其在市场营销领域的迅猛发展,对市场营销观念与行为产生了巨大的影响。基于互联网的电子商务,是用电子技术的方式实现市场营销目标的新途径,而且发展迅猛。EC 环境下的市场营销观念从根本上改变了传统的 4Ps 或 6Ps 营销观念,网络经济下产生的虚拟组织不再需要地理上的营销渠道,也不需要存储清单,不需要大而固定的营销场所,就可以实现全球化业务,网络使企业不再受限于地理疆界。市场营销行为不受时空限制,全球化、全天候的服务使交易更加便利;商户在电脑网络上开设自己的主页,在主页开设"虚拟商店",陈列其商品;顾客通过网络可以进入虚拟商店,挑选商品、下订单、支付都可以在网上完成,商户接到订单就送货上门。EC 可以更快捷更准确地捕捉顾客光临网站的各项信息,通过大数据的分析了解顾客的偏好,预期新产品概念和广告效果,最终使顾客参与产品的设计,从而使接单后生产的一对一的、高质量的、个性化的"定制产品(Customized Products)"和"定制服务(Customized Services)"不再是富人的专利。比如通用汽车公司别克汽车制造厂,可以由客户自己设计所喜欢的车型,自己选择车身、车轴、发动机、轮胎、颜色及车内结构。客户通过网络可以看到自己选择的部件组装出来的汽车的样子,并可继续更换部件直到满意为止。这种营销方式在现代市场条件下运用得越来越普遍。

网络营销可以促进企业通过网络快速地了解市场动向和顾客需求,节省中间环节,降低销售成本。实现零距离互动式的直接沟通等新的营销观念产生并发展起来,新的营销手段也层出不穷。

·搜索引擎营销(SEM)。通过开通搜索引擎竞价,让用户搜索相关关键词,并点击搜索引擎上的关键词创意链接进入网站/网页进一步了解他所需要的信息,然后通过拨打网站上的客服电话、与在线客服沟通或直接提交页面上的表单等来实现自己的目的。

·电子邮件营销。以订阅的方式将行业及产品信息通过电子邮件的方式提供给所需要的用户,以此建立与用户之间的信任与信赖关系。邮件营销的优势:精准直接、个性化定制、信息丰富全面、具备追踪分析能力。

·即时通讯和社交媒体营销。利用互联网即时聊天工具和社交平台进行推广宣传。国内当前最具代表性的是微博营销和微信营销。

微博营销是通过微博平台为商家、个人等创造价值而执行的一种营销方式,也是指商家或个人通过微博平台发现并满足用户的各类需求的商业行为方式。

微信不存在距离的限制,用户注册微信后,可与周围同样注册的"朋友"形成一种联系。用户订阅自己所需的信息,商家通过提供用户需要的信息,推广自己的产品,从而实现点对点的营销。

⑤ 大数据与互联网背景下的精准广告营销、病毒营销以及线上线下融合的 O2O 立体营销。

大数据时代的来临将开启全新的广告精准投放时代,大规模投放广告的模式很可能将一去不复返。比如在淘宝、亚马逊浏览过一些特定的商品,你就发现此后数天浏览新闻、论坛或其他不相干网页的时候会蹦出相关类型商品的广告。大数据时代需要关注的基本模式:从数据收集到数据筛选,到数据挖掘(Data Mining)再到数据分析,随后交到市场营销部门去开展营销推广与传播。

病毒营销来自网络营销,利用用户口碑相传的原理,是通过用户之间自发进行的、费用低的营销手段,因类似病毒传播的模式而得名。

O2O 立体营销,是基于线上(Online)、线下(Offline)的全媒体深度整合营销,以提升品牌价值转化为导向,运用信息系统移动化,根据市场大数据分析制定一整套完善的多维度立体互动营销模式,对受众进行全视角、立体式的营销覆盖,帮助企业打造多渠道、多层次、多元化、多维度、全方位的立体营销网络。

随着社会经济和技术发展,营销的理念和手段不断发生新的变化,而这些变化也会对从业者产生影响,改变他们职业活动的具体内容、方式,对其资格和能力提出不一样的要求。应变能力、创造力成为适应未来商业世界的最基本的能力特征。

3. 典型职业

营销(Marketing)是一个包含前、中、后期工作的集合概念,完整的市场营销流程包括前期数据分析与研究,研发、创新、品牌开发、新产品开发和既有产品的改良,品牌定位、媒体推广、传统营销与渠道营销、市场执行监督。

很多公司会设置市场部这一专业部门,营销人员在市场部的领导下对市场和客户开展针对性的工作。也有很多专门从事市场营销专业化服务的公司,接受企业委托,开展市场调查、市场推广等具体业务。

1）市场部工作的主要职能 [1]

·洞察和市场调研：针对消费者行为和心理、客户体验、竞争对手动向，对行业发展趋势、既有销售表现、市场份额变化、品牌形象、媒体投入效果、各渠道投入产出比等各种信息进行统计、归类、筛选，然后进行分析性研究的工作，比如市场细分研究、产品研究、定价研究、促销研究、分销研究等。获取数据主要通过公司销售历史、客户信息、市场调研数据或从从数据公司购买。

·新产品研发：开发全新产品，或者改良既有产品。

·品牌定位和主体推广：研究和制定品牌当年的推广主题和推广方式，比如是否请代言人、请什么样的代言人、线上与线下推广的搭配与资源投入比例、投放方向等；销售预测和财务预算。

·媒体投放和广告：媒体有报刊、电视、户外广告、广播、网络、电梯广告、QQ、微信、视频、微博等。由于媒体投放的成本往往非常高，因此需要谨慎地与多个部门负责人共同商议其可行性与投入产出比的预算。可根据总收视率的监控和收视点成本的控制来控制预算开支。

·市场推广及促销：大多是较杂乱较具体的工作，要策划各种品牌推广活动和促销方案，此处主要针对消费者。市场活动要根据特定产品特性来挑选季节和渠道进行。之后就是预算。

·渠道拓展：一般负责各类渠道的选择、促销和推广方式的选择与对应的执行，方式包括进货奖励、抽奖、免费派样、特价、赠品、促销员等。节假日促销和平时促销有很大差别。

·区域市场执行：落实各地区的市场活动，包括前期与现场相关负责人的联络、现场的布置以及最终具体工作的落实。

市场部作为企业生存的根本，对于企业而言非常重要。因此，社会上对市场营销人才的岗位需求也非常大。不过，市场营销在不同行业中扮演的角色有所不同：在金融业中其作用逐步开始显现，尤其在地方性商业银行中；而产品同质化严重的行业通常更为依赖市场营销，比如快速消费品、医疗行业、服装行业等。这些特定行业的市场营销特别具有代表性。

销售往往是回报最多和晋升最快的工作，其工作门槛随着商品品类暨客户类型差别较大，产品的专业性越强，对销售的专业知识能力要求越高。一般

---

1. 陈思炜.方向的力量：商科职业规划[M].上海：上海大学出版社，2014.

而言,针对终端市场的日用消费品类的销售类工作门槛相对较低。有数据显示,所有企业中近80%的CEO从事过销售类工作。但历年的统计也显示,销售类岗位的人员流动性最大。因其对销售人员个人的能力主要是情商要求比较高,工作压力大,需要主动寻求各类潜在客户,频繁被拒绝的挫败感让很多人知难而退,尤其是新人入行很难。此外,销售类工作通常基础福利保障较低,很多人熬不过长期的低收入状态。

2)岗位和工作任务

市场营销管理与采购销售类包含的职业有:营业员、收银员、其他营业人员、推销员、其他推销员、展销人员、采购员、收购员、重要购销员、其他采购人员、商品监督员、市场管理员、其他商品监督和市场管理人员、医药商品购销员、营销工程技术人员等。

中职学校的人才培养主要针对销售代表、市场调研专员、推销员、市场及广告策划专员、公共关系专员等执行岗位。一般在市场部的主要岗位有:调研专员、广告专员、产品专员、(营业)策划专员、公关专员等;在销售部的主要岗位有:推销员、促销员、营业员、导购员、理货员等。

促销员岗位协助做好终端的运作和维护,推动产品的整体快速销售。

促销员岗位工作职责包括促销企划、促销支持、终端管理、监测竞争对手、促销执行等五个方面。具体任务描述如下。

·协助提供本区域促销推广计划的基本参考信息。

·调整完善并细化促销推广计划。

·熟悉各项管理制度,熟悉业务运作规范,熟悉销售政策。

·做好卖场的商品陈列、宣传品及价格签等的安全维护工作,保证产品陈列符合公司规定,维护促销区域的整洁形象及周围秩序,保证商品摆放整齐、清洁有序。

·熟悉产品特点及产品卖点,利用娴熟的销售技巧全力推广产品,及时处理顾客异议,成为"产品服务顾问"的角色。

·做好竞争对手促销的监测计划,了解本区域竞争对手的促销方式。

·高效地执行促销推广计划。

推销员岗位根据市场需求和产品特点,寻找目标顾客并促成交易,实现产品销售。

推销员岗位工作职责包括开拓市场、寻找客户、促成交易、回笼货款、售后服务等。具体任务描述如下。

· 编制自己的市场销售计划。

· 收集潜在客户和新客户的资料,开拓新市场。

· 负责本人所管辖销售区域的业务管理,协调客户及业务关系,负责办理同客户联系和日常发货等工作。

· 不定期走访新老用户,了解市场信息、分析市场动态、反馈用户要求,做好产品的售前、售中、售后服务工作。

· 做好日常发货流水账,规避货款风险,及时做好货款回笼。

· 撰写月度及年度销售总结。

相比其他行业,营销行业的就业门槛比较参差,对专业知识要求的有无与产品的专业化、复杂度以及客户类型密切相关。实践中,很多商品品类的营销人员,不论专业知识和经验充分与否,都可以入行工作,忽略了人才需求的理论与实践的基本要求。因为没有特长或是为了高回报而加入其行业的状况比比皆是。缺乏系统的营销知识,理论水平不高,实践能力不强,直接导致了营销行业从业者平均水平偏低的现状。

各个企业录用市场营销人才的基本条件大致如下。

· 思想素质。要求政治思想没有重大问题、法制观念健全、有一定纪律性、事业心适当等。

· 个人能力。包括适应环境能力、控制情绪能力、社会交往能力、信息沟通能力、创造能力等。

· 受教育程度。据不完全统计,89%的大企业非常重视市场营销人才的学历,这一比例在中型企业只有50%,在小规模企业中就更低了,不到16%。

相对于受教育程度,企业更看重市场营销人才的适应能力、社会交往能力和创造能力。

集团公司中,销售类岗位的职业生涯发展通道如下:预备销售师—助理销售师—销售师—分管师—主管师—副主任销售师Ⅱ—副主任销售师Ⅰ—主任销售师Ⅱ—主任销售师Ⅰ—资深销售师—首席销售师。[1]

3)职业资格

2002年,劳社厅发〔2002〕1号文件,新增职业"营销师";2006年,劳社厅

---

1. 刘姿.A公司员工职业生涯管理课题研究报告[J].现代经济信息,2019(23):84.

〔2006〕1号文件《关于印发第十二批房地产策划师等54个国家职业标准的通知》中将原来的"推销员"调整为"营销师"(职业编码:4-01-02-01)。至此,营销专业对应的职业范畴为营销师。营销师有明确的职业标准,具体表述如表5-1所示。

表5-1 营销师职业标准

项 目	描 述
职业名称	营销师
职业定义	从事市场调研、市场分析、营销策划、市场开拓、直接销售、客户管理等营销活动的人员
职业等级	本职业共设五个等级,分别为:营销员(国家职业资格五级)、高级营销员(国家职业资格四级)、助理营销师(国家职业资格三级)、营销师(国家职业资格二级)、高级营销师(国家职业资格一级)
职业能力特征	思维敏捷、口齿清晰,具有一定的观察、判断、表达、应变及人际交往能力

营销师资格属于典型的社会评价类资格,由企业或有资质的机构进行技能等级评定,并给予相应待遇认可。

二、会计和财务

1. 发展脉络

1)概念

会计(Accounting)和财务(Corporate Finance)这两者紧密相连。简单地讲,会计是对生产经营活动以货币形式展开的核算,而财务则是在会计核算的基础上对经营资金的有效调配与运用,是会计的必然产物。对于中高职职业教育而言,其培养目标主要针对会计行业。

会计是适应人类生产活动发展的需要而产生的,它对科学合理地管理生产活动具有重要作用,在其诞生至今的千年历史长河中,随着社会经济发展与对应的社会生产活动供求增长,会计也发挥着越来越重要的作用。

会计是以货币作为主要计量单位,运用一系列专门方法,对企事业单位经济活动进行连续、系统、全面和综合的核算和监督,并在此基础上对经济活动进行分析、预测和控制,以提高经济效益的一种管理活动。

现代会计作为一个经济信息系统,具有五项职能,即反映经济活动(核算和监督)、控制经济活动、评价经营业绩、预测经营前景和提供经营决策支持。

首先,企业展开典型的账务处理程序,如下:

· 设置会计科目、明细科目。

· 凭证传递、原始凭证转为记账凭证。

· 记账凭证录入计算机会计核算系统,包括收款凭证、付款凭证、转账凭证。

· 计入明细账、总账。

· 核算账簿,包括现金日记账、银行存款日记账、总分类账、明细分类账。

更进阶的会计是成本会计,它是衔接会计与财务管理的重要环节,主要负责根据企业内部的资金运作情况制定和执行下一步的预算,也为财务管理提供更准确更直接的成本方面的数据分析和支撑。

最后演化到财务管理会计,它的作用是根据会计核算体现的情况来决策如何对症下药,指的是运用管理知识、技能、方法,对企业资金的筹集、使用及分配进行管理的活动。主要在事前事中管理,重在理。

另外,在大部分工商企业中,在财务管理之后还有内部审计,作为公司账目把控第二道大闸,负责与内部会计人员对接。财务类工作包括预测、决策、计划和控制。

从宏观角度来看,随着我国各行业的法律法规愈发健全,我国会计行业发展也愈发稳定。改革开放以来国际经济发展与企业发展对会计行业的高端人才需求非常大,而我国目前最缺的是优秀财务管理类人才。

2) 发展脉络

原始社会即已出现会计的雏形:堆石记事、结绳记事、刻契记数。西周时期"会计"一词出现,"零星算之为计,总合算之为会"。唐宋时期出现"四柱账",即:"旧管"+"新收"–"开除"="实在"。明清时期出现"龙门账",即:"进"–"缴"="存"–"该"。

借贷计账法源于商业发达的意大利。1211 年出现佛罗伦萨银行,采用"借""贷"计账。1494 年出现明确的会计制度——1494 年,意大利数学家卢卡·巴其阿勒著作《算术、几何与比例概要》,发展了会计理论,提出了复式计账的概念。1581 年在佛罗伦萨成立会计学院,将复式计账理论系统化、完善化。

1922 年出现"资产负债表",投资者与管理者分离,出现财务会计,对外提供信息形成较为完善的会计规则。20 世纪 30 年代形成财务会计与管理会计两大分支,50 年代定名,70 年代获得发展,形成现代会计制度。

1971 年,随着计算机的出现,开始形成电算化会计。如今基于财务软件进行基本的账务记录和处理,已成为会计工作的常态。

21 世纪第二个十年以来,人工智能(AI)的发展也对财务领域产生了深刻影响。《经济学人》(*Economist*)曾于调查后在 2014 年列出了未来最有可能被机器取代的传统岗位,会计行业就在其列。四大国际会计师事务所之一的德勤宣布与 Kira Systems 联手,将 AI 引入会计、税务、审计等工作当中,取代人工阅读包括调查、合并、合同管理以及租赁协议等商业文件。这一举措更引起了会计业界的震动。Kira Systems 公司最近的创新产品将机器学习提升至新高度,即机器可以从复杂的文件中提取信息来扩展人类的专业知识,能通过学习范例来准确地识别信息,而不仅仅是识别预定程序的条款。由于 AI 机器人未来可以综合处理图像、视频、语音、文字等数据,并通过财务方面的大数据样本的学习,获得财务分析、预测和决策能力,传统的记账、算账、报账的业务流程,有可能因为 AI 而改变;由于 AI 高速的数据处理能力,会计报表不一定每个月出一次,完全可以改变会计工作的内容和流程,做到动态实时出报表,打破会计和统计等传统管理工作的界限,将会计工作与人事、生产、销售等管理工作融为一体。因此,AI 对会计行业的冲击是全方位、多层次的。

2017 年,德勤财务智能机器人已经演示了如下工作:

· 增值税发票管理:可以在三四个小时内完成财务人一天的工作。

· 开票:可以达到人力资源和工作强度的削峰填谷,每个开票流程可由 20 分钟缩减到 5 分钟,提升 75% 的效率,而且,月末关账的峰值时段,机器人可以 7×24 小时不间断工作。

· 往来结转和盘点:减少连锁经营门店向共享服务中心提交审核的相关流程,缩短财务处理周期,实现门店的统一管理。

以德勤为代表的相关机构认为,AI 机器人完全可以取代绝大部分传统会计人员,独立完成会计原始单据录入、传统账务处理、财务数据统计分析、预测和决策工作。不仅仅是低端重复性的核算工作会被 AI 系统取代,就是传统的"高端"的财务决策支持系统(DSS),被 AI 取代也只是时间问题。未来,机器人处理基础业务+人力员工审计/检查的人机交互和服务交付新模式将广泛应用于新企业。

会计人员的价值因而越来越体现在做有创造性的工作上,如与人沟通、关注变幻多端的市场环境等。重要的是要学会再学习。当下的会计教育像烧陶瓷:先塑形,再烘烤,最后定型。未来,随着越来越多任务的自动化,人类技能显得最有价值之处在于做不断变化的工作,必须终生学习。最重要的能力是:分析能力、跨领域复合知识、全局观、学习能力。

2. 典型职业

1)岗位和工作任务

根据职业发展方向,可简单分为做会计的、查会计的、管会计的、研究会计的[1]。而职业教育主要是培养做会计基础工作的人员。

·查会计的:主要指审计。包括注册会计师、企事业单位的审计人员、资产清算评估人员等。对外审计人员一般在事务所工作。事务所工作入门难、起薪高、出差较频繁、工作内容也略枯燥,但有利于在职者积累行业工作经验。

·管会计的:包括管理会计的政府部门、国际审计部门、税务部门、财政部门、国家监察和管理部门以及其他准国家机构。

·研究会计的:主要指科研与教研类人员,比如学校教师、会计师协会研究员等。

·做会计的:其所在组织的类型又分金融机构、政府机构和各种非营利性组织、代理记账公司、工商企业的会计等。工商企业会计为主体,其中又包括一般会计(核算和监督)、成本会计、财务(管理)会计和内部审计等。

职业教育主要培养上述最后一类基础性岗位从业人员,也就是做会计的。

·一般会计:登记凭证账簿,编制对外公布的会计报表。岗位有:记账员、会计员、主办会计、会计主管、总会计师。其中主办会计的工作职责见表5-2。

---

1. 陈思炜.方向的力量:商科职业规划[M].上海:上海大学出版社,2014.

表 5-2 主办会计的工作职责

领　域	岗位及任务
资金与综合管理	现金出纳、银行出纳、稽核、应收应付款会计
采购与物料管理	仓库会计、存货会计
生产与成本管理	车间会计、成本费用会计
销售与货款管理	收入利润会计、开票与统计
其他管理	营销、物流

·成本会计:负责费用和成本方面的计算,随后据此分析公司过去成本控制状况,给出适当建议,最终制定和执行公司预算计划。

·财务管理会计:通过运用会计和财务管理技能,强化企业内部经营管理、提高企业经济效益。工作职责包括企业经营资金筹措、企业并购和资本运作、经营现金流分配、利润分配等。岗位方面从低到高有:财务分析师、信用分析经理、风险控制经理、税务主管、财务主管、财务总监、首席财务官。

·内部审计:负责监督企业的资金运作情况,制定和监督内部财务控制系统,评估企业价值。岗位方面从低到高有:内部审计员、审计项目经理、分部审计员、审计部经理、内审总监(表 5-3)。

表 5-3 会计、财务、审计类职位一览表[1]

项　目	岗位类型	小型内企	中型内企	大型内企	大中型外企
会计类	助理岗位	会计助理、统计员	会计员、统计员、文员	会计员、统计员、文员	会计员、统计员、文员
	普通岗位	财务会计、核算会计	往来、税务、成本、总财	应收、应付、往来、税务、报表、成本、费用会计	主办、应收、应付、税务、报表、成本、费用会计
	基层管理	少有	会计主管、科长	会计主管、主管、科长、经理	会计主管、主管、科长、经理
	中层管理	会计主管	会计经理、部长、主任	财务、会计经理、部长、主任	财务、会计经理、部长、主任

---

1. 陈思炜.方向的力量:商科职业规划[M].上海:上海大学出版社,2014.

（续表）

项　目	岗位类型	小型内企	中型内企	大型内企	大中型外企
财务类	普通岗位	少有	资金、预算、管理、投资、分析会计	资金、预算、管理、投资、融资、分析、考核、税务会计	成本、资金、预算、管理、投资、分析、考核、税务、风险会计
财务类	基层管理		科长、经理	主管、经理、科长	主管、经理、科长
财务类	中层管理		财务经理、部长	财务经理、部长	财务经理、部长
审计类	普通岗位	少有	内审专员	内审专员	内审专员、专干
审计类	基层管理		少有	审计主管	审计主管、主管
审计类	中层管理		审计经理、部长、主任	审计经理、部长、主任	审计经理、总监、部长、主任
综合类	高层管理		财务总监	财务总经理、总会计师	财务总经理

2）职业资格

会计因其岗位的专业性和重要性，是商科职业中为数不多的对职业资格要求较为严格和明确的职业。

2001 年 8 月成立财政部会计财务评价中心暨全国会计资格评价网（www.kzp.mof.gov.cn）。该中心负责组织全国会计资格考试与会计人员水平评价工作。

会计从业资格是会计从业人员的资格认定，俗称会计证、会计上岗证，基本上就是进入会计岗位的"准入证"，一般由各省财政厅组织考试。在新时期的职业资格改革背景下，会计资格证不再被视为强制性的准入资格，2017 年 11 月 4 日第十二届全国人民代表大会常务委员会第三十次会议决定对《中华人民共和国会计法》作出修改，取消会计从业资格证书，将第三十八条修改为："会计人员应当具备从事会计工作所需要的专业能力。"

全国会计专业技术资格考试包括初级资格、中级资格和高级资格三个级别。初级会计资格考试设置"经济法基础""初级会计实务"两个科目；中级会计资格考试设置"经济法""中级会计实务""财务管理"三个科目；高级会计资格考试设置"高级会计实务"一个科目(高级会计师资格实行考试与评审相结合)。截至2019年年底,累计有795万余人通过考试取得了初、中级会计资格证书,18万余人取得了高级会计师评审资格。

注册会计师实质上是审计的职业资格。通过注册会计师全国统一考试、取得全科合格证书后,进入会计师事务所,有两年审计工作经验后可申报转为注册会计师。

1980年12月23日,经国务院批准,财政部发布《关于成立会计顾问处的暂行规定》,标志着中国注册会计师制度恢复重建,1988年成立了中国注册师会计协会(The Chinese Institute of Certified Public Accountant)。注册会计师专业考试科目为"会计""审计""财务成本管理""经济法""税法""战略与风险管理",综合阶段还要求职业能力综合测试。具有高等专科以上学校毕业学历或者具有会计或相关专业中级以上技术职称者才可报考。

会计职业因专业关系,通常对企业流程有着整体的、综合的了解,因而就业适应性较强。

三、物流

1. 概念

如果从物体的流动来理解,物流是一种古老又平常的现象。自从人类社会有了商品交换,就有了物流活动(如运输、仓储、装卸搬运等)。商品的运输从商品经营活动中分离出来作为独立的行业是较晚的事情。而将物流作为一门科学,仅有几十年的历史。因此说物流是一门新学科。

2001年美国物流管理协会(The Couneil of Logistics Management,简称CLM)将物流定义为:"物流是供应链过程的一部分,是为了满足客户需求而对商品、服务及相关信息从原产地到消费地的高效率、高效益的正向和反向流动及储存进行的计划、实施与控制过程。"

2001年4月,我国颁布国标《物流术语》,对物流的定义是:"物品从供应地向接收地的实体流动过程。根据实际需要,将运输、储存、装卸、搬运、包装、流通加工、配送、信息处理等基本功能实施有机结合。"

物流管理是以满足客户需求为目的的,对产品、服务和相关信息从生成点到消费点的有效率和有效果的正向和逆向流动和储存的进行计划、执行和控制部分的供应链过程。

近几年,出现更宽泛的供应链管理导向。根据美国物流管理协会(2005年更名为美国供应链管理专业协会)对供应链管理的定义,供应链管理包括了涉及采购、外包、转化等过程的全部计划和管理活动的全部物流管理活动。更重要的是,它也包括了与渠道成员(涉及供应商、中间商、第三方服务供应商和客户)之间的协调和协作。

物流在经济中的显著作用表现在两个方面。第一,物流是商业的一个主要支出,与其他经济活动相互影响。通过改善物流运作效率,物流会对整个经济作出重要贡献。第二,物流服务于许多经济交易活动,它实质上是所有商品和服务交易中的一个重要活动。

物流创造价值的基本途径之一是创造效用。从经济学上讲,效用是商品或服务为满足需求所提供的价值或用途。有四种类型的效用:形式、拥有、时间和地点。后两者——时间和地点效用,是通过物流提供的。

分类通常是为了帮助人们更好地了解一项事物。所以,分类的标准通常都与人们对事物的相关兴趣有关。对物流的分类其实就是围绕三个兴趣点展开:

- 是谁在提供物流服务?——物流的主体。
- 在哪里提供物流?——物流区域暨空间。
- 为了什么目的提供物流服务?——物流目的暨作用。

按照主体系统的性质分类,物流可以分为:

- 社会物流:宏观物流或大物流,是对全社会物流的总称,流通领域所发生的物流。
- 行业物流:同一行业所有企业的物流。
- 企业物流:企业范围内相关物流活动。

按照活动的空间范围分类,物流可以分为:

- 地区物流。
- 国内物流。
- 国际物流。

按照作用分类,物流可以分为:

- 供应物流。
- 销售物流。

- 生产物流。
- 回收物流。
- 废弃物流。

"二战"后,物流管理的方法被广泛应用于企业管理中。一方面,制造业逐步认识到物流管理在降低成本、改善经营绩效和提升企业竞争力等方面所起的作用;另一方面,社会经济和科学技术迅速发展。现代物流在西方发达国家大致经历了以下四个发展阶段,每一个发展阶段都是围绕着当时的核心问题展开。

2. 发展阶段

1)安全库存管理阶段

20世纪60年代以前,企业的采购、库存管理、销售以及运输等部门之间是分隔的,各自的物流活动按不同的职能进行分散管理。

"如何不影响生产"是这一阶段的核心挑战。为此,库存管理自然是此阶段物流管理的重点。当时,为了避免原材料缺货的发生,提出了"安全库存"的概念。"安全库存"的实质是保证在任何时候仓库里都有一定数量的存货,即安全库存量,以便需要时随时取用。安全库存的设置主要是为了应对需求的波动。因此,一旦库存储备低于预先规定的数量即订货点,则立即进行订货来补充库存。

其实,订货点法通过订货点来确定订货时间,再通过提前期来确定需求日期是本末倒置的,从而引发了物料需求计划技术(MRP)的出现。

2)职能管理阶段

20世纪六七十年代,计算机得到了广泛的应用。计算机管理系统为快速准确处理物料管理中产生的复杂问题提供了强有力的支持。物料需求计划(MRP)成功地解决了根据最终产品需求生成零部件需求计划的问题,将零部件物流与产成品物流联结起来,不但克服了订货点法的不足,而且大大提高了生产和库存管理的效率。

同时,20世纪70年代市场环境由卖方市场转变为买方市场,也使得生产企业不得不重视成品分销,从而产生了分销管理职能。此时的物流活动被分成物料管理和分销管理两大职能:物料管理是对库存管理的扩充和延伸,分销管理负责控制产成品从工厂到顾客的有效输送。

归功于MRP技术的应用和分销管理的实施,这一阶段的物流活动与20

世纪60年代以前的物料管理活动相比,前进了很大一步。

3) 内部一体化阶段

20世纪80年代初,越来越多的企业将物料管理与分销管理视为一个有机的整体,而且逐步将物料管理与分销管理集成起来,产生了全过程物流管理的理念。这种涵盖从原材料采购与运输到产成品分销的所有物流活动及相关的信息与控制系统的物流管理模式,不仅包含了以往的物料和分销管理的全部内容,还涉足传统的市场营销和生产管理的一些职能(如生产计划、销售预测、原材料与在制品管理、顾客服务等)。但这一阶段物流管理的集成仍限于企业内部,故称为"内部一体化"。

这一阶段,第三方物流成为各种物流服务的重要提供者,使得企业可以将有限的资源进一步集中到核心业务上;条形码技术、EDI、射频RF技术、GPS定位系统等信息技术成为改善物流服务的关键要素;分销资源计划(DRP)将市场需求预测与生产计划集成起来,降低了库存投入,减少了运输成本,加速了库存周转;而物流管理活动的集成和信息技术的发展使即时生产(Just-In-Time,JIT)成为现实。

然而,经营业务的全球化、新技术的高成本、资源的稀缺以及竞争的激烈等因素使得许多企业将目光转向供应链管理阶段。

4) 供应链管理阶段

20世纪七八十年代,企业内部物流管理功能的集成强调实现本企业运营绩效的最大化。到了90年代,由于企业经营业务全球化的趋势日益明显,发展中国家经济的强劲增长创造了巨大的市场需求以及竞争的压力等外部因素的影响,促使企业开始把着眼点放开至物流活动的整个过程,即所谓的供应链管理。

在目前的买方市场中,许多企业已认识到,最终的竞争并不表现为企业与企业之间的竞争,而是更多地表现为不同供应链之间的竞争。只有使整个供应链在市场上具有竞争力,其成员企业才有生存与发展的空间。为此,目前许多企业采取了"虚拟集团"或相互参股等形式来建立供应链战略同盟,把企业化为整个供应链的一部分或一个环节,以应对日益激烈的市场竞争。

目前,国外对第四方物流的研究和实践也已经如火如荼,而且不少公司已经开始第四方物流的运作。在美国,Ryder公司、信息技术巨头IBM和第四方物流的创始者埃森哲公司结为战略联盟,使得Ryder拥有技术和供应链管理方面的特长。在英国,埃森哲公司和泰晤士水务有限公司的一个子公司也进行了第四方物流的合作,并且取得不错的成效。

第四方物流(Fourth Party Logistics,4PL)是一种典型的综合性物流模式。第四方物流供应商是一个供应链的集成商,它对公司内部和具有互补性的服务供应商所拥有的不同资源、能力和技术进行整合和管理,提供一整套供应链解决方案。第四方物流有三大功能:一,能够整合运输、包装、仓储等物流企业,为客户提供从采购到产品分销给最终消费者的一整套物流服务;二,利用自身的影响力管理整个供应链;三,具有流程再造的能力。第四方物流所提供的业务已经超出了物流的范畴,这种综合性物流服务企业需要强大的资金实力和高水平的管理能力。

在上述不同的发展阶段,信息技术的发展对物流业态的影响非常明显。

传统物流分散在不同的企业和企业内部不同部门来进行。物流还不具备组织功能,它只是配合或附属于企业的产品销售或原材料的采购。比如在生产企业,它处于一个很低的层次上,它的组织管理的主体多元化。到了20世纪五六十年代,由于物流观念的形成和应用,企业物流得到单独研究和管理,在企业管理中占有相当的位置。随着信息技术的发展,特别是电子数据交换技术(EDI)的应用,使物流活动可以从原来的制造企业或商业企业独立出来,形成第三方物流企业。物流活动从原来一个企业内部单一环节上的管理活动逐步成为一个独立的企业活动。

5) 互联网与现代物流

信息技术的不断提高促发新的物流组织的出现,而且物流组织的层次也在不断提高。到了21世纪初,又出现基于网络通讯技术对物流信息资源进行管理的企业,即所谓第四方物流企业。

"互联网+"为物流行业的运作模式、营销模式带来巨大变化,对物流行业影响深远。借助互联网,物流企业可以将运作信息同步,分拣中转、装卸运输、揽收派送等环节更加协同高效,提升了内部的运行效率;可以便捷地组织货源、联系运力,进行提货通知、投诉理赔,给客户提供查询追踪服务等,提升客户体验度。

互联网改变的不仅是物流的"动",更重要的在于如何"少动"甚至"不动"。物流企业互联网化后,日常营运过程中会产生大量的客户数据(如地理位置、购物频率、购物喜好等),可以运用大数据分析方式提供精准营销。通过数据分析,物流企业可以指导商家进行库存前置,包括品类、规模、地域,以成本最低的方式提前运输到消费地,待消费者下单后,再从最近的电商仓储完成最后一公里配送,做到"订单未下,物流先行"。例如,菜鸟网络的天网预警雷达和物流路径优化是典型应用。菜鸟是电子商务物流开放数据平台,在电商销售旺季,一方面,菜鸟通过销售数据预测订单产生规模、地点、物流路径,指导物流企业提前配置资源,缓解物流压力;另一方面,菜鸟根据物流压力运输指导电商商家调整营销策略,从货源端减少物流系统压力。目前菜鸟天网预警雷达的预测准确率达95%以上,让物流公司实时掌握整张物流网络每个环节的"未来包裹量预测"和"繁忙度实况预警"。

"互联网+物流"不是物流信息化的简单升级,也不是简单的互联互通,而是用互联网思维对现有物流经营方式及物流理念的全面变革。可以预见,在不远的将来,"互联网+物流"将延伸至现代物流的每一个细分领域,引领着物流行业发展的未来。

6) 我国物流业的发展态势

从2006年开始,我国的物流业一直保持较快速度的发展,产业体系逐渐形成,而且已成为国民经济的重要组成部分。产业规模、服务能力、技术装备等方面有了显著提高。

·产业规模快速增长。截至2013年,我国物流总额达到197万亿元,是2005年物流总额的4.1倍,平均每年增长22.6万亿元。物流业增加值达到4万亿元,是2005年增加值的3.2倍,平均每年增长0.4万亿元。

随着传统运输业、仓储业加速向现代物流业转型,同时原有的物流企业通过兼并、重组等手段进行整合,形成了一批模式专业化、订单网络化、运输系统化和管理现代化的物流企业。它们除了传统的储存、运输、包装、流通加工等服务外,服务内容向上扩展至市场调查与预测、采购及订单处理,向下延伸至配送、物流咨询、物流方案的选择与规划、库存控制策略建议等增值服务。由此可见,现代物流业的服务水平在不断提高,服务内容也日益丰富,因此,服务能力显著提升。

·技术装备更新换代。目前世界上最先进的物流系统运用了GPS、卫星通讯、射频识别装置、机器人等手段,实现了操作自动化、机械化、无纸化和智能化。对于我国物流企业来说,大多数企业已经建立了管理信息系统及物流信息平台,逐渐开始应用物联网、云计算等现代信息技术,同时在装卸、分拣、配送等过程中推广专用物流装备和智能标签、跟踪追溯、路径优化等技术,实现与世界先进水平的对接。当然,虽然有了突破性发展,但整体粗放经营的特点仍然明显,且人才缺口问题严重。

近年来,随着商贸物流的发展,我国政府在 2010 年连续出台了一系列政策。2011 年年初,由商务部、发展改革委、供销总社联合公布了《商贸物流发展专项规划》,这也说明在将来,市场对商贸类尤其是物流人才的需求也将不断攀升。据权威机构调查,物流人才已被列为我国 12 类紧缺人才之一,缺口达 60 余万。但目前相当严重的问题是:一方面社会与企业缺乏大量适合社会与企业发展的物流人才,但另一方面物流专业的毕业生就业并不乐观。

加入 WTO 后,现代物流的国际四大"航母"——联合包裹速递公司(UPS)、联邦快递(FedEX)TNT、敦豪航空货运公司(DHL)和马士基物流等纷纷抢滩上海,扩展市场。以顺丰、圆通、中通、申通、韵达等为代表的本土物流企业萌芽于 20 世纪 90 年代,从专线传递外贸保管文件起家,逐步壮大,并出现大件、生鲜等专业细分的物流服务企业。2012 年时,这五家公司总从业人员已达 21.6 万,年销售额近 300 亿元,占据了中国快递市场总收入的半壁江山。

根据中国物流与采购联合会 2017 年的报告,我国物流岗位从业人员数为 5012 万人,比上年增长 0.6%,成为人员增长最快的行业之一,已经占到全国就业人员 6.5%。其中,物流相关行业从业人员数为 1008 万人,比上年增长 4.7%,增速高于城镇就业人员 1.5 个百分点;从事物流活动的个体工商户从业人员为 2794 万人,比上年增长 0.2%;工业、批发和零售业等行业法人单位的物流岗位从业人员为 1211 万人,比上年下降 1.6%。

3. 典型职业活动

1) 岗位和工作任务

根据 2005 年颁布的《物流企业分类与评估指标》(GB/T 18354)国家标准,物流企业(Logistics Enterprise)是至少从事运输(含运输代理、货物快递)或仓储一种经营业务,并能够按照客户物流需求对运输、储存、装卸、包装、流通加工、配送等基本功能进行组织和管理,具有与自身业务相适应的信息管理系统,实行独立核算、独立承担民事责任的经济组织。非法人物流经济组织可比照适用。

物流是一门应用技术和商业管理结合的综合性领域,涉及的内容范围相当广,包括生产企业、商业企业、专业物流企业、国际货运代理等业务。就业岗位多、岗位多元化,不同的物流岗位对技能的要求相差较大,涉及多个层级:基础操作层、基础运营层、专项提升层、规划设计层。

根据2015年版《职业分类大典》,物流服务人员主要分布在交通运输、仓储和邮政业服务人员(4-02)这个中类,其下又分为8个小类,包括轨道交通运输服务人员、道路运输服务人员、水上运输服务人员、航空运输服务人员、装卸搬运和运输代理服务人员、仓储人员、邮政和快递服务人员及其他人员。

物流企业青睐多层次复合型人才,尤其青睐具备较高职业素养和良好职业技能的人才,要求从业人员知识面广,有较强的战略判断和把握能力,能够敏锐地发现中间市场的变化,还要有较强的动手操作能力。

需要一定数量的中层管理人才,如物流经理、客服经理等。这些高级物流人才,门槛比较高,通常都要专科以上学历、三至五年以上相关工作经验。

中等职业教育层面的职业暨岗位主要在基础操作和基础运营层面,包括仓管员、调度员、配送员、单证员、客服员、理货员、业务员和保管员等。这些岗位的门槛比较低,通常要求高中以上学历,有些急缺岗位初中学历都可以。相应的细类职业包括:4-02-06-01仓储管理员、4-02-06-02 理货员、4-02-07-08快递员、4-02-07-09快件处理员。

其典型工作任务见表5-4。

表5-4 物流业基础岗位及工作任务

序 号	岗 位	典型工作任务
1	仓管员	1.入库验收及堆码、入库手续的办理;2.装卸搬运作业;3.入库验收作业;4.商品堆码作业;5.商品养护与保管作业;6.盘点作业;7.储位管理作业;8.出库作业;9.库存控制作业;10.库存信息管理;11.各种库存单证的制作与填写作业
2	调度员(车辆)	1.统计每日所有单量并平均分配给各组;2.跟踪自备柜及解决调度方面发生的问题;3.负责调配及跟踪车辆,公路、铁路运输货单证识读;4.确定运输方式;5.确定配送线路;6.调度;7.配载车辆
3	配送员	1.订单的识读;2.订单的制作和填写;3.订单的处理;4.拣货、补货作业操作;5.配送计划制定;6.车辆的配载;7.货物的送达服务

（续表）

序号	岗位	典型工作任务
4	单证员	1.负责跟踪码头柜；2.报关至交柜及放行的整个流程；3.与其他部门保持密切联系及时反馈派单信息、上柜情况等；4.负责单证的录入审核与打印；5.单证的跟踪分析等
5	客服员	1.提供物流客户服务；2.对客户的分类归纳；3.客户管理方法；4.客户问题的解决；5.业务的开拓作业
6	理货员	1.商品编码与货位编号作业；2.拣货方式选择；3.储存区及出货区货物的整理；4.储位的整理及核对；5.补齐货物；6.缺货单的统计
7	业务员	1.物流市场需求调研；2.对企业产品或服务的分析；3.物流市场营销方案设计；4.提供物流客户服务；5.推销企业产品或服务
8	报关员	1.报关业务；2.办理进出口货物报关手续；3.商品编码；4.关税核算；5.报送单证的使用

物流中初级岗位涉及许多基本操作能力，见表5-5。

表5-5 物流管理专业的岗位操作能力

大类	小类	操作能力
设备类	条码扫描设备	正确连接计算机，能对它进行正确设置和准确使用
	条码打印机	能正确连接计算机，能正确设置和准确使用设备
	无线数据终端机	能正确连接计算机，能正确设置和准确使用设备
	半自动堆高机	能熟练操作设备进行商品搬运和堆码
	打包机	能正解使用设备进行各种包装形式的包装
	电动叉车	能熟练操作设备进行商品的搬运和堆码
仓储类	入库作业	能正确对货物进行点验，准确对数据进行录入，正确阅读单证，合理使用搬运工根据入库流程办理入库手续
	保管作业	对商品进行编码与货位进行编号的能力，核算仓容定额的能力，对商品养护的能力

（续表）

大类	小类	操作能力
仓储类	转库作业	货物交接无误,准确对数据进行录入,正确阅读单证,合理使用搬运工具,根据转库流程操作
	盘点作业	合理选用盘点方法,正确填写单证,能按盘点流程进行操作,能准确进行数据录入,能进行盘点结算和盈亏处理
	出库作业	合理使用设备,严格按操作流程进行作业,订单、货品一致,正确录入数据
配送类	订单处理	正确识读订单,按流程正确操作,正确录入数据,掌握拣货时间计算,单证输出无误
	拣货作业	能按规定流程作业,确定拣货顺序合理,正确拣出规定数量、规格、品名的货品,合理使用工具
	补货作业	正确拣出规定数量、规格、品名的货品,补货及时,时机准确,合理使用搬运工具,根据规定流程操作
采购类	采购供应	能正确地确定供应商和确定物品的需求量,能编写和阅读采购计划,能了解商品的知识
	采购实施	采购谈判的方式,正确地选择采购模式,会签订采购合同
	采购总结	采购成本的合理控制,采购结算,采购绩效评估
运输类	运输工具	正确地选择运输工具,合理地调配运输工具,对运输工具的合理使用
	运输方式和路线	正确地选择运输方式,科学地配制运输路线
	运输信息管理	运输信息的正确录入,正确使用信息管理软件,如 GPS、GIS
货代类	货物的接收	正确地按流程接受货主的委托,正确填写货运单证
	货物的托运	能选择合适的托运方式,正确填写各种托运单证,按流程合理地办理集装箱的货运业务
	配送作业	能阅读和填写出入境的相关单证,能按流程办理进出口货物报送手续

操作能力的培养面临的挑战在于其时效性，能力要求随技术和社会发展经常会发生变化，因为它通常都与当前具体的技术系统、行业规则、法律法规等有着紧密联系，如当前很多仓库广泛采用智能数字技术，就大量降低了对仓库普工的需求（表 5-6）。

表 5-6 物流岗位的专业知识和技能要求表

序号	岗位	岗位专业知识	专业技能要求
1	仓管员	计算机操作常识，条码打印机操作知识，无线终端机使用常识，仓库管理软件的使用，商品检验方法，仓库作业单证的制作与识读，仓储作业安全知识，搬运工具的使用，堆码的方法，信息采集工具的使用，库位的管理与使用	处理商品入库作业、转库作业、盘点作业、出库作业的能力库存管理技能，仓库运营管理能力
2	调度员（车辆）	公路、铁路运输货单证识读，运输方式的确定，配送线路的确定，调度常识，车辆的配载	车辆的配置与控制能力，运输路线的调配能力
3	配送员	订单处理知识，拣货、补货作业操作，配送计划制订，车辆的配载	订单处理能力，拣货作业、补货作业操作能力
4	单证员	计算机操作知识，配送作业，订单的识读，订单的制作	各种单证收集、整理和处理能力
5	客服员	语言知识，处理客户事故的知识，客户关系管理知识，客户服务基本要求知识	客户关系与客户服务能力，处理顾客的业务和售后服务的能力，物流客户关系管理的基本知识，掌握企业进行物流活动过程中客户服务的基本技能
6	理货员	装卸搬运工具的使用，数据采集器的使用，电子标签的使用，货物点验的知识，货位知识，计算机操作知识，拣货单证的识读，补货单的制作识读	拣货补货处理能力，商品分类处理能力
7	业务员	市场调查问卷的设计，问卷的分析总结，市场的开发，产品的推销知识，渠道的开发知识	市场调查、市场开拓能力，交际能力，语言能力，揽货的技巧能力

（续表）

序号	岗位	岗位专业知识	专业技能要求
8	报关员	掌握FOB等贸易术语，熟悉进出口运输单证，办理进出口货物报送手续，熟悉自由贸易区等相关政策，关税及保险费用的计算	商品知识，核算关税的能力，判别和编制填写各种单证的能力

2）职业资格

典型职业为物流员，是指在生产、流通和服务领域从事采购、储运、配送、货运代理、信息服务等操作和管理的人员。

《物流师国家职业标准》于2003年1月23日正式颁布，由国家人力资源和社会保障部委托组织制订，并在2006年面向全国开展物流师职业资格统一鉴定工作。

资格共分四级：物流员（国家职业资格四级）、助理物流师（国家职业资格三级）、物流师（国家职业资格二级）、高级物流师（国家职业资格一级）。其中中职校相关专业毕业生即可申请审核认定物流员，即四级资格。

四、金融

金融就是资金的融通。金融是货币流通和信用活动以及与之相联系的经济活动的总称，广义的金融泛指一切与信用货币的发行、保管、兑换、结算、融通有关的经济活动，甚至包括金银的买卖；狭义的金融专指信用货币的融通。金融的内容可概括为货币的发行与回笼，存款的吸收与付出，贷款的发放与回收，金银、外汇的买卖，有价证券的发行与转让，保险、信托，国内、国际的货币结算等。

因此，要理解金融，首先必须理解货币。货币本质上是一种所有者与市场关于交换权的契约，是所有者相互之间的约定，它反映的是个体与社会的经济协作关系。货币的契约本质决定了货币可以有不同的表现形式，如一般等价物、贵金属货币、纸币、电子货币等。它可以用作交易媒介、储藏价值和记账单位。实物货币是专门在物资与服务交换中充当等价物的特殊商品，是人们商品价值观的物质附属物和符号附属物，既包括流通货币，尤其是合法的通货，也包括各种储蓄存款。在现代经济领域,货币只有很小的部分以实体通货方式显示——即实际应用的纸币或硬币,大部分商品交易都使用支票或电子货币。货币区是指流通并使用某一种单一货币的国家或地区。不同的货币区在互相兑换货币时,需要引入汇率的概念。在现代经济中,货币起着根本性的作用。在宏观经济学中,货币不仅是指现金,而通常指现金加上一部分形式的资产。

现代金融业发展得非常庞大和错综复杂,可以按金融机构的主营方式划分,可以根据金融业务所处的特定领域划分,也可以根据职责性质划分。从大金融的角度,可以将金融分为银行、保险、投资。根据中国职业分类大典2015版,金融服务人员包括七个小类:银行服务人员、证券服务人员、期货服务人员、保险服务人员、典当服务人员、信托服务人员及其他服务人员。下面主要以银行业和保险业为例展开。

1. 银行业

1) 发展脉络

银行一词,源于意大利语Banca,其原意是长凳、椅子,是最早的市场上货币兑换商的营业用具。英语将该词转化为Bank,意为存钱的柜子。早期的银行家被称为"坐长板凳的人"。在我国,之所以有"银行"之称,则与我国经济发展的历史相关。在我国历史上,白银一直是主要的货币材料之一。"银"往往代表的就是货币,而"行"则是对大商业机构的称谓。把办理与银钱有关事宜的大金融机构称为银行,最早见于太平天国洪仁玕所著《资政新篇》。

银行是商品货币经济发展到一定阶段的产物。它的产生大体上分为三个阶段。

・第一阶段:出现了货币兑换业和兑换商。

・第二阶段:增加了货币保管和收付业务,即由货币兑换业演变成货币经营业。

・第三阶段:兼营货币保管、收付、结算、放贷等业务,这时货币兑换业便发展为银行业。

最早的银行业发源于西欧古代社会的货币兑换业。最初货币兑换商只是为商人兑换货币,后来发展到为商人保管货币、收付现金、办理结算和汇款,但不支付利息,而且收取保管费和手续费。随着工商业的发展,货币兑换商的业务进一步发展,他们手中聚集了大量资金。货币兑换商为了谋取更多的利润,利用手中聚集的货币发放贷款以取得利息时,货币兑换业就发展成为银行了。

公元前 2000 年的巴比伦寺庙、公元前 500 年的希腊寺庙,都已经有了经营保管金银、收付利息、发放贷款的机构。中世纪的意大利已经产生了银行。由于威尼斯特殊的地理位置,使它成为当时的贸易中心,1171 年,威尼斯银行成立,这是世界上最早的银行。随后意大利的其他城市以及德国、荷兰的一些城市也先后成立了银行。

中国在 7 到 10 世纪初期的唐朝,已经出现了办理金融业务的独立机构,但经营内容比较单一。明朝中叶形成了具有银行性质的钱庄,到清代又出现了票号。第一次使用银行名称的国内银行是"中国通商银行",成立于 1897 年 5 月 27 日。最早的国家银行是 1905 年创办的"户部银行",后称"大清银行",1911 年辛亥革命后,大清银行改组为"中国银行",一直沿用至今。

西方近代最早的银行是 1580 年建于意大利的威尼斯银行。此后,1593 年在米兰、1609 年在阿姆斯特丹、1621 年在纽伦堡、1629 年在汉堡以及其他城市也相继建立了银行。当时这些银行主要的放款对象是政府,并带有高利贷性质,因而不能适应资本主义工商业发展的要求。最早出现的按资本主义原则组织起来的股份银行是 1694 年成立的英格兰银行。到 18 世纪末 19 世纪初,规模巨大的股份银行纷纷建立,成为资本主义银行的主要形式。随着信用经济的进一步发展和国家对社会经济生活干预的不断加强,又产生了建立中央银行的客观要求。1844 年改组后的英格兰银行可被视为资本主义国家中央银行的鼻祖。到 19 世纪后半期,西方各国都相继设立了中央银行。早期的银行以办理工商企业存款、短期抵押贷款和贴现等为主要业务。现在,西方国家银行的业务已扩展到证券投资、黄金买卖、中长期贷款、租赁、信托、保险、咨询、信息服务以及电子计算机服务等各个方面。

现代西方国家的银行种类非常繁杂,主要有政府银行、官商合办银行、私营银行、股份银行、独资银行,全国性银行、地方性银行,全能性银行、专业性银行,企业性银行、互助合作银行等。按职能可划分为中央银行、商业银行、投资银行、储蓄银行和其他专业信用机构。它们共同构成以中央银行为中心、股份商业银行为主体、各类银行并存的现代银行体系。

20 世纪以来,随着国际贸易和国际金融的迅速发展,世界各地陆续建立起一批世界性的或地区性的银行组织,如 1930 年成立的国际清算银行、1945 年成立的国际复兴开发银行(即世界银行)、1956年成立的国际金融公司、1964年成立的非洲开发银行、1966年成立的亚洲开发银行等,银行在跨越国界和更广泛的领域里发挥作用。

中国人民银行于1948年成立。1983年9月,国务院发布了关于中国人民银行专门行使中央银行职能的决定,中国人民银行成为国家统一管理金融的机构,其他专业银行成为经济实体。国有五大银行是中国银行、工商银行、建设银行、农业银行、邮政银行。

按性质和职能分,我国银行包括中央银行、政策性银行(向国家大型建设或贸易项目提供政策性金融服务)和商业银行。截止到2015年,我国商业银行体系包括5家大型国有银行、1家邮储银行、12家股份制银行、133家城商行、859家农商行、5家民营银行、71家农村合作银行和1373家农村信用社,总资产达199.3万亿元。商业银行市场结构发生重大变化,集中度显著降低,竞争程度愈发激烈。从目前银行市场改革,城商行、农商行迅猛发展,民间资本不断进入银行业的状况来看,银行数量和资金规模还将进一步提升,市场结构会继续分散,竞争程度还将加剧。商业银行对人员需求最大。

2)银行内部结构

非外资商业银行的分行架构大同小异。总行会有人力资源、信息技术和客服部门,主要部门有运营、贸易融资、资金管理、金融市场部、投资银行部、零售银行部、公司银行部、清算中心、会计结算部、私人理财部、信用卡部、资产负债管理部、国际业务部、风控部等。

以商业银行总行为例,通常会有二三十个部门,按业务性质可划为不同条线:零售、公司、资金同业、信贷、财务、运营、行政、科技、法律合规等。

各部门按职能分类则又如下。

·管理部门。对某一专门职能进行管理,制定相关的政策和制度,进行相关审批,监控执行情况并进行适当干预,对分管领域的管理成效、效率和成本负责。包括以下部门:信贷管理部、信贷审批部、资产保全部、零售信贷风险部、计财管理部、财务信息与资产负债管理部、运营管理部、集中作业部、人力资源部、法律事务部、合规部。

·支持部门。从事管理、支持和服务,支持全行经营管理的顺利运行,或为总行其他部门或分支行提供必要的协助,对支持领域的成效、效率和成本负责。包括:办公室、人力资源部、信息科技部、科技运营部、电子银行部、法律事务部、合规部、总务部、保卫部、机构发展部、董事长和首席执行官办公室、董秘处、零售营销管理部、公司营销管理部、财信部、采购部。

·客户部门。直接(直接提供服务)或间接(为分支行在服务某些客户群上提供支持)管理某些客户群,对所负责客户群的收入和利润负责。包括:私人理财部、零售信贷部、资产托管部、贸易融资部。

·产品部门。开发并/或管理某些产品,支持分支行开展产品销售和市场营销,对所负责产品的收入和利润负责。包括:私人理财部、零售信贷部、资产托管部、贸易融资部、公司产品管理部。

·事业部门。直接经营某项业务,内部垂直管理,独立核算,对所负责业务的收入和利润负责。包括:信用卡中心、汽车金融中心。

·其他部门。历史原因形成的部门,独立的内部审计部门,不知道该往哪分类的部门。包括:特殊资产管理中心、稽核部、同业事业部、资金交易部。

另外一种岗位分类方法则比较直观,按照前、中、后台分类:前台类工作指的是面向客户、以客户为中心、负责业务拓展的工作,常见的从业人员有柜员、客户经理、大堂经理;中台类工作负责根据宏观市场环境和微观内部资源配置,行使风险管理(信贷管理)、计划财务、产品开发、渠道管理、人力资源管理、战略规划等职能;后台类工作主要指那些负责银行支持和支援的部门,包括业务和贸易的处理和支持,以及共享服务,也包括会计处理、IT 支持、呼叫中心、信贷审批集中作业部、单证部等。

业内对商业银行还有一种业务分类方式:零售银行(做个人),公司银行(做企业),总行及部分分行内负责审批、决策、产品设计、资金管理、金融市场投资、债券承销及交易等核心部分工作。这三条线的业务模式基本平行,交集较少,工作性质和待遇也有较大差别。

分支行层面上,比较简单的分类是将银行内部分为业务条线和非业务条线。所谓业务条线指的是直接面对消费者、为银行创造收益的人员,其中很大一部分是信贷员(即我们平时常见的客户经理)与柜员;而非业务条线主要指的就是分支行内负责审批、管理、法务、财务等的人员。

3) 典型职业

(1) 岗位和工作任务

根据 2015 年版《职业分类大典》的分类,银行从业人员包括两类:专业人员和服务人员。这一分类主要是基于能力暨资格层级的划分。

银行专业人员包含6个细类职业：银行货币发行专业人员、银行国库业务专业人员、银行外汇市场业务专业人员、银行清算专业人员、信贷审核专业人员和银行国外业务专业人员。

银行服务人员则包含4个细类职业：银行综合柜员、银行信贷员、银行客户业务员和银行信用卡业务员。

银行服务人员直到20世纪90年代末期多由职业教育培养。当前信息和智能数字技术的迅猛发展极大地改变了银行业务开展的形态，银行对基层柜员的需求大大减少，而客户业务员和信用卡业务员相对增加。

银行柜员一般指在银行分行柜台里直接跟顾客接触的银行员工。他们负责检查及停止错误的交易以避免银行的损失。该职位一般要求受雇者对顾客态度亲切诚恳，为顾客提供银行服务及与其账户相关的资讯，负责直接面向客户的柜面业务操作、查询、咨询等。后台柜员则负责无需面向客户的联行、票据交换、内部账务等业务处理及对前台业务的复核、确认、授权等后续处理。独立为客户提供服务并独立承担相应责任的前台柜员必须自我复核、自我约束、自我控制、自担风险；按规定必须经由专职复核人员进行滞后复核的，前台柜员与复核人员必须明确各自的相应职责，相互制约、共担风险。

银行柜员的工作岗位与工作任务如下。

现金柜员：日常的工作主要是从事各类现金业务的复核、零钞清点、大额现金清点等工作。通常是由刚参加银行工作的人员担任，是继续从事其他柜台工作的基础。

普通柜员：从事各类柜台业务，包括各类对公、对私业务的经办，当日帐务的核对、结帐等。是银行中最多的一类柜台人员。

低柜柜员（或开放式柜台人员）：是某些较大的、业务全面的营业网点设的，主要经办个人消费贷款、个人住房贷款、个人理财（基金业务、银行代理保险业务）等非现金业务的柜台人员。此类柜员对业务能力要求比较高，必须具备一定的个人贷款类的基本知识和技能以及个人金融理财知识。

大堂经理：通常负责对银行业务进行宣传、对网点客户分类引导、对客户的各类业务咨询加以解答，对银行工作人员与客户之间的纠纷和矛盾进行调解和疏导等工作。通常由具有较长时间工作经验的银行员工担任，有时候由银行网点负责人兼任。

综合柜员（会计主管）：主要负责对普通柜员当日的各类账务进行核对、监督、审查，对特殊性柜面业务经办流程的解释、银行规章制度执行情况的检查监督等，有时候也会办理具体的业务。其主要职责包括：

・领发、登记和保管储蓄所的有价单证和重要空白凭证，办理各柜员的领用、上交。

・负责各柜员营业用现金的内部调剂和储蓄所现金的领用、上缴，并做好登记。

・处理与管辖行会计部门的内部往来业务。

・监督柜员办理储蓄挂失、查询、托收、冻结与没收等特殊业务，并办理储蓄所年度结息。

・监督柜员工作班轧账。

・银行科技风险识别与控制。

・办理储蓄所结账、对账，编制凭证整理单和科目日结单；打印储蓄所流水账，定期打印总账、明细账、存款科目分户日记账、表外科目登记簿；备份数据及打印装订，保管账、表、簿等会计资料，负责将原始凭证、账、表和备份盘交事后监督。

・编制营业日、月、季、年度报表。

柜员的主要职责：

・对外办理存取款、计息业务，包括输入电脑记账、打印凭证、存折、存单，收付现金等。

・办理营业用现金的领解、保管，登记柜员现金登记簿。

・办理营业用存单、存折等重要空白凭证和有价单证的领用与保管，登记重要空白凭证和有价单证登记簿。

・掌管本柜台各种业务用章和个人名章。

・办理柜台轧账，打印轧账单，清理、核对当班库存现金和结存重要空白凭证和有价单证，收检业务用章，在综合柜员的监督下，共同封箱，办理交接班手续，凭证等会计资料交综合柜员。

银行业务流程复杂，柜员一天的工作流程可分为客户业务办理前、中、后三个阶段。

・业务办理前：柜员需要前倒、领用尾箱，打印报表。

・业务办理中：对外营业时间内的客户各类业务办理。

・业务办理后：非常繁琐的核查收尾工作，包括尾箱入库、监箱入库，打印现金收付明细、打印机构收付汇总单、日终关机检查、柜员和机构轧账,之后柜员才可以签退,机构关机。

(2) 职业资格

20世纪70年代以来,欧美银行柜员从业资格上移;90年代以来,中国银行柜员从业资格也迅速上移,本科毕业几乎成为银行从业人员最低标准,柜员岗位成为员工内训的基础岗位。这对国内金融事务中等职业教育形成较大冲击。一方面,整体社会教育资格上移,以德国为例,能申请到银行金融事务双元学徒资格的通常都具有综合或应用型大学入学资格,他们虽仍然经过双元职业教育路径进入银行,但其基础教育资格隐形上移。另一方面,技术变迁对职业活动和岗位设置造成影响。自动取款机日益普及,欧美等国银行业已开始减少柜员类岗位,这是技术变迁对银行相关职业活动的第一波影响。而进入21世纪后,网上银行技术带来金融服务形式的普及,银行柜员的需求量大大减少,其工作重心也转向客户咨询、银行理财产品销售、信用卡业务等。

中国银行业专业人员职业资格考试制度的建设自1999年开始,到2019年已经组织了19次全国性考试。其中"银行业从业人员资格认证制度"开展了8年,在2013年年底该项考试更名为"银行业专业人员职业资格考试"后,也开展了近3年。

这一资格考试制度的原则,一是统一性原则,要逐渐统一银行业专业人员资格标准,使其更加规范、客观和公正;二是权威性原则,要建立具有广泛代表性的银行业职业资格领导机构,以行业公认的方式制定相关资格考试规则,使资格考试制度适用于各类银行机构;三是行政与市场相结合的原则,资格考试工作将在人社部和银监会的大力指导、支持下,充分吸收和借鉴市场成熟的经验及手段,逐步建立健全市场化的职业资格体系;四是整体规划、逐步推开、分步实施的原则。

银行业专业人员职业资格考试制度环节完整,包括资格标准、考试制度、资格审核和继续教育四个基本环节。

2. 保险业

1) 形成历史

人类社会从一开始就面临着自然灾害和意外事故的侵扰。在与大自然抗争的过程中,古代人就萌生了对付灾害事故的保险思想和原始形态的保险方法。

我国历代王朝都非常重视积谷备荒,春秋时期孔子的"耕三余一"思想就是颇有代表性的见解。

古埃及石匠行业曾有一种互助基金组织,该组织向每一成员收取会费以支付个别成员死亡后的丧葬费;古罗马军队中也曾有一种类似的士兵组织,以收取的会费作为个别士兵阵亡后对其遗属的抚恤费用。

这些都可算作保险的雏形。下面就从保险业发展历史中最为重要的几种保险的形成与发展展开。

(1) 海上保险

海上保险在各类保险中起源最早,它带动了整个保险业的繁荣与发展。

人类在长期的航海实践中逐渐形成了由多数人分摊海上不测所致损失的方式——共同海损分摊。公元前916年罗地安海立法中规定:"为了全体利益,减轻船只载重而抛弃船上货物,其损失由全体受益方来分摊。"

现代海上保险由古代的巴比伦和腓尼基的船货抵押借款思想逐渐演化而来。1384年,在佛罗伦萨诞生了世界上第一份具有现代意义的保险单:承保一批货物从法国南部阿尔兹安全运抵意大利的比萨。

16世纪时,英国商人从外国商人手里夺回海外贸易权,积极发展贸易及保险业务。1720年,经女王批准,英国的"皇家交易"和"伦敦"两家保险公司正式成为经营海上保险的专业公司。

1688年,爱德华·劳埃德在伦敦塔街附近开设了一家以自己名字命名的咖啡馆。由于这里海事消息灵通,每天富商满座,保险经纪人利用这一时机,将承保便条递给每个饮咖啡的保险商。随着海上保险不断发展,劳埃德承保人的队伍日益壮大,影响不断扩大。1871年,英国议会正式通过一项法案,使它成为一个社团组织——劳合社。到目前为止,劳合社的承保人队伍达到14000人,其承保范围已不仅是单纯的海上保险。

(2) 火灾保险

火灾保险起源于1118年冰岛设立的Hrepps社,该社对火灾及家畜死亡损失负赔偿责任。17世纪初,德国盛行互助性质的火灾救灾协会,1676年,第一家公营保险公司——汉堡火灾保险局由几个协会合并宣告成立。但真正意义上的火灾保险是在伦敦大火之后发展起来的。1666年9月2日,伦敦城起火,大火整整烧了五天,造成财产损失1200多万英镑,20多万人流离失所,无家可归。在这种状况下,牙医巴蓬1667年独资设立营业处,办理住宅火险,1705年更名为菲尼克斯,即凤凰火灾保险公司。1710年,波凡创立了伦敦保险人公司,后改称太阳保险公司,接受不动产以外的动产保险,营业范围遍及全国。

进入19世纪,在欧洲和美洲,火灾保险公司大量出现。保险公司的形式以股份公司为主,承保能力有很大提高。随着人们的需要,火灾保险所承保的风险也日益扩展,承保责任由单一的火灾扩展到地震、洪水、风暴等非火灾危险,保险标的也从房屋扩大到各种固定资产和流动资产。19世纪后期,随着帝国主义的对外扩张,火灾保险传到了发展中国家和地区。

(3) 人寿保险

海上保险在产生和发展过程中,一度包括了人身保险。15世纪后期,欧洲的奴隶贩子把运往美洲的非洲奴隶当作货物进行投保,后来船上的船员也可投保;如遇到意外伤害,由保险人给予经济补偿,这应该是人身保险的早期形式。17世纪中叶,意大利银行家佟蒂提出了一项联合养老办法,这个办法后来被称为"佟蒂法",并于1689年正式实行。"佟蒂法"的特点就是把利息付给该群体的生存者。

著名天文学家哈雷在1693年编制了第一张生命表,精确表示了每个年龄的死亡率,提供了寿险计算的依据。18世纪四五十年代,辛普森根据哈雷的生命表,作成依死亡率增加而递增的费率表。之后,陶德森依照年龄差等计算保费,并提出了"均衡保险费"的理论,从而促进了人身保险的发展。1762年成立的伦敦公平保险社是真正以保险技术为基础设立的人身保险组织。

2) 中国保险业的发展

1978年12月,党的十一届三中全会宣布实行改革开放的重大决策。1979年11月,全国保险工作会议正式宣布恢复国内保险业务,中断了近二十年的保险业自此逐渐恢复生机。保险行业经历了企业制度改革、市场化改革和监管制度改革,逐步融入国际保险业发展的大市场。

在社会主义市场经济体制改革的背景下,2003年7月,经国务院同意、原中国保监会批准,中国人保、中国人寿、中国再保三大国有保险公司落实重组改制及更名工作,相继完成股份制改革。随后,多家保险公司陆续完成股份制改造,公司管理模式和股权结构得到极大改善。而在1988年及以后所成立的保险企业,多数在筹建时期即确定为股份制企业。中国第一家股份制保险企业中国平安保险股份有限公司于1988年在深圳蛇口正式成立,1991年5月13日,经中国人民银行批准并成功设立为全国性股份制商业保险公司的中国太平洋保险股份有限公司成立。

中国保险企业制度改革在早期完成国有企业向股份制企业改革后,逐步推进本土股份制保险公司的筹建进程,此举成功将中国保险企业引向国际化轨道,形成新的监管和激励运作机制,促进企业经营管理高效化变革。此后,随着保险业的快速发展,国内保险企业陆续在境内外上市。截至2017年,已有中国人保、中国人寿、中国平安、中国太保、中保国际、民安控股、新华保险、太平洋保险、中国太平等近10家保险公司挂牌上市。

2017年,保险全行业共实现净利润2567亿元,同比增长近30%;中国平安、中国太保、中国人寿和新华保险自2012年起总投资收益率保持在3%~8%,四大保险企业的寿险营销员队伍也以超过10%的年增速扩大至几十万至上百万人。

改革开放以来,保险业务恢复后的前20余年,中国保险业基本处于追求保费收入阶段,保险企业积极扩张保险业务范围以争夺市场份额。然而,随着行业垄断态势明显、小企业生存空间狭小、保险产品同质化现象严重、业务覆盖人群过于重叠等不利于行业健康发展的问题相继出现,股份制企业过度关注市场份额扩张和短期股东收益的销售理念及模式的弊端逐步显露。

结合当下时代背景来看,随着移动互联网、物联网、大数据和人工智能等前沿技术在保险行业的广泛应用,市场精准细分逐渐成为可能。企业为提高经营能力开始普遍加大科研投入力度,通过准确定位目标客户群体,提高企业业务效率和客户忠诚度。这亦是改革开放至今保险业技术变革的一大表现。

3)典型职业

保险公司的业务活动可粗略分为:保险的销售、保险的审核和办理、保险产品的设计、保险资金的运用。

根据2015年版《职业分类大典》的分类,保险服务人员包括两个细类职业:保险代理人和保险保全员。保险专业人员则对应了四个细类职业:精算专业人员、保险核保专业人员、保险理赔专业人员和保险资金运用专业人员。

职业教育主要对标前两类活动,即保险服务人员。

(1)保险代理人

保险代理人,通俗而言,就是保险的销售人员,其资格证书属于社会鉴定的技能等级类资格,因此经历了从国家规定上岗必备到由行业、企业进行社会化管理的一个变化过程。

保险代理人是指根据保险人的委托,在保险人授权的范围内代为办理保险业务,并依法向保险人收取代理手续费的单位或者个人。在现代保险市场上,保险代理人已成为世界各国保险企业开发保险业务的主要形式和途径之一。

我国从1999年到2015年8月,规定从事保险营销活动的人员必须首先参加中国保险监管部门统一组织的保险代理从业人员资格考试,取得资格证书。《保险代理从业人员基本资格证书》由中国保监会统一印制,对个人具有从事保险营销活动资格的认定作用。

参加资格考试的人员要求具有初中以上文化程度。

保险代理人员领取《保险代理从业人员基本资格证书》后,取得从事保险代理业务的资格。但《保险代理从业人员基本资格证书》是中国保险监管部门对具有保险代理能力人员基本资格的认定,并不具有执业证明的效力。保险代理人的执业证明是由中国保险监管部门统一监制的《保险代理从业人员展业证书》,保险代理人若在保险代理机构从事保险代理业务,则由保险代理机构核发《保险代理从业人员展业证书》。保险代理机构不得向未取得《保险代理从业人员基本资格证书》的员工核发《保险代理从业人员展业证书》。

2015年8月18日,在资格证书制度整改背景下,中国保监会下发了《关于保险中介从业人员管理有关问题的通知》,通知中明确阐述了资格证书不再作为执业登记管理的必要条件,从业人员只需由所属公司到中国保监会保险中介监管信息系统进行执业登记;通知并要求保险公司和保险中介公司依据保险法的第111条和第122条规定,规范保险代理人准入,严肃从业资格甄别,加强专业培训。

个人代理人的业务范围仅限于代理销售保险单和收取保险费,不得办理企业财产保险和团体人身保险。另外,个人代理人不得同时为两家(含两家)以上保险公司代理保险业务;转为其他保险公司代理人时,应重新办理登记手续。

保险代理人具体工作内容如下。

- 负责代理推销保险产品,协助保险公司进行损失的勘察和理赔。
- 向消费者宣传保险知识,解释保险条款,点评产品,分析个人财务需要。

- 为消费者设计保险方案,制订保险计划。
- 协助客户挑选保险公司的优势产品。
- 协助客户办理相关投保手续(签订保单、送达保单、保单维护、保费收取)。
- 根据客户的需要,为其提供优质的售后服务。
- 定期回访老客户,维护潜在客户。
- 投保人出险后,协助其向保险公司进行理赔等。

(2) 保险保全员

保险保全员属于核保专业人员,是对发生了保险合同所述情形时对情况进行评估的事务人员。

以常见的汽车保险定损员为例。为了满足保险估损行业对人才的需求,保证我国汽车保险估损行业的健康发展,国家劳动和社会保障部职业技能鉴定中心2002年颁布《关于开展汽车维修专项技能认证试点工作的通知》(劳社培就司函〔2002〕60号),推出了汽车保险定损员认证证书,制定了汽车保险定损员认证标准,撰写了培训教材,命制了国家认证考题。国家职业鉴定专家委员会汽车维修专业委员会、全国汽车维修专项技能认证技术支持中心授权面向全国开展"汽车保险定损员"的培训与认证鉴定考核工作。目前,劳动部的汽车保险定损员职业资格证书是汽车保险定损行业中唯一的国家级合法证书。

汽车保险定损员需了解汽车保险的相关法律法规,正确理解常规保险合同条款。具体工作内容如下。

- 熟悉事故车保险理赔程序和事故勘查方法。
- 掌握汽车构造知识,主要是当代轿车广泛采用的承载式车身结构。
- 懂得汽车碰撞损坏机理,能够对事故车的受损情况进行正确的分析。
- 熟悉事故车的修理工艺和流程。
- 知道如何精确计算事故车维修的零件费、工时费,熟悉估损单或维修任务单的填写方法和要领,具备计算机操作技能和汽车英语阅读能力。

可以看到,汽车保险定损员是一个典型的复合型岗位,更多需要汽车修理工艺、流程及核算知识,其职业教育方案对现实形成了一定挑战。

习 题

- 请说明市场营销成为专门行业的时期和社会背景,并说明此后的观念变迁及其背景。
- 请列举会计中初级的具体岗位、工作内容及其对于企业经营的意义,并说明技术的发展对其工作方式和内容的可能影响。
- 请列举并分析物流分类标准的意义;列举物流行业初级和中级的具体岗位;简要说明物流业发展的不同阶段及其核心挑战,并展望未来的发展趋势及其对岗位工作内容和方式的影响。
- 请说明金融服务和保险服务形成的时期和背景,以及当前社会和技术发展趋势下这两个行业初级和中级岗位的发展趋势。
- 请阅读以下案例,在理解企业组织特点的背景中,分析其中涉及的会计岗位、职责,描述其职业生涯发展路径。

从小会计到集团总账[1]

申 林

会计和我结缘已经 14 年了,从懵懵懂懂地选择了会计类专业到初入职场,从集团下级公司费用会计到集团总账,这一路走来,会计与我相知相伴,风雨同行。旅程中,有拼搏的汗水,有失败的泪水,也有成功的喜悦;既欣赏了沿途的风景,也品尝了会计带给我的甜美果实。

十四年前的初遇

还记得那是 2005 年夏天的一个晚上,全体亲戚都聚在一起为我的高考志愿填报出谋划策:有建议学英语的,毕业后工作选择面广,永远不落伍;有建议学师范的,每年有寒暑假,职业受人尊敬,收入还不差。公说公有理,婆说婆有理,但没有一个人建议我学会计。当我提出想学会计时,亲戚们都很诧异,议论纷纷:会计有什么好学的啊,不就是管钱打算盘嘛,学出来就是账房先生啊,你外婆在农村生产队的时候还兼职过会计呢。最后我还是坚持了自己的想法,填报了众多高校的会计类专业,最终被南京财经大学财务管理专业录取。这是我为自己人生做的第一次重大的选择,落棋无悔。

---

1. www.kcp.mof.gov.cn. 2019-03-27.

我与会计的初识

2005年金秋,我怀着憧憬和期许,带着忐忑和一丝不安,第一次出远门,一个人从祖国大西南的一座小城,辗转两趟火车,出盆地,跨秦岭,上高原,过中原,下江南,经过一天两夜,远行千里来到古都南京,开始了我的求学生涯。面对大学纷繁的课程和图书馆海量的藏书,从开始的手忙脚乱到逐步适应,我像海绵一样,不断汲取其中的营养,壮大自己。从最开始的会计学原理到中级会计学、高级会计学,从"有借必有贷,借贷必相等"到合并报表,通过老师的教育和自己的汗水,我的会计知识体系逐步搭建起来,内容也慢慢丰满。大二时我开启了会计考试之路,参加了会计证考试,三门一次性通过,取得了人生中第一本会计证书。我再接再厉,向更高目标发起冲刺,经过努力拿下了注册会计师经济法科目考试,当年参加考试的同学只有2人通过了单科目。可能是取得一点成绩有点飘飘然,大三时尽管暑期留校花了一个暑假的时间来准备,但是有限的时间却沉迷于小说、电影中,低效的复习和自我放纵,导致第二次注会考试三门科目全军覆没。我备受打击,我的会计考证之路也由此戛然而止。

职场泛舟

凭借大学期间的优异成绩和出色表现,大四上半年我就敲定了工作单位,这是我人生中又一次重要的选择。到现在我还清楚地记得,2009年6月25日,星期四,天气晴,我正式入职江苏省天然气有限公司,信心百倍地开启了我的会计职业生涯。然而踏入职场,才知理论的简约,实务的复杂。因为对单位情况不熟悉,人生中的第一张凭证因为成本中心分摊、工程辅助核算项、现金流辅助核算项选择错误等问题,前前后后反复修改十余次,历时快2个小时才完成,我倍感沮丧。但是一时的困难并没有打垮我,靠着扎实的理论知识和基本功,通过加强对公司业务的学习,我迅速成长起来,从费用会计入门,半年提升为公司总账,不到三年便被提拔为公司财务主管。

学无止境

准则、法规不断更新,大学四年学到的知识已逐渐开始落伍,为了更好的发展,永远也不能停下学习步伐。2010年,我重启了会计考证,用以考促学的方式提高自己。为了利用大学自习教室,在东南大学附近合租了只有不到5平米的小房子,开启了公司、宿舍、学校三点一线的生活。历时7年,跨越新旧两个考试制度,我终于如愿以偿通过了注册会计师考试全部科目。与此同时,会计职称考试我也没有落下,利用注会的底子,两面开弓,2012年轻松拿到初级职称证书，2013年在准备注会综合阶段考试的同时一次性通过了中级职称三门考试。

取得中级职称后，尽管还需等待5年，我已对照高级职称考试及评审条件开始着手进行准备，在达到报名条件的第一时间，我就报名参加高级职称考试。当时我已到集团总部工作，集团总部财务部藏龙卧虎，先后有三位江苏省会计领军人才，近10位高级会计师，还有注册会计师、税务师、ACCA等，其中一位同事高会考试位列全国金榜，这给了我很大的鼓励和鞭策，我铆足了劲要在高会考试中取得好成绩。然而对于一个上有老下有小的80后而言，时间和精力总感觉不够用，上班时极其忙碌基本没法看书，下班回家总会被各种琐事牵绊，真正无人打扰的时间只有晚上了。家人的支持鼓励给了我莫大动力，为了能提高复习效率，下班后我留在办公室复习，多少个夜晚，空旷无人的办公室里都留下了我复习的身影，仿佛又回到了上晚自习的学生时代。通过四个月的精心复习，我把教材了然于胸，将网校所有课程都学习完毕，对练习册题目都逐一掌握。功夫不负有心人，我在2018年的高会考试中取得95分的好成绩，位列全国第55名、江苏省第4名，并有幸受邀参加了财政部会计资格评价中心在北京国家会计学院举办的全国优秀考生交流活动。凭借优良的工作业绩和优秀的考试成绩，在2019年的江苏省高级会计职称评审中，我获评委全票通过，顺利拿到了高级会计师职称证书。学海无涯，高级职称并不是学习的终点，会计领军人才和正高级会计师是我今后的奋斗目标。

考证之路漫长而艰辛，但拿证不是目的，而是一个提高自己专业能力的手段。感谢财政部会计资格评价中心和注册会计师协会给广大财务人员创造的机会。

职场进阶之路

几年的会计考证学习，磨练了我的意志，提高了我的理论水平，同时，我注重学以致用、用以促学、学用相长，我成为公司财务上的代表人物，大家有财务问题首先想到找我帮忙解决。我先后把报表、分析、预算、营收、税务、成本费用、资产甚至出纳岗位都做过一遍，对单位工作了如指掌。我在下属单位的优秀表现入了集团领导的法眼，通过选拔，2016年6月，我有幸被借调进入集团总部财务部，随后经过一段时间的考察，正式关系被转入集团总部，工作层次上了一个台阶。面临新的工作环境和工作内容，我如同初入职场一样茫然过，在原单位是单户报表，业务相对比较单一，忙好自己公司的一亩三分地就好；但集团不一样，不仅有300余家各类参控股企业，而且广泛分布于能源、金融、地产、贸易、酒店、园区运营、医药商业、电影放映等诸多行业，工作难度和工作量比较之前有了质的提升。与此同时，随着集团财务总监委派制度的施行以及业务的拓展，财务部老员工都陆续被外派，和我搭档的基本都是才入职的大学生，在完成日常工作的同时还要做好传帮带，工作压力进一步加大。面对诸多困难，一方面我抓紧时间花大力气熟悉集团情况，对集团业务情况和财务状况都了然于胸；另一方面，针对性地对比如长期股权投资、金融资产、企业合并、合并报表等知识强化学习，同时抓住有限的时间向部门经验丰富的老同事请教。双管齐下，我迅速站稳了脚跟，半年时间先后接手了集团本部总账和集团总账。

前进的路没有尽头

在这个大数据、智能化的时代，科技的发展日新月异，技术的创新层出不穷，低端会计人员被取代的趋势愈发明显，只有顺应时代的潮流，才不会被时代淘汰。集团适时开展了大规模的信息化建设。作为财务模块建设的主要参与者，我投入了大量精力，首先借助ERP系统建设的有利时机，统一了集团各大板块所有级次的会计科目，同时对财务业务流程进行了标准化。其次对报表系统进行再造，结合集团实际情况，一方面充分利用ERP系统数据互联互通的特性，强化了系统的自动化水平，提高效率的同时也丰富了报表内容；另一方面通过固化规则，统一列报方法，保证报表按既定规则编报，提高了报表质量。

前进的道路永远没有尽头，在现有信息化基础上，集团启动了财务共享中心试点建设工作，计划在智能化、集约化方面作更多的探索。我们没有走大多数单位的老路，没有在同质化企业中开展财务共享建设，而是挑选了包括集团总部在内的4家处于不同行业、不同发展阶段的公司作为财务共享建设的试点单位，结合集团国有资本投资公司改革任务，想走出一条与众不同的路来。尽管困难很多，作为主要牵头人我信心十足，即将建设的财务共享中心一定会是国内一流的共享中心！

从懵懵懂懂到学业有成，从下级公司的小会计到大集团公司总账，这是我这14年与会计相识相知的故事。这其中，有收获有遗憾，有欢颜也有泪水，一路走来，回首望，我可以肯定地告诉十四年前的自己，你的选择没有错！

（作者单位：国信集团财务部，本文刊登于《管理会计师 & 会计职业生涯》2019年第6期，有删节）

第三编

商科职业教育

第六章　模式和专业

随着社会发展、技术变迁,商业从业者的培训与培养在模式上发生着深刻变化,而职业活动一直构成其学习内容的焦点,人员培养中对职业的分析与研究也始终构成挑战。

> **思　考**
> - 商科职业教育模式有着怎样的发展与变化?
> - 商科职业教育专业与商科职业有哪些区别和联系?
> - 一国职业教育办学模式的形成有哪些可能的影响因素?

一、古代学徒制

原始社会的职业教育寓于生产与生活母体中,紧随五次社会大分工,出现了职业分化,专业教育开始萌芽,以血缘关系的"家学"传递为主要教育途径。奴隶社会士农工商"四民分业",职业教育专业大类初步形成。封建社会"明体达用",职业教育专业设置走向自觉。东汉汉灵帝时期创立的鸿都门学是中国历史上第一所职业学校,主要以文学、艺术作为教学内容。这一时期虽然没有专门的专业设置,但专业性较强的教材相继出现,商业类如《货殖列传》等。魏晋南北朝时期的"分业定数"对行业、人群进行了职业分类,并进行了职业规范要求。唐朝开始制定独立的教育管理体制,国家统一颁布实科教材,开始实施学制安排、分科教学及选课制度,专门学校制度一直沿用到清末维新教育运动之前。

在漫长的封建社会,商业知识和技能的传承方式主要有两种:一是传统的学徒制,通过师傅的传帮带使学徒获得经商技能;二是靠民间流传的一些记载经商之道的商业书籍传播商业知识。人类社会工商业发展中,学徒制是最早、也是最主要的商业教育模式,作为一种职业教育形式曾广泛存在。

一般人若要入行经商并获得认可,大多要先到店中当学徒,否则很难在这一行业立足。明清时期"行会"组织的盛行催生了行会学徒制,学徒经历成为取得经营工商业资格的重要条件。如史料所述:"商事尚无学堂,必须投入商号学习。故各种商号皆收徒弟。"由于我国素有注重人际关系的社会文化传统,商号掌柜的事业继承和经商秘籍的传授,表现出很强的"血缘""地缘"特征。行业帮会在其中也发挥着重要的作用。商号掌柜在录用学徒时会先选择自己家族的后代或者乡邻。一般人想进入商号学习,必须要一位有名望、有信誉的人保举。如我国历史上影响最大的商帮之一晋商在录用学徒时就采用严格的"保举制"。当时商业学徒制教育的形式通常是,受过一定启蒙教育的学徒,寄居店东家中,由店东提供衣食住行,学徒在跟随资深店员或店东掌柜的经商实践中,靠"前辈"们的言传身教,接受从跑堂、司酒、敬茶等基本商务礼仪训练,到记账核算、鉴认金银品色、识别货品真伪和等级等专业培训,乃至商业道德操守的培养。经过一定的培养期(通常是三年),学徒结业后,可被留用或另立分号。如在明清徽商学徒制中,学徒结业被留用,就可升为"伙计";如果经营有方,还可能进一步提升为"掌计"(相当于经理)。比如歙县(徽州府治所在地)典商许氏,在江浙一带拥有质库40多所,聘用的掌计、伙计等管理人员将近两千人,足见学徒制人才培养方式在当时的商业教育中盛行[1]。

早期商业学徒制流行,原因多种:首先是因为这种人才培养模式简单、实用而且有效,符合当时的商业发展需要;其次是因为当时的商学知识简单、零散,尚不能构成商学体系;再次受"重农轻商"思想的影响,教人如何盈利、如何记录和核算数目的商学难以作为堂皇的学问而登大雅之堂,只能以师徒制方式在民间传承;最后,学徒经历对入行立足和事业发展至关重要,店东在学徒期不仅传授学徒经商技能,更要培养学徒诚信、正直、谦让、吃苦、勤俭的优良品质。学徒期实际上是一个道德教育和人才筛选过程。

二、近代学校制

1. 近代学校制

民国时期,我国商业学徒制逐渐衰落,商业学校教育正式形成。

---

1. 李明武.学徒制 vs 学校制——我国商学教育的变迁与展望[J].职教论坛,2015,(1):88-91.

从根本而言，学校制培养方式取代商业学徒制，是近代商业和商学发展的必然要求。近代，商业组织日益复杂，涉及银行、运输、保险、仓储、海关等诸多部门，时代发展对商人的知识结构与素质提出了更高要求，而商业运营、理财核算、组织管理的法则与理论复杂化程度则与日剧增，导致商学作为一门科学兴起。商学成为一门综合性的应用科学之后，商业教育的内容就从单纯的商业技能教育扩展到商业理论知识的传授。

19世纪后期，在上海、广州等通商口岸，兴起了一些以教授外语与商务知识为主的书馆、夜校和补习班。1902年清政府确定的"壬寅学制"中，首次将商学教育纳入正规的学校教育体系中。再经由"癸卯学制"，到民国的"壬子学制""壬子癸卯学制""壬戌学制"，现代教育体系和学制不断完善，商科一直是其中的一个重要门类。商业教育最低一级相当于中等教育，商业高等教育则分为专门商业学校和大学商科两类。"壬戌学制"及其商学教育体系基本为后世所沿袭。

1949年以后，我国商学教育发展很快，尤其是改革开放以来，在各种教育层次上，商科都是最热门的学科。国外亦是如此：德国60%的双元制培训合同都以商科职业提供。

改革开放以来，国内形成中等专业学校、技工学校和职业高中三分的发展路径。其中商科在中专和职业高中都占有较高比例。

商科教育与工科技术教育有很大区别。工科专业以培养"硬"技能为主，即显性技能，不仅具有重复性，而且可以通过物化或量化的标准对学生的技能加以检验。商科专业则多以培养"软"技能为主，即隐性技能，缺少量化或物化的检验标准，一方面难以为学生提供一套量化的技能训练指导标准；另一方面也不能及时准确地对学生的技能掌握情况做出量化的判断和鉴定。商科计划并运用某种理论或策略作出决定，在任务实施过程中，表现为相当的灵活性和变通性。[1]

当前，《国家职业教育改革实施方案》（简称"职教二十条"）确立了职业教育将作为类型教育的地位；中国也已步入高等教育大众化时期，教育结构、教育功能和教育价值正在重塑，是人类技能从以动作技能为核心、走向以智力技能为核心的过渡期。

---

1. 徐恒山,丁明利,张丹.商科及其职业教育的特征和模式[J].中国市场,2014(4):58-60,69.

互联网时代新业态的发展,更促使学界提出"新商科"建设口号,要求新商科人才拥有计算思维、数据思维、交互思维、哲学思维、伦理思维和美学思维[1]。

2. 商科专业

1) 设置原则

我国高等学校和职业学校都以"专业"为基本的组织形式,但前者称为"专业教育",后者在不同时期有不同之名称,也曾被称为"中等专业教育",当前则被称为"职业教育"或者"职业技术教育"。这与"专业教育"一词所负载的社会文化意涵有着根本关联,本书第一章中已有论述。

1949年以后,为了适应计划经济的需要,中国开始转向模仿苏联,在高等教育中系下设专业,作为基本的教学组织单位,形成了从中等(中专)到高等(专科、本科)一体化的专业教育体系。

专业教育中,专业成为教育和社会经济的接口,是教育与职业之间的桥梁和纽带。职业分类针对的是社会职业,是对各类型现实活动的一个梳理。然而,从职业教育的角度而言,不可能针对所有的职业进行教育和培训,教育专业因此必然要对社会职业作进一步的浓缩,所以教育专业的数量比社会职业的数量要少得多,分类的原则也不一样。姜大源[2]将教育专业与社会职业之间的关系比喻为"白箱",即从一组已有的或新涌现的相关职业分析入手,通过职业分析的方法列出这些职业所需要的知识点、技能点以及对工作态度的要求,再根据职业环境和职业能力的同一性原则,对各职业的共同点进行归纳。如果一组相关职业具有共同的基础文化要求、共同的专业基础、相近的专业技能,而且具有共同组织专业教学的可行性,有适宜的培养规模和必要的教学条件,就可以将其作为一个专业。

学生通过专业学习,掌握专业知识和专业技能,为从业和未来生活作准备。职业教育的专业设置与一定的社会生产力相关,与本地区的科学技术发展、社会经济发展水平和产业结构有密切联系。职业教育专业作为技能人才培养的基本单位,承担着为产业提供人才、技术支撑的重担,是产业发展的重

---

1. 申琦,石伟平. 互联网时代我国商科职业教育的创新发展[J]. 无锡商业职业技术学院学报,2019,19(1):1-5.
2. 姜大源. 职业教育专业划分的方法[J]. 职教通讯,2002(7):5-8.

要推动力。因此,职教专业与产业发展的关系一直是相关研究的重点。如就专业设置与区域产业需求耦合性分析、专业结构适应区域产业结构动态调整机制分析、专业人才培养模式适应区域产业发展的分析,刘晓借鉴经济学中的发展型式理论提出产业结构—就业市场—产业技术的三维框架[1]。

机器大工业出现以来,职业教育专业日益增多;随着电气化、自动化、信息化和数字化技术的发展,其数量和结构又都经历了大幅调整。各国中等职业教育专业的数量不尽相同。同一行业领域里若干个专业组成专业大类,一个专业往往覆盖一个或若干个职业岗位,前者成为典型的"窄专业",后者成为典型的"宽专业"。基于专业培养目标,为适应社会多样化需求并确保学校教育的统一性,在"宽专业"下可以开设若干专门化的培养方向。

我国的社会职业分类与中等职业学校的专业划分,充分体现了职业与专业的紧密关系,但社会职业与教育专业之间的关系并非紧密的耦合,如何实现专业设置与产业发展之间的动态调整机制,是其中的最大挑战。中国这一调整目前主要还是地方和学校层面的事务,但需在国家规定的框架下展开,即需要一种审核机制。地方和学校的办学自主权相对较高,但也带来不规范、不科学等问题,其对地方和学校专业及课程开发资源要求较高,地方和学校之间差异也较大。德国自20世纪70年代以来,通过联邦职教研究所、劳动和职业研究所等专门机构,统筹实施职业资格需求研究,开展职业教育专业设置调研、协调及标准制定工作,在联邦层面统一调控;将专业的教育标准、课程标准和考试标准合为一体,有较高的规范性。

许多国家采用"人力需求法"来预测职业教育的专业发展规模,即通过未来某一时期社会经济部门对各种专业人才的需求预测来确定职业教育人才培养结构。但这一方法存在严重缺陷,即预测的每一个步骤均存在较大的误差可能性,并且忽略了各种专门人才之间本应具有的一定的相互替代性。如何根据产业结构的演变趋势科学合理地建构职业教育专业结构,仍存在挑战。

专业的形成发展一般具有继承特点,新专业往往是在原专业基础上发展而形成的。随着科学技术和社会发展的需要,专业的形成发展有两种趋势:一种是专业细分深化,在原专业的基础上形成若干新的分支专业,并且与原专业共存;

---

[1]. 刘晓,钱鉴楠.职业教育专业建设与产业发展:匹配逻辑与理论框架[J].高等工程教育研究,2020(2):142-147.

另一种是综合融通,多门专业相互作用、相互渗透,形成一门新的专业。

我国中专专业目录强调服务于国家经济社会发展和科技进步,服务于行业企业人才需求和学生就业创业,服务于职业生涯发展和终身学习。当前重点发展的行业:现代农牧业、先进制造业特别是装备制造业、现代服务业和战略性新兴产业,加强服务区域特色产业,尤其是民族文化艺术、民间工艺等领域的专业建设。

当前我国中专专业设置中强调五个对接:专业与产业、企业、岗位对接,专业课程内容与职业标准对接,教学过程与生产过程对接,学历证书与职业资格证书对接,以及职业教育与终身学习对接,努力构建与产业结构、职业岗位对接的专业体系。但这种对接与教育性原则的关系在学理上还有争议,在资源和模式上能否提供保障也是持久的现实挑战。

2) 中职专业

(1) 中国现状

商科是一个泛称,凡是研究企业经营及其管理的科目都可以包括在内,如商务管理、一般商务、其他商务与管理、会计、管理信息系统、文秘以及市场营销、物流、供应链和部分金融科目等。总体而言,商科是一门实践性很强的学科,众所周知的 MBA 教育就是典型的商科项目。在我国中等职业教育专业目录中,它被称为财经商贸类,主要涉及各类型商品经营活动中销售、储运、推广、核算等业务环节,具体包括 21 个专业,培养目标是商业一线的实践工作者,涉及三个产业。

为了推动中等职业教育改革创新,更好地支撑产业建设,服务经济社会发展,促进中等职业教育专业设置与职业岗位需求相吻合,指导中等职业学校科学合理地设置专业,教育部定期组织力量对《中等职业学校专业目录》(以下简称《目录》)进行修订,当前最新的版本是 2010 年版。

《目录》是国家对中等职业教育进行宏观管理的基础指导性文件,是中等职业学校设置与调整专业、实施人才培养、组织招生、指导就业,以及行政管理部门规划专业布局、进行教育统计和人才预测等工作的主要依据,也是学生选择就读专业、社会用人单位选用中等职业学校毕业生的重要参考。《目录》适用于实施高中阶段学历教育的各类中等职业学校。

按照教育部的要求,各地要对照《目录》对本地中等职业学校当前开设的专业进行调整更新。与《目录》专业不一致、经论证确需保留的专业,可列为本省专业,纳入国家统计。教育部对《目录》实行动态管理,每3年对《目录》进行一次修订。其间,将根据经济社会发展对人才需求的变化和各地专业建设情况,适时发布补充《目录》。但专业设置管理办法还未明确,制度还需完善。

《目录》修订参考《国民经济行业分类2002》、《三次产业划分规定2002》、《全国人才市场供求信息分类标准2000》、《中华人民共和国职业分类大典》、各批新职业目录以及现行的职业标准、《普通高等学校高职高专教育指导性专业目录(试行)》和《普通高等学校本科专业目录》等,促进中等职业学校的专业设置对接产业、企业、岗位和生产过程,对应专业技能、职业岗位、职业标准。

按照《目录》,中国当前中等职业教育的专业领域共分为19大类,其中第12大类财经商贸类即本书所称之商科。财经商贸类下又分21个专业,包括会计、会计电算化、统计事务、金融事务、保险事务、信托事务、商品经营、专卖品经营、连锁经营与管理、市场营销、电子商务、国际商务、商务外语(包括英语、日语、德语、韩语、法语)、物流服务与管理、房地产营销与管理、客户服务等。

这些专业与行业和职业的联系交错融合。可以看到,其中多种原则混用:

· 有基于行业的区分:会计、金融、保险、信托、商品经营、国际商务。
· 有基于业态的区分:电子商务、连锁经营与管理。
· 有基于商品品类的区分:家电商品经营、医药商品经营、珠宝玉器经营、食品经营、建材家居经营,以及基于法律法规要求需要单列的专卖品经营。

其中的专业分类也有一些值得商榷之处。如会计电算化随着数字化技术的发展,已经成为内嵌在会计各个岗位和环节的基本技术,甚至成为会计的典型工作环境,未来可能需要独立设置专业。

一个中专专业常对应多个从业资格性质的职业资格,如会计专业对应1999年版《职业分类大典》中8个不同的职业资格,商品经营专业对应10个不同的职业资格。这充分说明我国职业资格覆盖面较小,呈模块化态势。中专专业目录与高职高专专业目录并非一一对应,常会出现一对多、多对一的交叉和重复。其中相对应的有:会计电算化、财务管理、会计与审计、统计实务、金融管理与实务、金融与证券、证券投资与管理、投资与理财、保险实务、医疗保险实务、市场营销、市场开发与营销、营销与策划、商务管理、连锁经营管理、电子商务、国际商务、商务外语、物流管理、房地产经营与估价、土地资源管理等。高职高专金融领域的专业细分度高过中专,在专业重心上则与中职有所区别。

（2）美国实践

20世纪90年代后期开始,美国中等职业教育已经从针对工作岗位的特殊职业培训,发展到为更广泛的职业生涯群(career clusters)提供课程学习。目前,美国教育部界定的16大职业生涯群是:农业和自然资源、商业和行政、教育与培训、医疗保健科学、人类服务、法律与公共安全、政府和公共行政、科学研究/工程、艺术与科技及通讯、建筑设计与建筑工程、财经、接待服务与旅游、信息科技、生产制造、零售/批发和服务、交通及物流配送。

每个职业生涯群设置了2～7个职业生涯途径,包括从入门水平到专业水平的所有职业,由此形成了一个横向体现职业生涯大类、纵向体现知识和技能层级的职业生涯群结构。同时,它已经成为美国教育机构提供职业教育的主要分类依据。基于职业生涯群的课程模式提供的是职业生涯群内的教学,而非针对某一特定职业的教学,如建筑职业生涯群的学生可能接受木工、泥工、读图纸、铅锤测量以及电工等行业的教学,这样,学生就可以在一个广泛的职业生涯群中,选择适合自己的职业生涯发展道路,从而消除狭隘的职业训练的弊端,适应劳动力市场需求的变化。

美国中等职业教育通常包括以下三类课程。

·特殊的劳动力市场准备(职业教育)。教授某一特定职业或一系列相关职业所需要的技能和知识,如医疗保健、商业以及食品服务等职业生涯领域。

·一般的劳动力市场准备。提供非特定职业领域所特别要求的一般就业技能,如打字或键盘操作、介绍性的科技教育、职业生涯教育和一般工作经验课程。

·家庭与消费者科学教育。目的是让学生为有偿劳动力市场以外的家庭和消费者角色做好准备。

（3）德国教育职业

德国双元制职业教育专业划分采用职业性原则,即为"国家承认的培训职业",相当于我国的专业《目录》。这一全国统一的专业目录由德国联邦职业教育研究所制定并由联邦经济部与联邦教育部会签后颁布,其培训内容也由具有法律效力的、全国统一的"职业培训条例"规范。双元制的办学机构包括培训企业和职业学校及其教育主管机构,再根据国家公布的专业目录以及相应的主客观条件,来选择和决定企业或职业学校开设的专业。所以,在德国双元制体系中,专业划分是联邦政府行为。而在办学机构专业设置的过程中,有根据自身教育条件的企业行为,又有学校行为与地方政府行为,但学校的专业设置主要是由州教育部根据区域经济结构决定的专业布局来确定的。

三、现代学徒制

1. 概述

从传统学徒制向现代学校制的方向转变并不意味着学徒制就此退出历史舞台,商业学徒制仍然以不同形式保留和发展。当今的"校企合作"模式中就隐含着学徒制实践性教学因子。而德国更是在现代学校教育中保留了学徒制的模式,形成了双元制培养的形式。

由于学校教育远离职业实践,与工作世界脱离,职业教育课程面临日益"学问化"等根本性问题,一直受到各界质疑,这也成为影响职业教育发展的根本性挑战。德国双元制作为现代学徒制的代表,随着德国经济社会的成功而广受关注,其核心特征便是采取了工学交替的双元教育模式,结合了学校本位与工作本位的学习,为职业实践能力暨工匠精神的培养提供了支持,从而切实支撑起了德国的精密制造,较好地实现了从学校到企业的重要转换,有效地降低了青少年失业率。

因而,从 20 世纪 80 年代开始,西方各国纷纷仿效德国双元制,德国也致力于双元制的国际传播,掀起现代学徒制研究与实践的高潮。作为官方正式用词,"现代学徒制"说法最先出现于 1993 年英国政府的"现代学徒制计划",不过从 2004 年开始,英国在新一轮计划中不再采用这一名称。21 世纪以来,我国为推进职业教育办学模式的改革,大力倡导工学结合,现代学徒制这一术语随之成为近些年来中国职教界热词。

粗略而言,实行现代学徒制的国家可分为两大系统:北欧系统和盎格鲁撒克逊系统。北欧系统以德国为典型,丹麦、奥地利、瑞士等属于这一类型。这些国家普遍有重视职业教育与培训的历史传统,相关立法较为完善,企业参与职业培训的责任感与热情较高。普遍采用双元制培训学徒,企业与学校分工、合作明确。

盎格鲁撒克逊系统以英国为典型,爱尔兰、澳大利亚、加拿大等属于这一类型。企业培训传统一般为"自愿自助",企业投入职业培训的意愿较低。国家比较注重普通教育,职业教育的地位相对较低,人们对学徒制的态度比较负面。但自 20 世纪末以来,这些国家在政府大力推动下进行大力度的改革,接受学徒制培养的人数显著增加。

与传统学徒制相比,现代学徒制与正规教育系统的结合更为密切,更注重基础理论与通用技能的培养,并出现了第三方培训机构,如德国的跨企业培训中心,德国的双元制实际上在三个学习地点运行。

现代学徒制的"现代性"体现为:功能目的从重生产性到重教育性,教育性质从狭隘到广泛,制度规范从行会层面上升到国家层面,利益相关者机制从简单到复杂,教学组织从非结构化到结构化[1]。

现代学徒制与学校制职业教育的关键区别是,学徒制教育与职业紧密关联,在教学资源上可充分利用职业实践情境,在教育结果上与一国职业资格体系联系紧密。

2. 德国实践

欧洲国家具有长期等级文化历史,基本施行普通教育与职业教育(技术教育)的双轨分流制,但表现形式各有不同。

在洪堡时代的德国,职业教育的概念还比较宽泛,它不仅为工业社会中下层社会青年提供确定的职业训练,还为每一级职业活动,如军官、商人、手工业师傅等中间等级职位提供训练。但到19世纪末,职业教育概念变得狭隘,专指为下层社会青年提供的职业训练。20世纪初,参加专业工人训练的部分时间制学校被德国技术委员会称作技工学校。然而,这一名称最终未被人们接受,这类学校被称为"职业学校"。"职业训练"和"职业学校"的概念作为专业工人训练特有的标志,于20世纪20年代中期在工人和企业主阶层得到了广泛传播,并借助德国职业教育与产业的影响力流传国际。

1) 职业性原则

作为上千年历史的产物,职业作为劳动分类的基本模式和基准概念在德国就业体系和企业的劳动组织、职业教育体系、个人从业生涯和社会经济声望划分等多个领域和层级发挥着重要作用,德国因而被称为"职业社会"[2]。德国职业教育以职业为基准点,职业性一直是其传统特点和立足基石,早在17

---

1. 关晶,石伟平. 现代学徒制之"现代性"辨析[J]. 教育研究,2014,35(10):97-102.
2. Fürstenberg, F. Berufsgesellschaft-Forschungsfelder und Befunde[M]. Pahl, J-P, Herkner, V. (Hrsg.). Handbuch Berufsforschung. Bielefeld, 2013: 38-46.

世纪就已进入德国职教话语体系,常被德国职教界称为不可复制、不易理解的德国特色,体现了德国在社会、经济、政治、文化等多方面的特点。

从劳动市场角度而言,德国是一个职业社会,以职业资质为准入标准,职业与职前教育有着极高的耦合度。职业因而是重要的交换媒介和劳动市场调节器,发挥着信号作用。

从职业教育机制而言,各利益集团在历史的博弈中,表现出极具德国特色的特殊方式:合作主义。行会掌握职业教育事务的自治(Selbstverwaltung)权利,直接促成"职业性"的生成[1]。在中等职业教育领域,政府和经济界共同发挥作用,有一套复杂而成熟的合作机制,采取行会主导(手工业行会(HWK)和工商行会(IHK))的多方合作方式。行会不仅主导了职业教育专业的设置,更享有职业资格认定的权力。

从职业教育思想角度而言,德国各个时期的职教思想都关注职业与教育的关系,不同的理论家从不同角度阐述了同一个信仰:职业富含教育因素。路德时代将个人从事职业活动视为对上帝的感恩和敬畏,基于宗教本位培养职业伦理;古典职业教育时代著名教育家斯普朗格(Spranger)从文化哲学角度阐释职业,视职业为连接人和世界的自然而完美的方式,职业既是客观文化的载体,又是满足主观需求的手段;另一代表人物凯兴斯坦纳(Kerschensteiner)将职业教育视为公民教育暨政治教育的重要途径,提倡职业教育的社会化功能。

德国双元制职业教育秉承职业性原则,经历了几个重要历史时期:传统行会学徒制时期、学徒制的现代化时期(从工业化开始到20世纪60年代现代学徒制形成并确立)和信息革命以来的后现代时期。

(1) 时代危机

职业并非一成不变,各种大背景都在影响着职业面貌。近四十年来,针对技术发展、全球化和欧洲一体化进程等关键背景带来的职业变迁,有关职业教育危机的讨论源源不断,大致分为以下四个时期:20世纪70年代、20世纪90年代、20世纪和21世纪之交和当前[2]。相关讨论主要涉及:职业教育到底应该培养什么样的人(教育目标的普适化还是专门化)?采用何种路径培养技术

---

1. Herzog, M & Bai, B. Chinesische und Deutsche Beruflichkeiten im Vergleich [J/OL]. bwpat29. pdf. [2016-08-25].
2. Rosendahl, Anna & Wahle, Manfred. Debatte zur Krise von Beruf und Beruflichkeit: A Never Ending Story? [J/OL]. bwpat29. [2016-08-23].

专门人才(高教还是中等职业教育)？等等。分析技术发展和全球化给德国职业原则造成的冲击,有利于从欧洲德国传统之争、德国高教和职教之争中理解欧洲一体化进程对德国双元制职业教育带来的挑战。

首先是经济结构和劳动组织发生变化。20世纪70年代,对企业的一系列调查显示,具备某些资格的技术人员其职业灵活度和弹性更高,可胜任多个任务领域,更符合劳动市场要求。90年代,工业界调查发现,德国经济结构和企业管理方式发生了较大变化[1]。一是从工业社会向服务型和知识型社会转变,实现全面信息化。信息技术渗透到各行各业。德国大约50%的从业者都在从事信息处理工作,只有20%在生产领域、25%从事服务产业。二是经济和劳动市场的全球化,对直接从业者的全球机动性、外语能力、跨文化能力的要求提高。企业与个人都被置于全球竞争背景中,很多产业(比如纺织业及电子制造业)外移。三是以职业形式进行组织的生产型工作减少,创新型、知识密集型研究和开发类工作在增加,而且至少在初期还不能为现有的职业资格所覆盖,不能由传统职业教育路径提供的服务类工作的意义在上升。企业的劳动组织由强调分工的福特式向后福特时代转化,企业层级扁平化,以日本丰田汽车为代表的精益生产模式代表了更高生产率和更强竞争力。四是劳动组织和工作形式的灵活性增加。所谓正常的工作状态逐渐减少,职业生涯的非标准化日益明显,职业表现出消解的趋势。用以保障职业地位的社会权利被废除,核心雇员和边缘雇员的鸿沟在加深,职业活动的连续性降低,职前培养与职业活动的耦合度变得松散,长期从业者减少,职业认同受到威胁,灵活度要求上升。

其次,当前以工业4.0为代表的信息化和智能化更加剧了这些趋势,并带来了新挑战。工业4.0是德国政府发布的《德国2020高技术战略》中提出的十大未来项目之一。该项目由德国联邦教育局及研究部和联邦经济技术部联合资助,投资预计2亿欧元,旨在提升制造业的智能化水平,建立具有适应性、资源效率及符合基因工程学的智慧工厂,在商业流程及价值流程中整合客户及商业伙伴。其技术基础是网络实体系统及物联网,利用物联信息系统将生产中的供应、制造、销售信息数据化、智慧化,实现快速、有效、个人化的产品供

---

1. W Dostal, F Stooss, L Troll. Beruf-Aufloesungstendenzen und erneuerte Konsolidierung. Mitteielungen zur Arbeitsmarkt-und Berufsforschung[J/OL]. [2016-7-18]. www.sowi-online.de. 3. Nuerberg. S. 438-460. 1998.

应。到2025年,工业4.0导致的全面经济调整会让49万个工作岗位消失,但也会生成43万个新岗位[1],并可能会引发劳动形式和资格要求的两极分化。一方面,会提升某些职业资格要求;另一方面,常规性、可控制的活动会为机器或机器人所替代。而根据联邦劳动研究所(IAB)的系列研究:七成劳动可能被机器替代的高风险就业在全德就业中占比平均为15%;从经济结构而言,制造业风险更大,物流和运输服务、旅游业则较小;从专家、专门化、技术工人、辅助工这一四级专业层级而言,专家级别风险低。因此,终身学习显得日益紧迫,而制造业面临大转变。信息化对职业教育的影响主要涉及三个方面:一是从方法和内容层面改变了双元制职业教育;二是改变了很多职业的工作内容,IT能力在很多职业中的地位上升,尤其是制造业,也涉及服务业,媒体能力成为各职业的必要组成部分;三是对职业体系、职业教育体系的整体框架有影响。

再次,欧洲一体化背景下高等教育与职业教育之争。1999年,博洛尼亚进程作为欧洲一体化的重要举措,极大改变了德国高等教育的面貌。德国高校由一贯制培养传统转向本科、硕士分阶。新近引入的本科毕业生在劳动力市场中是否与职业教育毕业生形成竞争,职业资格是否因此丧失在中等资格领域的唯一信号作用,从而对职业教育形成釜底抽薪之势?这是各界颇为关心的议题。不同实证调查结果有矛盾之处,但本科资格对职业进修资格的挤压风险确实存在。此外,自1990年开始,德国民众对资格的需求变化比较明显,很多毕业生选择全日制、职业准备教育和学术教育路径,而非双元制职业教育。德国大学入学率和学术化比例逐步增加,2020年高等教育入学率达到40%是政府可持续发展计划的目标之一,更早已实现。2015年,职业教育双元制学徒人数与高校入学人数持平,与往期相比出现增长势头;但2005—2014年间,接受职业教育的人数降低了3.6%,其中双元制职业教育降低了6.4%,而同一时期大学入学人数上升了37.4%,职业教育入学人数只增加了1.5%。不过,2013年以来,剔除国际学生,德国人选择接受职业教育的人数仍然大于进入大学的总人数,延续了此前的传统。实际数据显示,双元制职业教育的发展趋势有正有负,双元制并未失去总体人数优势,但上升趋势不敌高等教育。

(2)内涵发展

---

1. Bundesinstitut fuer Berufsbildung. Jahresbericht 2015[R/OL].[2016-07-16]. Bonn, 2016.

传统的德国职业教育以单一职业为基准,但随着技术、社会变迁,这一原则已明显无法适应发展需求。20世纪70年代,迈尔滕斯(Mertens)从教育政策层面提出"关键能力"概念,摈弃直接对接企业层面工作要求的狭隘职业教育目标,以适应无法预测、日益复杂的劳动力市场[1]。职业教育的宽基础理念由此产生。关键能力概念引发了热烈的后续讨论,虽有争议,但其主张之后基本得到落实。相关措施包括实施基础性职业教育、职业教育分阶(第二年或第三年进行专业方向分化)、设计基础职业、课程部分模块化。

20世纪90年代开始新一轮基于职业行动能力和工作过程导向(学习领域)的课程改革,致力于提高职业教育尤其是双元制的灵活性、现代性和分化。这一课程改革方案与工作过程系统化课程方案、项目课程等都有着很深的联系。

2001年,劳纳尔(Rauner)提出"开放、动态的职业性"方案[2],提倡核心职业(Kernberuf)和低于专业工人水准的短期培训职业,为发展提供宽泛基础,之后通过模块化的进修和继续教育措施来获得深入的职业能力。该方案强调职业性的同时注重其灵活性,强调关联性知识和劳动过程知识,有利于降低职业在横向维度上过于专业的窄化倾向,时间上相对稳定,职业面貌保持动态的开放。

2014年,德国金属加工业工会(IG Metall)提出"拓展的现代职业性",一边坚持职业性原则,一边提倡在更为宽泛的背景中讨论职业性,并建议将企业的双元职业教育与大学的高等教育进行融合,以跨越职业与专业这一概念鸿沟。当前很多讨论都在关注高等教育中职业性原则的引入,以及职业作为经济背景中的功能性资格标准是否也可以成为本科教育的参照,从而实现职业教育和高等教育的融合——即"专业(Profession)导向的职业性(Beruflichkeit)"。实践中双元高等教育(Duales Studium)蓬勃发展,提供者除了传统的应用技术本科院校(FH),更有以巴符州为代表的由职业学院(Berufsakademie)升格而来的职业高校(Berufshochschule),与企业合作,进行理论与实践交替的高等教育层次的双元制职业教育(表6-1)。

---

1. Mertens, D. TSchlüsselqualifikationen: Thesen zur Schulung für eine moderne Gesellschaft[M]// Mitteilungen aus der Arbeitsmarkt-und Berufsforschung. 1974: 36-43.
2. Rauner, F. Offene, dynamische Beruflichkeit? Zur Ueberwindung einer fragmentierten industriellen Berufstradition[J]//Bolder, A, Heinz, W R, Kutscha, G. Deregulierung der Arbeit-Pluralisierung der Bildung? Opladen, 2001: 183-203.

表 6-1　德国职教领域近四十年四次职业性原则危机

时　间	社会和技术背景	讨论主题、改革措施
20 世纪 70 年代	企业要求职业灵活度和就业弹性	关键能力;职业教育分阶(基础性和专业方向分化)
20 世纪 90 年代	社会经济结构和企业管理方式变化;民众教育需求变化;信息化和全球化开始	劳动力企业家;学习领域课程改革:基于工作过程、指向行动能力
20 世纪和 21 世纪之交	欧洲一体化(博洛尼亚进程);技术发展,信息化深入	就业力 vs 职业性;欧洲资格框架
当前	工业 4.0:智能生产革命;高校教学制改革	数字化;双元制高等教育;核心职业,职业的现代性

技术和社会变迁改变了职业面貌和社会功能,在德国职教界引发对职业性原则危机的担忧,相关讨论折射了德国职业教育研究与实践的基本特点。

德国行业企业和职业教育机构联动的机制有利于及时跟进行业企业变化,产业结构、经济发展必然需要教育界对人才培养目标和路径进行调整和作早期规划。企业和学校联动的双元机制使得德国职教界对经济界的变化异常敏感,反应迅速,相关讨论都由经济界实证调研引发,并在实证研究的数据基础上展开,而不是仅仅停留在理论思辨、演化为纯粹的立场之争。这一讨论机制因而也要求完整的数据记录和深入调查,这应当成为未来中国职业教育发展的重点。

职业教育的培养目标更加关注可持续发展,基于职业知识和活动发展综合能力职业教育的技术性要求日益提高,职业教育日益专业,普职差异日渐消弭,普职相互渗透明显。直接对接工作岗位的操作技能训练早已为现代职业教育所摈弃,宽基础、着眼于完整工作过程的技术性、高度灵活、全维度的(职业工作、个人生活)弹性适应力(行动能力),既满足行业企业的技术专门化,又能适应技术和社会变化,还能实现个人的可持续发展,这才是职业教育的宗旨。这一追求与德国教化思想传统一脉相承:职业领域知识富含教育因素,有着极高的育人价值,是基于学习者直接、完整的直接经验发展智性思考的良好材料。其目标都应指向人的内在发展,普通教育和职业教育的区别只是路径不同,但目标一致。

职业教育可以在不同层次、不同阶段针对不同人群展开,其技术含量更多地取决于职业本身。虽然技术、经济的发展使得资格"高移"成为世界潮流,但

"高移"不是将中等职业教育升格为高等教育就可以解决的简单问题,还要看教育的具体组织形式,其实质还在于教育目标的确立和内容的选择。德国双元制模式为技术实践与科学理论进行沟通、融合提供了良好的基础,但也以公私合作的传统机制和高额的社会投入为条件,相关争论反映的是德国的努力:在新趋势下继续发扬这一传统优势,进一步提高职业教育的技术性,改善高等教育的实践性。德国的这一尝试和探讨对于我国当前发展应用型本科和高职教育有着重要借鉴意义。

（3）学校案例

下面以德国巴符州斯图加特市 KBI 商科职业学校的发展历史为例[1],结合德国总体职教教育发展史,可以对德国(商科)职业教育发展历程有个初步印象。

- 1559 年,主日学校已经成为义务国民小学教育之后的进修机构,由当地主教主持。
- 1695 年,学生在天主教教义问答和唱诗班之外,学习读写和计算。
- 1739 年,开始实施义务主日教学,由当地牧师监管。
- 1779 年,为培养技术和贸易部门的领导人物,开设了高级卡尔学校贸易部。
- 1825 年,主日—技术学校首次提供职业实务教学,下午也可以授课。
- 1853—1854 年,周日技术学校拓展为技术进修学校,在工作日从早上到晚上都可以进行教学,由费尔迪南·冯·施泰因拜斯(Ferdinand von Steinbeis)推动。在他的倡议下,1853 年成立技术进修学校委员会;1854 年 1 月 9 日在斯图加特成立独立的商科进修学校,该校实行自愿入学制度,面向青年男子,教师是其他学校教师兼职,或是来自行业的专业技术人员。就像斯图加特所有商科职校一样,KSI(第一商科职校)的前身都是进修学校。
- 1901 年,在郊区堪施达特成立商科进修学校,男性学徒开始实施义务学制。
- 1903 年,成立私立贸易学校,街道和学校均以当地实业家克罗斯普(Knosp)命名。
- 1905 年,成立市立贸易学校,位于事务所街,成为此后 KSI 的前身。每

---

1. http://www.ks1.s.bw.schule.de/index.php/schule/geschichte.[2018-02-04].

周两个半天上课,主要是一般商业基础知识。

· 1906 年,相关法律带来三个新变化:每年每名男性学徒必须接受 280 课时的义务教学,社区以及技术和贸易学校必须承担并履行相关义务,技术和贸易学校教师均为专任教师。

· 1921 年,继 1909 年妇女获得选举权,义务教学的规定也开始适用于商业企业中任职的 18 岁以下少女。

· 1929 年,兹格勒(Siegle)工厂旧址扩建为学校,此前分散的女校教学点集中到此处。1848 年海因里希·兹格勒(Heinrich Siegle)在此设厂,后来与克罗斯普(Knosp)合并,于 1865 年成立巴德苯胺和苏打厂,即巴斯夫(BASF)公司。

· 1930 年,哈森贝格(Hasenberg)街校舍建成,克罗斯普贸易学校已经为市府接管,与其相连的附楼作为商业男校校舍。1934 年男校拥有 120 台打字机,后在"二战"中丧失殆尽。

· 1933—1945 年,严格按所谓元首原则进行学校管理。1944 年 6 月遭空袭,曾借用其他学校校舍坚持教学,战后一度完全停顿,1945 年 11 月小范围恢复教学。

· 1947—1948 年,重建。1948 年恢复教学。战后初期,仍然保留男女分校的传统。

· 1951—1959 年,高级贸易学校的一个分部于 1951 年改为商业女校。已开始根据男女分设商业双元制职业学校。1959 年更成立东区经济文理高中。

· 1964 年,高级学校管理局根据斯图加特市府的许可,将学校根据行业部门进行重新架构。各个专业班级中的专门化已经开始挑战原来的性别分立原则。除了原来的商业集散专业班级之外,又开设了贷款机构、保险、运输以及旅行社等专业班级。在商业男子双元制职校基础上成立第一商科双元制职校。隔壁学校称为第二商科双元制职校,并于 1981 年迁往海勒布若纳尔(Heilbronner)街学校中心,即如今的维尔纳—西门子(Werner-Siemens)学校,商科双元制北职校。同年成立补习学校(Aufbauschule),在半日制的双元制职校之外,又提供了全日制第二教育路径。取得职业教育资格者可通过补习学校提升学历升学。KBI 成为教师见习的实习学校。

· 1969 年,随着《职业教育法》的颁布,用"职前职业训练接受者"一词(Auszubildende)代替"学徒工"(Lehrling)这一称呼。

·1970 年,企业管理专业学校可以提供企业经济师国家考试资格以及应用本科学历。1986 年,经机构调整,被并入商科双元制北职校。

·1976 年,成立了新专业:卫浴、医药批发、出版和书籍印刷。

·1980 年,在巴符州首创经济高级中学,为商科毕业生提供综合大学入学资格。双元制毕业生在两年之内就可获得德国高校无限制入学资格。

2）模式与资格

德国职前职业教育体系分为双元制、全日制和过渡系统三种路径。从最后获得的职业资格效度上而言,德国中等职业教育（职前）可分为两类:完整资格培训和部分资格培训。双元制提供由行会认可的国家职业资格,全日制则主要在社会、保健、教育等职业领域提供国家（州）政府层面认可的职业资格,以及工商业的辅助人员资格。

完整的资格培训又有两条路径。从培养模式上,双元制为企业和学校合作,由企业招收学徒,在企业学习的同时被送往当地职校（Berufsschule,也称为非全日制学校 Teilzeitschule）进行理论学习;而全日制职业培训（Vollzeitschulische Ausbildung）则主要由职业专业学校（Berufsfachschule）承担（因学校事务属于州管辖,各州名称上稍有不一致）。

过渡系统（Uebergangssystem）则不提供完整资格,主要是为前面两种路径中的落选者提供部分可以换算的资格,让他们有一个缓冲、调整和再准备的机会。它是包含其中的各类型具体措施的总称,承担机构多样。

德国中等职业教育专业被称为"教育职业"（Ausbildungsberuf）,与社会职业共享同一个职业代码和职业标准,高度耦合。根据职业性原则与职业性方案,德国双元制职业教育和学校形式的中等职业教育,其专业也分为 16 类职业领域,包括 68 个职业群共 450 个专业,其中双元制职业教育专业为 350 个[1]（并持续减少中）,覆盖了德国上万个职业或职业岗位。商科类职业一直是德国当代职业教育中培训数量最多、供求关系最为紧张的一类职业。据 2017 年 3 月份德国联邦职业教育研究所网站的统计,德国双元制商科教育职业数量为 55 个。

商科职业一方面在数量上一直都是学徒市场上的主力,三分之一的学徒工都在商科领域接受教育,在双元职业教育中则历来受人追捧,在学徒市场上

---

1. 姜大源.论职业教育专业的职业属性[J].职业技术教育,2002,23(22):11-12.

一直是供不应求。商科职业良好的薪资是一个重要原因。根据德国联邦统计局的报告,2015 年最受欢迎的前五个商科职业依次为:零售商务人员、行政文秘商务人员、工业商务人员、批发及外贸商务人员和银行商务人员。

德国双元制职业教育体系中,"双元"是指参与人员须经过两个场所的培养培训,其一是指职业学校,主要职能是进行基础课程和通识教育,教授与职业有关的专业知识;其二是指企业,主要职能是让学生在企业里接受职业技能方面的专业培训。职业教育培养培训场所的"双元"使得专业培养课程设置一分为二。德国双元制职业教育是德国职业教育中的主体,除了社会类、教育类和保健类职业(简称为 SEG 类职业)因传统和条件等原因未采用双元制教育体制,而采用全日制教育模式,其余都以双元制职业教育资格为获得行业企业认可的基本条件。

德国联邦《职业教育法》第二章第四条第二项规定,国家承认的培训职业必须以培训条例为依据。德国一个培训职业的开发,通常由行业协会发起,由教育部、经济部共同倡议,委托德国联邦职业教育研究所,历时两年,制定培训职业的相关法律条例,强制适用于全联邦。各州文教部长联席会议(KMK)则在此基础上开发学校课程大纲。在企业中,执行培训条例(Ausbildungsordnung);在职业学校中,则执行框架培养计划(Rahmenlehrplan)。

德国联邦职业教育研究所负责制定企业培训条例,各州文教部长联席会议负责制定教学大纲,企业的培训条例与职业学校的教学大纲相互配合,共同构建德国双元制职业教育。随着社会的发展,职业内涵的变迁,企业培训条例和职业学校框架培养计划会进行修订,或是完善培训条例和框架培养计划,又或是对职业分类进行重新规划,进而制定新的培训条例。

德国联邦职业教育研究所公布具有法律效力的文件,在德国职教界中起着统一和规范指导的作用。在该网站的"职业(Berufe)"这一菜单中,"培训职业(Ausbildungsberufe)"以首字母顺序方式排列,一一呈列。德国联邦劳动局每年都会出版《培训职业汇总》,为学生与家长提供职业选择的依据。教育职业分为如下 16 大类。

1. 建筑施工与测量(Bau,Architektur,Vermessung)
2. 服务(Dienstleistung)
3. 电气(Elektro)

4. 社会人文科学(Gesellschafts-,Geisteswissenschaften)

5. 保健(Gesundheit)

6. 计算机(IT,Computer)

7. 艺术、文化与设计(Kunst,Kultur,Gestaltung)

8. 农业、自然与环境(Landwirtschaft,Natur,Umwelt)

9. 媒体(Medien)

10. 金属与机械制造(Metall,Maschinenbau)

11. 自然科学(Naturwissenschaften)

12. 产品与生产(Produktion,Fertigung)

13. 社会教育学(Soziales,Pädagogik)

14. 技术与科技领域(Technik,Technologiefelder)

15. 运输与物流(Verkehr,Logistik)

16. 经济与管理(Wirtschaft,Verwaltung)。

德国联邦职业教育研究所明确了每一个培训职业所属的职业总类和具体职业细类。如前所述,在德国,职业学校的教学专业和劳动世界的职业是高度统一的,可称之为教育职业与社会职业的耦合。德国职业学校的专业设置以职业分类为导向,课程架构基于职业生涯宽基础教育,具有以从事某一职业为明确培养目标的特性,职业教育的专业即为职业。

德国双元制教育职业中,商科双元制职前教育职业当前有 58 个(2011 年的统计)。近年教育职业更新速度加快,原有的职业进行了整合,比如原来办公文员分列了好几个职业,如今合并为一个;更有新的职业形成,如电子商务人员。商务职业的学徒数量总体最多,占到所有双元制学徒的 60%。

最重要的、通用性较强的几个职业包括:工商业商务人员、对外贸易和批发商务人员、零售商务人员和办公室文秘人员。然后是依据具体行业有一个细分,包括银行商务人员、汽车商务人员(1988 年创立)、保险商务人员、不动产商务人员和呼叫中心商务人员。

(1) 零售商务人员

2014 年新招学徒工 31080 人,主体中学毕业生 10146 人,实科中学毕业生 14613 人,文理高中毕业生 5550 人。其中 1440 人接受过职业准备教育,8733 人接受过其他形式或其他职业的双元教育。平均年龄为 20.5 岁。学徒招工人数最多的前三个地区为北威州、巴伐利亚州和巴符州。

该教育职业形成和更新历程:1951—1987年,专业商务人员(工商业);1987—2004年,零售商务人员(手工业);2004—2009年,零售商务人员(手工业);2007—2009年,零售商务人员(工商业);2009年以后,零售商务人员(工商业)、零售商务人员(手工业)。

(2)工商企业商务人员

工商业商务人员的就业领域最为宽广,因而也成为德国青少年择业时的首选。他们对企业的经营过程进行控制,询盘、比较、与供应商谈判并接收和存储货物。在制造业中,他们对商品和服务的生产过程进行计划、控制和监视,并制作覆盖订单全程的各类凭证。在销售中,他们还要进行核算、报价并与客户进行谈判。他们还策划市场营销活动。如果在财务部门,他们会根据会计准则对业务进行记录和控制。在人事领域,他们调查人事需求,参与人员的招募、遴选和任用。

2014年学徒工总数为18084人,呈逐年减少趋势。前三是北威州、巴伐利亚州和巴符州。主体中学毕业的有306人,实科中学毕业的有5535人,文理中学毕业的有12024人。接受过职业准备教育的有468人,接受过其他形式和其他职业双元制教育的有942人,平均年龄19.6岁。

该教育职业条例形成和更新历程:1936年设立工业商务人员(工商业),1973年、1978年、2002年多次修订,名称保持不变。

(3)对外贸易和批发商务人员

2014年新招学徒工14619人,其中主体中学720人,实科中学6162人,文理高中7.467,平均年龄19.9岁。地区前三为北威州、巴伐利亚州和巴符州。其中420人接受过职业准备教育,813人接受过其他形式或其他职业的双元制教育。

该教育职业形成和更新历程:1940年开始设立批发和外贸商务人员(工商业);1943年设立批发商务人员(工商业);1949年开始两个职业合并为批发和外贸商务人员(工商业);1973年、1978年、2006年多次更新批发和外贸商务人员(工商业)条例,名称未变。

(4)银行商务人员

在各类型金融机构任职。对客户就账户类型选择、支付类型、电子银行产品提供咨询服务,处理客户业务包括账户登记、国际国内结算支付、介绍国际银行业务结构等,为客户提供理财产品服务、保险产品服务、建造金融服务、处理有价证券事务,对各类金融工具进行归类、评估资产购置的税务影响,辅助处理延期贷款,为客户提供融资手段咨询,辅助客户处理贷款发放、风险评估、担保的办理,应用会计工具并进行控制,对客户的成本和受益进行评估,应用信息技术和沟通系统解决问题、做出决策,与客户、上级和同事进行沟通和合作。

对应的社会职业分类为72112。2014年人数12270人(加上了储蓄银行这一公共机构),呈逐年递减趋势。前三是北威州、巴伐利亚州和巴符州。主体中学毕业的48人,实科中学毕业的3504人,文理中学毕业的8682人。其中108人接受过职业准备教育,321人接受过其他形式的职业教育。平均年龄19.2岁。

该教育职业的设立和更新历程为:1942年,信用机构的学徒职业(工商业);1961年、1973—1979年、1997年多次更新,名称均为银行商务人员(工商业)。

每一个双元制培训职业都对应着一个具体社会职业,享有同一个职业名称,能力水平通常是专业指向级别2,而中国的职教专业常常对应多个职业(资格)。表6-2以零售商务人员和工业商务人员为例,说明它们对应的典型社会职业及其所属职业分类。

表6-2 两个典型商科教育职业及其对应的社会职业

培训职业	社会职业	职业领域	职业主组	职业组	职业小组	能力等级
零售商务人员	62102	6.商务服务业、商品贸易、推销、饭店和旅游业	62销售职业	621 销售职业,无专门商品指向	6210 职业小组(销售职业,无专门商品指向)	62102 专业指向级别
工业商务人员	71302	7.企业组织、会计、法务和行政	71企业领导和组织	713 企业的组织和策略类职业	7130 企业中商业和技术运营的职业	71302专业指向级别

习 题

- 请说明一国职业教育办学模式的时代差异,并简要解释其形成原因。
- 请说明职业教育办学模式的国别差异,并简要解释其形成原因。
- 请说明职业教育专业与社会职业之间的区别与联系,并以某一商科职业教育专业的发展变化为例。

第七章　课程中的职业研究

职业实践活动一直是职业教育课程开发编制中的焦点,但如何处理它与学科暨领域理论知识的关系,如何克服职业研究中的微观化、破碎化和表面化,一直是各类教育视角职业研究方案需要关注的问题。

> **思　考**
> - (商科)职业教育课程中职业研究为什么会成为焦点?
> - (商科)职业教育课程中职业活动分析的难点是什么?
> - 不同方案是如何应对这些难点的?

一、课程中的职业研究

1. 职业研究作为焦点

专业还有一种内容层面的解释:专业内涵的主要部分就是一组相关课程。从这一意义上说,专业与课程有着直接的相关性。国际上,日本职业高中和专修学校的专业划分就建立在课程设置的基础上,即通过课程设置覆盖社会职业,以课程替代专业,淡化专业与课程的界限[1]。

课程问题既涉及知识论问题:到底需要哪些知识? 又涉及学习论问题:这些知识又是如何习得的? 对(职业)教育课程问题的研究正是围绕这两个问题就内容的选择及结构化问题展开、深入。

职业教育课程开发的难点在于,其方案设计常以与其名称相近或类似的技术科学或工程科学为基础。但是职业教育只有部分内容与技术科学、工程科学、经济科学、管理科学一致,职业的分类与科学的分科有矛盾,前者不一定能在后者中找到单一的对应学科。为了与科学知识进行区分,职业技术教育对应的知识常被称之为技术知识、技能知识、职业知识、实践知识或工作知识

---

1. 姜大源.职业教育专业划分的方法[J].职教通讯,2002(7):5-8.

等,说法不一,但都强调这一领域知识的实践性质。美国技术教育专家德维瑞斯(M. J. de Vires)在经验研究的基础上,把技术知识区分为功能性知识(材料能实现的功能)、物理性知识(材料的物理特性)、目的手段知识和行动知识(如何建立一个程序以生产某种物品的知识)四类。普瑟尔(Pucel)则将技术教育课程分为十项内容:技术方法、普通工具的使用、普通设备的使用、基本的技术过程、材料、术语、环境、社会价值观、科学原理和经济因素。商科教育的技术性多集中在微观企业经营领域,如财务核算、流程控制、商品知识、营销策略等,且多属于软技能,与工科类技术还存在一些差异。

学界围绕职业教育的知识基础和习得方式,就课程的理论(学科)和实践(职业)两种取向展开了持续的争议,这一争议在职业教育发展的不同时期以不同形式呈现。随着现代劳动世界日益为科学和技术原则所左右,每一次技术变迁都会伴随着相关讨论。具体到商科领域,其核心议题包括:商科课程与经济学、管理学理论的关系;商科课程与商科职业的关系。商科具有极强的实践性,围绕理论与实践的关系这一经典议题,商科教育中更为关注相关理论与实践如何融汇,以及如何通过职业劳动(商科职业劳动)来体现学科理论。职业教育中对职业暨职业活动的关注也一直是其核心。

课程开发中的活动分析最早可以追溯到博比特(Bobbit)的"活动分析法"。受到斯宾塞(Spencer)课程思想启示,博比特将人类广泛的生活活动分成几个主要的领域,并对其进行活动分析,即通过对人们从事某项活动的社会调查、职业分析等,找出完成这些活动所需的知识、技能和态度等,以此决定课程目标,然后据此选择课程学习目标和学习内容、编制课程,并在其代表作《课程》(1918)中研究了课程编制问题。之后,卡内基工学院的教授查特斯也同博比特一样,主张通过活动分析来决定教育目标和课程内容,并在《课程编制》(1923)中作了详尽说明。职业教育专业建设中从职业活动及其能力要求来推演课程内容,被姜大源称为"黑箱"效应。

工作暨实践导向在职业教育课程建设中一直特征鲜明。在劳动学中广泛使用的任务清单、工作分析、工作任务分析、功能性职务分析以及DACUM工作任务分析法等研究程序,都将重心放在工作分析上并用于课程建设。但不能简单地将工作导向作为判断课程是否优秀的标准,因为它会隐含经济决定性风险,只关心资格的市场准入性和社会适用性,而忽视主体的可持续发展和全面教育。职业教育要使得受教育者对工作世界的变化保持开放,要关注从业人员或学员的全面发展。这些都是评判课程质量的教育性、规范性准则。课程中对职业活动的分析,会直接影响专业设置与社会需求的相关性、专业教育的质量和效益。

面向职业活动、实践取向的职业教育课程开发,英美国家主要采用"工作分析"(job analysis)说法,以 DACUM 最具有代表性,随着 20 世纪 80 年代以来中国职业教育课程的改革为中国职教界所熟知;在德语文化圈则称之为"职业资格研究"(Berufsqualifikationsforschung),以北德的职业科学研究范式最具代表性。

所谓 DACUM,即 Developing A Curriculum(课程开发),起源于北美。20 世纪 60 年代末,加拿大区域经济发展部实验项目分部为了在教学培训过程中找到一种科学有效的教学计划、开发方法,使教学培训满足实际工作的需要,进行了理论研究和实践。结果表明由优秀工作人员分析、确定与描述的本职业岗位工作所需的能力,更符合实际工作的需要。

北德地区以不莱梅大学为中心,对职业工作任务的分析进行了深入设计,提出了职业科学的研究方案,从行业、企业到具体的工作过程,通过深入的经验研究提炼特定职业的典型职业活动、其中蕴涵的能力以及对于课程开发的意义。

2. 职业研究的难点 [1]

在现代社会水平分工逐渐弱化的发展趋势下,对工作行为进行准确的分析、评价、测量和总结变得越来越困难。用传统工作分析得出的结果的信度也越来越低,由于缺乏科学的方法指导,相关研究中充斥着很多缺乏实证依据的臆断。典型的如"随着科学技术的发展,对劳动者的素质要求越来越高"。事实上,在现代研究中,这种机械唯物主义和技术决定论观点,早已经被社会—技术的多维度视角所替代。

究其根本,课程开发中的职业研究都是要明确教育与工作间的关系,并在工作对职业行动的要求以及学习内容和学习过程之间建立起一种通畅和谐的关系。但这种关系在多数情况下十分复杂和隐晦,因此这一研究特别需要方法论指导来应对以下几个难点。

---

1. 何兴国. DACUM 与工作过程导向课程开发方法比较研究[J]. 职教论坛,2012(27):69-71.

(1) 职业研究中如何突破具体岗位的局限、实现岗位的聚合

国内课程开发的职业研究实践中,常见的是岗位分析,比较注重对职业具体岗位显性的"初级因素"的分析,分析相应工作岗位所需要的单项工作任务模块,进而对工作任务模块所需要的知识、技能和态度进行分析。此处的风险是容易将"初级因素"的总和视为职业的整体,对这些"初级因素"缺乏深层次联系的分析。这种方法不能有效把握快速变化世界中职业的变化,特别是在综合工作任务和灵活的劳动市场结构上,同时对职业生涯的发展也缺乏有效的把握。

职业分析不能拘泥于岗位分析层面的基本操作能力,更要基于教育立场,从主体发展视角出发,在训练学生熟练操作的同时,更要注意让学生懂得蕴含于这些操作规范之中的机制和基于各种因素的复杂考量,要特别注意短期目标与长期目标的结合,并树立及时更新自己操作技能的终身学习意识,掌握终身自主学习的策略,这样才能从长期发展的角度为学生的后续职业生涯发展提供基础。否则职业教育就与短期的在岗培训无异,甚至还不如后者,因为它缺少真实的工作场景。

为克服职业分析中仅关注岗位层级的问题,通常,人们通过研究行业中不同代表性企业,从行业、企业、岗位、主体的多个层级展开调查研究,注重职业的"层级因素",注重职业生涯的发展和工作环境、职业的社会和个人职业认同感等。

(2) 如何实现从职业活动分析到职业能力的阐释性跨越

工作导向的职业分析中要避免将资格研究限定在对职业活动的分析上(基本职业技能),要避免将工作任务分析简化为基本操作技能。其关键在于从教育学视角阐释能力概念。

模块化的职业资格中对能力的理解侧重于其功能性和岗位性,强调教育培训的结果,看重通过考核鉴定可以确定的、针对具体岗位和职责的技能与绩效。通过岗位任务分析列举能力点的分析方法,容易忽视能力之间的联系和对职业的整体认识,倾向于强调外显、可观察与鉴定的技能及其资格,容易落入行为主义窠臼,忽视了人类劳动的整体特征和经验成分及内隐特性。针对具体岗位的能力培养,可能满足岗位培养的需要,但无法达到可持续的和全面的教育性要求。

教育视角的职业研究,强调职业能力是专业能力与方法能力、社会能力的统一,是技能、知识、方法、情感与价值观的综合发展;不仅仅是解决工作任务

的专业能力,而且更重要的是自我学习和可持续发展的关键能力。这种能力观下的学习者不是纯粹的技术应用的工具人,而是应用技术、发展技术和设计技术的主体者。

从以下几个概念即可感受它们之间的微妙差异。

·资格(Qualifikation):对个体职业行动能力的要求,外界将这种要求传达给个体(外界指企业和社会),个体必需满足这种要求(在形式上是通过文凭、证书等)。"职业资格是指职业能力,包括个体应掌握的知识、能力和技能……能在职业活动中得到应用。"

·能力(Kompetenz)解释一:个体所掌握的知识、技能和能力(主体角度)。"职业技能是一种对自我组织的行动的支配,即自我行动支配。"

·能力(Kompetenz)解释二:在熟悉或陌生的环境中对知识、技能和能力的运用。

·表现(Performanz):可观察的(职业的)行动能力,也就是在复杂的真实情境中可被辨别的能力、技能和知识。

德国职教学者扎贝克(Zabeck)把职业能力定义为:"为有效地应对具体(职业)情境的(运动、认知和情感的)可应用的行为方式以及对其的恰当应用。"这样,从职业行动的角度上看,职业能力不仅把能力(知识与能力),还将职业准备(职业意愿)统一起来,以自己的想法能目的明确、独立地胜任职业要求。因此,职业能力包括主体的维度(表7-1)。

表7-1 资格与能力概念的特征对比(Rauner,2007)

维　度	职业资格	职业能力
主客体关系	其客观性源于工作任务、过程以及因此产生的资格要求	在心理效能支配方面,可供应用的、特定领域的能力和策略
学习	人是资格的载体和媒介,通过训练,(人力)资源能具备执行特定任务的能力	能力的取得是人格塑造的一部分,包括源于教育目标的能力
可客观化	职业资格是指可以客观化和机器化的能力和技能,并将人定义为在人机交互中补充的、可替换的因素	职业能力的目的首先是难以客观化的职业专业人才的能力,该能力追求的不仅是完成当前的职业任务,还有未来任务的解决和处理

因此，德国职业科学范式中，特别注重情境中暨工作过程中的知识，尤其是隐性知识。因为职业实践所要求的知识、能力和技能并不是抽象的，而是以实际的工作过程和业务流程为背景，承载于整个工作过程（目标设定、规划、执行以及评价）中。

（3）如何从学习理论的层面揭示这些活动与能力发展之间的关系

这一挑战涉及课程内容结构化中的两个问题：一是对代表性职业活动的选择与界定，二是如何对这些代表性职业活动进行排序和组织？这是职业分析尤其是实践专家研讨会阶段要解决的重点内容：既要解释实践专家的知识结构、性质，更要揭示实践专家的能力习得路径。

从这个意义上，首先，像DACUM方法那样，仅仅通过头脑风暴或者会议形式让实践专家来搜集、列举某一职业领域的典型工作任务，是远远不够的。因为脱离实践情境的工作任务暨能力描述，对课程编制的指导意义会大打折扣。职业科学研究范式中，为应对这一挑战，特别关注对现场工作过程的田野调查。要求研究人员进入工作现场中直接观察专家工人处理问题、提问，让专家工人以出声思考的方式从专业内容层面揭示他们对问题的思考和解决，而这样的观察与提问必然要求研究者对实践工作有专业层面的认识与理解。因此，课程开发中的职业研究必须由懂专业的研究人员开展田野调查。

其次，在课程编制阶段，更要有教育学者、课程专家的参与。不能简单依葫芦画瓢似地模仿，将实践专家能力发展简化为线性发展模式，要在理解实践专家能力发展的基础上，确认典型性和代表性的工作任务，注重学习情境所包含的工作过程要素的全面性、结构的完整性以及工作过程知识，注重学习活动的建构性、情境性、主体性。

二、德国职业科学方案

为了克服课程开发中职业研究的难点，德国职教学界以北德地区高校为代表，着力从方法论层面完善职业研究，结合数据分析和对专业工人一线的实地调研，从职业内涵的代表性、知识类型的实践性和能力习得的教育性三个维度上夯实其研究的科学性。

首先，注重从宏观行业、中观企业、微观岗位等不同层级全面把握职业，而不是着眼于个别企业的岗位。强调三个层级数据的整合，以确认职业的典型工作任务,实现职业内涵的代表性。该范式突破 DACUM 方法中仅依靠实践专家经验汇编的主观性思路,强调对案例企业的实地调研,梳理企业生产经营过程中的相关文档,以确定工作任务的范围,有更好的事实依据和数据基础,尤其适合新领域的职业资格研究:技术变迁中尚不能确定实践专家、但却有相关职业任务[1]。

其次,除了显性知识,特别关注隐性知识对于专业工人的职业能力的重要作用。"隐性知识"的概念源于英国物理化学家、思想家米切尔·波兰尼(Michael Polani)。他认为能力和理解力无法通过言语表达和传递,而由运用能力的行动所决定。举一个最简单的例子:人们学会骑车,并不需要知道骑车的(物理)规则,反过来,通过了解骑车的规则来学会骑车是绝对不够的。隐性知识是技能的先决条件,但因为结构复杂,很难显性化(用线性论证思维进行语言表达)。隐性知识并不是内化的、无自觉意识因而自动出现的知识,而是由直觉控制的高度灵活的行动方案,其中"主体的行动并非完全没有意识,但关注点在于情境或任务,而不是自身的认知"。基于职业知识作为技术知识的过程性、情境性、缄默性这一知识论立场,该范式特别强调深入具体的案例企业进行微观的工作过程研究,采用观察、专业访谈等质性方法,提倡通过深描来揭示其中具有实践性、缄默性品质的工作过程知识,强调研究人员与被研究对象在专业工作内容层面的沟通与互动,以挖掘实践性知识。

再次,强调从典型工作任务分析到课程编制要遵循实践能力发展的逻辑这一教学性原则,因而在职业研究的工作过程分析中特别关注这一维度。工作过程知识的分析中,因而特别强调现场及时间询,不仅要关注实践专家为什么这么做,而且要关注是如何学会这么做的。因为能力发展路径对于课程设计至关重要。

这一方案因而特别强调对真实工作情境中实践专家主体的工作过程及其中蕴含的知识研究,因此对研究者有专业的具体要求,也提供了具体规范的程序和技术细节,呈现出更强烈的科学性和专业性。虽然已有研究多针对工科技术类职业,在商科职业分析中也基本适用。

以下即从代表性、实践性和教育性三个方面,介绍并分析其在研究层级、

---

1. 鄢彩玲.新工业革命背景下职业教育课程开发困境与对策[J].高等工程教育研究,2020(2):148-153.

案例研究、工作过程研究、实践专家研讨会这四个方面的具体特点，其内容依据德国相关专著第三章编译，经大幅调整[1]。

1. 代表性

通过层级结合和案例选择保证整合性和代表性。

1）多层级视角

职业科学研究范式的核心特点之一是强调从宏观到微观的不同层级展开研究，以克服课程开发中只关注具体岗位的狭隘视角，保证经验研究的有效性。这种"由外向内"的方法尤其有益于研究陌生的专业领域。多层级视角也有助于研究者更深入理解工作过程、展开更严谨的探索，以及更有效地利用各种方法（表 7-2）。

表 7-2 职业科学范式中的层级、工具与方法

层级	工具	方法
职业结构与行业结构以及跨职业影响	行业分析	文献分析法：行业报告、职业统计、文献、技术进步以及对专业领域和资格认证实践的定量调查
职业工作过程的组织结构	案例研究	任务清单、订单分析、企业考察、企业流程和指标分析
业务流程和工作过程的能力	工作过程研究	工作观察、行动导向的专业访谈和专家访谈
已鉴定的能力和工作任务对职业的意义	实践专家研讨会	头脑风暴、元规划法和实践专家研讨会

首先进行行业分析，其次选择案例企业展开研究，然后聚焦工作过程揭示其中的专家知识，最后组织实践专家研讨会，分析工作过程知识的习得与课程层级的转化。

2）案例研究

案例研究是为了揭示相关行业、车间层面的工作环境、工作任务和工作过

---

[1]. Mathias Becker. Georg Spöttl. Berufswissenschaftliche Forschung. Ein Arbeitsbuch fuer Studium und Praxis. Peter Lang, 2008: 69-125.

程以及组织结构。为了达到更准确的认识,可以对一个或多个相似的企业或者教育机构、利益集团等进行调查。这些组织和机构作为案例,应具有典型性:拥有典型的或创新的工作组织、相关技术、培训和进修机构以及认证业务和社会伙伴关系。

案例可大可小:可以是企业,可以是一个大企业的某个部门,可以是各类培训机构(职教学校、企业培训基地、跨企业学徒工培训车间)、代表性个体或群体,也可以是一个典型的工作过程及典型的工作系统。

案例研究中可调查以下内容,以获得对相应行业的整体认识:
- 企业的任务结构。
- 效率、经济、生态、社会标准和技术标准,以及道德准则的挑战和要求。
- 企业经营方针,如人事管理、劳工组织、培训和可持续性。
- 企业管理层对公司的未来发展、创新潜力和未来资格需求等的意见。
- 员工对劳工组织、企业的可持续行为、对培训与进修问题的意见。
- 企业的组织架构。
- 企业的变化过程、转变和发展动态。
- 员工的能力培养和资格结构。
- 企业和员工的行动程序和行动条件。

研究方案是开放的,在研究的过程中可补充新内容。包括以下步骤:选择案例企业、系统性地确定任务范围以及企业调研。

(1) 案例企业的选择

案例企业的选择特别重要,因为它决定了结果的质量。要考虑研究的兴趣:哪种规模的公司在行业中发挥着作用、是覆盖全行业还是选择行业中的部分;所得出的事实结果应达到何种程度等。

另一至关重要的选择标准是:具体的研究对象是什么;是否要根据研究对象选择代表性案例;或是否要基于调查结果进行趋势预测;又是否希望获得可靠的观点。

还有一种常见的选择标准,即区分"最佳案例"和"一般性案例"。虽然很难解释其具体涵义,但可以举例说明:比如若要调查企业的产品创新力,以及企业为什么能够不断向市场推出新产品时,可以考虑从哪种产品种类开始"最好的实践调查";其次则可以考虑产品的数量、企业的生产经营活动、市场上的成功、企业形象,等等。如要调查企业的生产经营活动和组织形式,借此了解企业的产品创新力,则应考虑选哪些企业、选择的数量。

从行业分析中可获得企业案例选择的通用标准。案例研究一直以行业研究为基础,而行业研究的选择是依据研究兴趣。相应地,选择企业案例也应是在所选定和描述的行业中具有"典型代表性",即处于行业平均水平的企业,或当需要研究不同企业的创新力时,选择具有创新力的企业。如想调查企业的可持续性问题,则选择以企业社会责任或企业可持续发展为行动准则的创新企业。

企业案例选择的通用标准包括:行业归属;企业规模;业务范围(代表性的、典型性的业务范围)和任务范围(服务项目、生产流程、产品、营销方式、货物采购、货物流转、市场营销、货物贸易);员工参加培训或进修,或者通过其他资格认证途径;企业的创新特点或一般特点(企业和和劳工组织、营销策略的改革和改革压力);期望增长(经济实力的增加:市场份额、销售额、员工);业务繁荣(长期繁荣);企业的组织形式(股份有限公司、私营企业或社会企业)。

还可考虑以下途径:行业关键人物的推荐、与行业企业的私人联系、专业文章和报刊文章(如来自行业协会的文章报道等)以及行业总体分析、网络搜索、联系股票交易市场和展会以及行业协会及其网络、协会委员会成员的推荐。

(2)案例企业的进入

研究者如何"打开"企业的大门是与案例企业的选择同等重要的问题。

一般而言,研究者在企业的内部"窥探",经常被企业视为一种打扰。2006年多所德国大学共同进行的一项调查表明:案例研究并不能获得企业的调查许可,更不可能到达技术工人层面。各公司的防范心理也不尽相同。这种结果对于研究者来说显然不尽人意。因此,需要独辟蹊径,比如去某些该行业从业人员习惯性聚集的非工作地点,如厂区附近的小饭馆、咖啡馆甚至理发店。

虽然不存在能确保进入企业的"万能处方",但有以下几点有益的基本原则。

当研究者对某个行业完全陌生时,最好尽可能地建立个人联系,比如可以与行业协会和工会进行联系,参加展会也是一个不错的选择。企业若愿意进入公众的视线,则研究者值得去与企业建立直接联系。研究者若能亲自出面,成功率最高。但这种方法耗时耗力,因为通常需要大量沟通。

另一种可能是,加入经验丰富的研究者团队,或从那里获得建议:该联系谁才可能取得调查许可。但这要求相关研究者声望较高,而且有些研究者不愿意公开自己的联系网络。

如果是对小企业进行调查,则实地调查比电话调查更具成效。实地调查中要与企业中具有影响力的人物进行交谈,才能在其企业开展真正的研究工作。

多次反复尝试。

(3) 案例企业的调研

案例企业的调研作为一种进入现场的考察,可使用问卷调查等多种手段。内容层面,首先要了解企业的组织架构。这样就可以了解订单处理过程中职权重叠之处。企业考察还有助于分析工作过程,因为可以对企业流程、岗位及其职权有一个初步的了解。如下。

·跟踪订单流程:从订单的生成到账单的制定全程跟踪,以了解企业的业务流程。

·陪同一名在岗的专业工人:陪同一至数日,记录其典型的工作任务;即工作过程分析。

·追踪制造流程:全程观察某种产品的制造或某个生产流程,从材料的配备到产品的交付,记录每个专业工人的工作任务。目的是在业务流程中理解专业工作。

·考察组织和决策结构:收集与制作组织结构图和职位描述;询问专业工人和学徒工的角色和职能;

·分析相关文件:如关于企业的职位描述、工作和安全指导、质量管理原则、企业内部的培训和发展指导等。

调查目标群体,需要先描绘出与研究对象特别相关的企业内"工作流程"图。对企业和企业架构中的"层级"进行完整的调查,一般情况下为3至4层职能等级。在对多个等级进行调查时,应确保不能基于孤证原则取信某个观点,应有意识地利用多个视角,以获得不同背景关系下企业行为的内部评估和外部评估。这样才能获得具有说服力的概貌。

企业案例调研中可以通过问卷收集某个群体的自我评估和职业相关信息,并在无结构访谈中通过粗略的问题大纲提高调查的导向性。通过问卷对从业者进行问询和调查,以收集和记录职业工作,其目的是调查职业工作任务的频率、难处和要求及其对职业的意义,具体可总结为两种功能。

·收集职业工作任务:借助于大量数据对工作任务进行确认、完善和整体评估。

·评估职业工作任务。借助问卷调查,可对对照组(技术工人代表团)和专家(技师、企业工作流程负责人)进行问询,以对之前得到的结果进行核对。要确认"在职业工作中特别重要的工作任务"以及"哪些典型工作任务是核心绩效"。

问卷调查一般比访谈更节约时间,因为其评估相对更标准化一些。需要注意表达方式的可理解原则、过程的可行性原则以及结果的可分析原则,并预访被试者的答题偏好。

封闭式问卷虽能保证分析的客观性,但受访者不能做出个性化的回答,也就意味着问卷可能存在不恰当的问题或表述;还可能产生系统上的"盲点",因为问卷可能没涉及"真正重要"的问题,或问题选项无法涵盖被调查者的主要观点,因此需要预测试。而且经验显示,封闭或半封闭式问卷不能揭示复杂的工作环境。开放式问卷通常对被调查者有很高要求(包括语言能力),而且需要更长的设计时间,两种问卷方式都面临回收率低的挑战:邮寄问卷回收率通常不会超过 5%;现在则常通过网络或社交平台进行问卷发放和收集,其回收率比封闭式问卷更低。

·可行性:考虑到目标群体的时间投入和努力,问卷内容应限制在重要的主体部分,否则产生信息冗余,区分度较低,以至于获得的信息量反而变少。通常,超过 20~30 个问题的问卷反馈率就不太好。为了确保问卷可行,还应注意数据保护问题。问卷采用匿名的形式,每份问卷都有一个代码,便于归类,比如某个代码代表某个企业。

·结果的可分析性原则:问卷结构要为后期的分析提供充足的数据基础。被调查者的基本信息是评估所提问题是否有意义(包括年龄、职业、工作经历、雇佣期)的基础。还要注意所提问题之间要有关联性。

封闭式问卷设计中要提供具有足够区分性的答案,同时也应防止选项范围过大,而加重被调查者的判断负担。一般来说,选项不超过十个。是/否选项要对应确实能明确判断是非的问题。当选项中存在明显区别于其他选项的回答时,被提问者可能会经常有意识地选择该选项。如出现区别于其他选项的"中立"回答(不管是肯定回答还是否定),也经常会被选择:比如选项呈对称性结构,总量为奇数,中间的一个选项通常为中立观点,人们常因省时省力选择这一中立选项。非奇数位选项、没有"中立/不确定"的选项时,则会迫使被提问者必须正面回答问题。

(4) 工作任务的确认

通过企业调研,生成一个或多个企业中职业工作任务的定量或定性的一览表,这样才可以把握特定工作任务对于某个职业的意义。

挑战是如何认定工作任务。第一步是列出工作任务,第二步对任务进行分析和总结。这就需要一个任务分类的框架。因为在单个企业就可能会收集到几千条任务,因此需要事先弄清收集任务时会形成哪些范畴和集群。应收集有意义的工作关联和典型职业任务。

典型职业工作任务包含完整的行动(计划、执行、检验、评估)。判断其典型与否,要看它是否包含有意义的任务关联、是否蕴含专业工作中的典型任务或问题。例如"进行一次小型检查"就是机修工职业的一项典型职业工作任务。这项任务的内容有:工作流程规划(检查计划);实施(维护工作,要求保障车辆在运行时无故障,对特定车辆系统进行常规检查);工作的核验和工作成果的评价。从单个活动(如轮子的安装)和日常工作(如焊接)到职业典型工作任务的过渡,并无明显界线。最后,借助于任务是否包含具有意义的工作环境这一判断标准,才能成功鉴别。

建立任务清单时,可能用到下列几种不同的方法:由相关领域专业人员在某个企业或企业部门中进行调查;分析客户账单;评估工作任务卡。

·客户账单分析:在电气行业专业工作的研究中,对客户账单进行分析,以确认工业电工的相关工作过程。对客户账单上的信息(订单名称、材料名称、花销清单、工作时间证明)进行解释,分析客户期望、客户利益和账单信息,使得该行业的专家能够重建工作过程,刻画工作环境的显著特征。分类后数量上常以十条为限。

·工作任务卡分析:很多企业会有自己的数据库,这些数据库通常可提供多个月份的工作任务卡。研究者可以借此全面细致地了解从业者的工作任务内容和频次。

2. 实践性

职业科学范式强调对工作过程知识尤其是其中蕴含的隐性知识的揭示。案例企业中最重要的调研工作因而便是聚焦于技术工人实践工作的工作过程分析,即现场调查。

1) 工作过程分析的目的和任务

开发职业教育课程大纲的职业研究,其关键点在于接触技术工人即从业者,了解其工作过程。

所谓工作过程,是完成一项企业工作任务的完整流程,以取得工作成果为一贯目标。工作过程分析的目标是揭示工作过程知识及其形成,它被视为案例研究的进一步深化。在分析工作任务时,应注意工作过程中的上下游环节以及企业的整个流程。应借助于所有的指标揭示其整体性和多维性:工作的对象、方法、工具、组织形式;内部(源自企业的)和外部(社会、国家等的要求),把握其复杂性和对主体的意义。

工作过程分析要为以下几个方面服务。

·职业教育过程和职业培训规章(即职业教育标准)的设计。

·促进学习的工作过程和工作组织的设计。

·人机(或其他界面)互动关系,特别是培训中的辅导质量。

工作过程的复杂性和规模源于企业的生产任务和主营产品。工作过程的推动力则来自客户订单和由企业自身经营范围衍生而来的生产任务。

工作过程分析的核心是描述完成工作任务所需的实践知识和理论知识的特征。因而首先要从内容层面准确地描述职业工作的环境,从"内部"把握职业工作。关键在于着眼于个体的工作过程进行分析。很多文献中提到的工作过程,说的是企业的产品或服务生产的总体流程,而以个体为背景的工作过程在许多情况下与企业的工作过程或业务流程并不一致。这两种流程的理论和实践知识的开发因而大不相同。聚焦企业流程,关注的是制造某种产品或提供某种服务所需的能力,而非专业工人的能力,造成职业教育课程中经常会将能力以"部分产品"(装备组件、订单的组件)进行分拆,而不是基于专业工作的视角聚焦具体工作过程的相互关系。

与聚焦于企业流程不同,聚焦于个体工作过程则关注其中必需的相关知识。课程开发和教与学过程的建构取决于这一主体视角。当然,产品生产过程也很重要,虽然不是由个体负责,但能为个体创造一个关联的(过程)视角。课程开发的工作任务研究中,客体视角与主体视角会形成截然不同的学习内容。工作过程分析应以工作个体所具有的能力和培养职业能力的条件要素为中心。当然它也可以有其他目标,如"只"提高工作过程的学习促进性,或是优化人机互动。不同的目标会导致观察不同的工作过程、分析不同的重点,但要一直保持主体相关的过程视角。

工作过程的分析需以工作任务为基准点,以企业中一个特征明显的工作过程和典型工作情景为出发点。工作过程的遴选要遵循以下标准。

·在企业中的相关调查应不受限制。

·各个工作过程及其所处环境有明显特征,容易确认。

·工作过程质量高,有示范性、代表性,高度有效。

·工作过程必须真实可靠。

这就要求研究者此前对企业流程有明确的理解。研究者进行预调查,对企业过程及其职位和工作范围有了一个准确的认识后,才可决定进行工作过程的调查。如条件不允许,则可将预调查和更准确的工作过程分析合并,在调查过程中随机应变。

2) 工作过程分析的步骤和方法

工作过程分析旨在收集工作过程知识,鉴定蕴含于职业工作中的专业工人的知识和技能,其核心问题包括以下三个维度。

·能力结构维度:专业工人需要会什么、懂什么,才能从事其职业?

·能力发展维度:专业工人怎样获得职业能力,经历了怎样的发展过程?

·课程维度:工作过程的哪些框架条件、影响和相关性,有助于促进个体从新手发展为专业工作的能手?

其具体步骤包括:

·选择工作过程,对影响工作过程的因素进行分析。

·确定和提炼当前的问题或假设。

·进行调查准备工作和开始接触研究领域。

·实施调查、评估。

建议组合使用专业访谈和工作观察。观察和访谈的首选对象是该工作领域的专家型专业工人,即能手。专业访谈要以工作任务和主体所要解决的问题为线索,逐步生成引导性问题。引导性问题要求进入元认知层面,得到关于职业发展、职业进修问题的答案。对于其他的调查人群(部门经理、总经理)可采用大纲式访谈。工作过程分析的流程结构主要取决于工作过程。研究者可以试着融入专家工人所处的情境,并通过相应的问题和反应,鼓励专业工人进行"出声思考",描述自己的工作行动,以了解专业工人的即时行为。

(1) 专业访谈

案例研究中,除了问卷调查,访谈也是最常用的方法。由于访谈的目的是对职业情况进行解释或探究,所以访谈者和访谈对象之间要专业层面的互动和交流。这就要求研究者对职业情况有内容层面的理解。这种专业性关系有别于社会科学中的焦点访谈或叙事访谈,因而被特称为专业访谈:就技术和组织问题为主的专业访谈,访谈者要有相应的技术、组织性的专业基础知识,也就是能以内行的视角观察研究领域的情况和问题。这一点十分重要,否则就可能无法涉及核心的内容,或错误阐释访谈内容。访谈者会因其专业理解能力被受访的技术能手认同为专业人士,这样才能将采访的质量推向新高度,以获得或交换更为详细和复杂的信息。

因此,职业研究中的专业访谈应具有下列特点,或必要前提:

· 涉及相关职业事实。

· 访谈者具备很高程度的专门知识/访谈对象所在领域的职业经验。

· 具有专业性的结构。

· 在很大程度上以工作观察的形式展开,以职业行动为导向,因此这样的访谈也被称为行动导向的专业访谈。

· 要在工作过程中和工作岗位旁进行。

专业访谈一般为半结构化访谈。围绕访谈主题,通常无固定的调查问卷。

通过环境、对话方式、访谈者和受访者之间的关系结构,主要还是谈论的内容,访谈能形成一种情境,即情境关联和事实关联。

· 访谈环境符合访谈对象所处的"自然"工作环境。

· 对话方式符合访谈对象所处的"实践社区"的交际结构。

· 访谈者和访谈对象之间处于平等地位,提问者对访谈对象的专业知识表现出接受、好奇和崇拜的特点。

· 对双方所谈及的内容,可以在意义层面进行讨论和分析。

行动导向的专业访谈要追求尽可能强烈的情境导向,以收集内容有效的口头数据。

专业访谈目的是开发职业能力、解决职业相关问题或完成职业任务,具有很强的情境性,因此需要涉及工作过程研究。这样的深度访谈需要精心准备,充分预估所需时间。

在专业访谈中,可以通过向关键人物(专业工人、专业人员)询问有关企业流程和任务处理,推断出职业环境中典型的业务过程和工作过程。

所谓关键人物,是指其在职业实践方面拥有高水平的能力和经验。企业中的关键人物不仅是专业工人,同时也包括组织专业工作、生产或培训上的专家。

专家访谈不一定是专业访谈,但专业访谈一定是专家访谈,二者的区别在于:后一种访谈中问答双方都具有相关领域的专业知识。职业科学范式的研究中,专业访谈中的专家是解决日常任务和问题的专业工人,因为对于职业教育课程开发而言,职业实践所需的能力才是重点,而不是企业中的职务(部门负责人、企业职工委员会、规划和决策层)所要求的能力。专家挑选是个很关键且敏感的问题。

(2)工作观察

研究者应一直以工作过程及其变化为基准,对所观察到的工作任务要进行更深层次的研究,可能的话,可以给专业工人帮把手,从而自然转换到参与式观察。虽然是无结构、开放式的观察,但工作分析自然而然地随着工作进展而展现出结构和条理。重点在于,聚焦专业工人对工作对象的处理。

如果调查范围太广,研究和行动空间就容易太过模糊,研究的客观性也会受损。如果研究者与观察对象一同思考和讨论职业任务的解决方法,研究者就不太能保持对研究过程进行客观观察和反思的能力。同时,待鉴定的知识要素可能不会得到揭示,因为研究者和被试者双方都把它看成是理所当然,不会进行记录。如果还有一个研究者陪同调查,更多地关注整个调查计划,并把控调查过程,就可以降低这种风险。另一种可能是,将互动中的主观感受进行客观记录。基于工作情景和质疑的态度,以揭示蕴含于工作行动中的知识,实现工作过程知识基于情境的客观化——工作过程知识。

工作过程分析中要有对工作过程中多个"片段"的理解(表7-3)。

表7-3 工作过程分析的方法和对象

职业科学范式的工作过程分析	
方 法	对 象
工作观察	观察: • 专业工人执行工作任务和收集具体的工作内容和过程 • 工具的操作和调查对象的工作环境 • 过程中采用的方法和工作过程的组织 • 来自企业、订单、技术和社会对专业工人的要求 • 工作过程中出现的问题和特别之处

	(续表)
	职业科学范式的工作过程分析
专业访谈	把握： • 企业业务流程和工作过程的结构 • 工作任务的组织、由工作过程形成的对工作主体的要求 • 个体执行工作任务时显示出来的能力 • 工作关联、工作内容和影响工作行动的客观因素

• 工作经验。

• 显性知识和隐性知识的关联。

• 工作系统知识和工作过程知识。

对这些片段的解释构成了工作过程分析的基础。其中涉及工作经验、显性知识和隐性知识的关联、工作过程知识等理论基础。

工作过程知识是：

• 工作过程中直接需要的（与专业系统性结构知识不同）。

• 在工作过程中获得的，比如基于经验的学习，但并不排除专业理论知识的应用。

• 包括完整的工作过程，在企业的业务流程中对个体工作的目标设定、规划、执行、评估。

工作过程知识直接引导着行动，并与职业工作的情境紧密相连。揭示这种知识，有助于发展职业教育的课程方案和教与学情境，为工作过程能力的发展提供支持。工作过程知识所表达的知识概念是：主体基于情境对工作系统知识的设计和运用。对其进行计划的知识与工程技术的学术知识不同。工作过程知识更多拥有一种实践知识的品质，基于经验在执行职业工作、解决工作问题时形成。

为了说明工作过程知识是主体在行动系统中形成的知识，常会用到恩格斯托姆的活动理论模型（图7-1）。该模型说明了行动系统中的主体和客体的关联。元素有：主体、行动的客体（工作对象）、实践共同体（主体也包含在内）。另外还要考虑影响行动的因素：所使用的技术、行动需要遵循的制度和准则，以及劳动组织。工作过程知识意味着：对企业行动系统中各个元素及其相互关联的准确认识。

恩格斯托姆的活动理论模型凸显了工作过程分析应特别注意的某些方

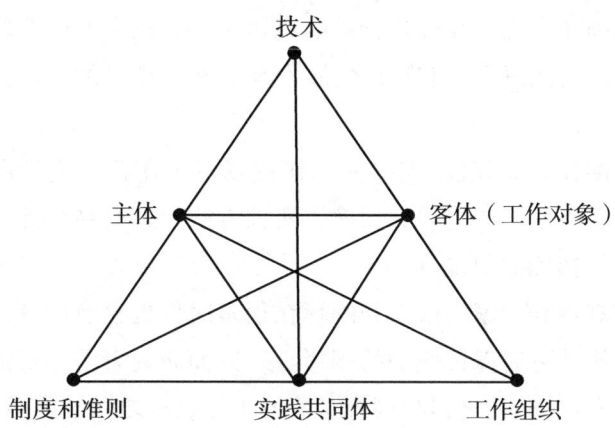

图 7-1　恩格斯托姆的活动理论模型

面：工具、工作对象、工作组织、实践共同体、制度、准则和要求。但是，这一模型并没有涉及起决定性作用的"内部"过程，而是局限于实践共同体内可观察的行为。由于职业能力在很大程度上常表现为隐性知识，因此除了进行行为观察，还应注意蕴含在行动过程中的实践知识。多种"知识类型"的存在，使得综合运用多种研究方法成为必须。

由于不能只满足于推导出显性知识结构，所以必须直接进入工作过程、获取其中信息以揭示其中蕴含的隐性知识。在工作过程中，专家工人的能力通过工作情境中的行为、执行工作任务和解决日常工作的问题表现出来。首先应对这类行为进行收集记录，相应的方法是工作观察。职业行动代表着专家工人能力，但能观察到的职业行动有限，因此，工作观察中会有以下三种不同级别的信息丢失。

· 如观察者认为行动与工作情境不相关，则可能不能了解工作情境的意义，造成信息丢失。

· 通过描述可对行动进行非常详细的描述，但同时也可能因此造成行动之间关联的丢失。

· 基于行动本身无法完全掌握行动的意义，行动主体的意义和意图需要阐释。

要尽力减少这种信息丢失。

· 应通过观察者的职业经验或者通过案例企业调研，以熟悉职业工作任务和企业环境。

· 在行动描述中应一直聚焦行动的完整性和行动之间的关联。单独记录每个工作步骤不仅无意义,细节过多,原本具有本质意义的行动关联反而会被淹没,造成误解。

· 为保持阐释的客观性,需要在工作现场对工作行动进行即时问询。要保证工作观察和专家访谈之间的切换。两种方法的紧密结合才是从专业工人的角度体会工作情境的前提。

基于工作观察和专家访谈展开阐释在很多时候也会有问题。并不是说按照方法逐步实施就可以保证成功的阐释。一方面研究者不一定能得到专业工人的认可,另一方面调查过程与调查对象的工作过程之间也可能会界限模糊。

因此,方法层面需要达到以下两个要求。

· 内容可靠。研究者与研究环境的距离越近,该要求的实现效果就越好。关键是在真实的工作情境中研究专业技术工人职业活动,并嵌入企业业务流程背景之中,对职业行动进行尽可能的无缝观察和记录。

· 消除干扰。研究者对工作过程的干预越少,调查效果就越好。理想的调查过程应该是:受调查的工作过程在进行时,研究者好像不在场一样。

为了满足这两个要求,工作观察和情境性专家访谈中应注意以下几点。

· 工作观察需尽可能地不受限制。研究者在开展调查工作之前应保证在工作环境中有行动自由。同时也应注意,不能因研究者的在场而削弱工作场所的安全防护。

· 研究者应抱有质疑的态度。研究者在工作过程中不要做任何专业内容上的决定,干扰工人的工作。只有在专业内容不清楚时,才能基于自己的专业能力进行必要的阐释。与工人共同尝试以解决任务和困难时,虽然可以暂时不遵守这一要求,但应对调查过程及结果进行详细全面的记录。在调查被观察对象的能力时,只有已经确认了被调查者的能力水平时,研究者才可与被调查对象合作尝试解决某些问题。

此外,因工作过程知识中有一部分涉及无法观察的隐性知识,可采取以下思路进行揭示。

· 一种思路是,通过对比初学者与专家的经验,调查对能力培养有决定意义的经验。目前多采用传记式(回溯式)方法,以识别"片段情境"的效应。但对认知能力(自传体记忆)的过分强调,反而会削弱工作过程知识中的"隐性知识"。

·另一种思路是,识别触发或者阻碍发展到更高能力水平的代表性任务。这也为学习任务的设计提供了资料,为课程内容的确认和序化、尤其是确定职前教育中的学习性任务提供了参照。

为了感知专长行为的特点,需要研究者对所调查的工作过程有深入的了解和识别能力。分析中要避免寻找引导行为的认知结构,更多通过分析进行推断,因此要询问专业工人:他正在做什么,而至于为什么这么做的提问仅限于专业方面,目的是为了深入挖掘相关认识,尤其是隐性维度。保证口头数据可靠性的一条基本准则就是,避免让被试者自己推导出心理过程和结构,而是促进其进行回忆。如果该专长行动不是对计划的实施和对知识的运用,这条基本准则就更重要。

工作过程分析可以揭示那些反映某项职业的特征、同时又能促进职业能力培养的工作关联,但一般还需要在实践专家研讨会中经过鉴定。然后,在课程层面对已鉴定的、发展促进型的工作任务进行结构化整理,奠定能力培养的基础。为了恰当描述工作任务及其关联,应对构成一项职业的客观事实以及工作环境进行分析,包括:

·职业工作的对象。

·工具、方法和组织形式。

·对专业工作和技术的要求。

通过揭示和格式化表述来梳理对能力培养有意义的工作任务。具体又有两种做法。

第一种做法是只借助实践专家研讨会(EFW)对工作任务进行研究。小组讨论是任务收集的核心方法。基于与会者的职业经历(职业生涯传记)调查哪些工作任务对专业工人曾经或至今仍然具有意义。之后在小组讨论和大会讨论中,对典型工作任务进行整理,并汇总为职业描述。

第二种做法是在生产现场层面,基于工作过程研究开展工作任务研究。对具有范式意义的案例进行研究,基于经验基础将理论和实践知识融为一体。比第一种做法更可靠,因为研究者进入了目标人群的"实践"。工作任务直接来自工作过程(表7-4)。

表 7-4 工作过程知识

	技术工人的工作过程知识	任务领域
第一阶段	方向性和慨括性知识	一个职业中主要干些什么?
第二阶段	关联知识	事物之间如何关联,以及为什么这样而不是那样关联。
第三阶段	细节和功能知识	(专业)工作中的具体细节是什么,事物是怎样运作的?
第四阶段	基于经验的和专业系统性深层知识	如何从(专业)系统层面进行解释,如何基于情境解决问题?

3. 教育性

职业科学研究向课程方案转化的关键性步骤是实践专家研讨会的举行。它指向课程建设和组织这一目标。专家研讨会一般为期(至少)一天,应有约 7~9 名专业工人和其他专家参会,通过有主持的小组研讨分析和评价职业工作任务对能力开发的意义。实践专家研讨会要对工作任务进行评估、归类并排序,再现工作任务中蕴含的工作过程知识,为以后的职业描述和课程开发奠定基础。它是精确表述工作任务、形成课程结构的重要经验研究工具。

1) 专家的类型:构建双重视角

专家研讨会能否成功,取决于与会专家是否有能力开展以下评估工作:确认哪些是"重要的工作任务"(典型工作任务),如何对其进行结构化,以促进能力的发展。因此,至少应包括两类专家:一类是相关职业的技术能手,即专家业者;一类是职业教育研究专家。

专业业者要能够:

- 在专业和阅历上代表某种需要进一步发展的职业。
- 对这一(职业)专业工作进行批判性和发展性的描述、评估,并按任务领域对其进行系统化,并提出新的观念。
- 根据工作任务的发展变化开展个人的培训和进修。

专家业者应该仍在本领域的一线实践岗位任职,这样才能保持对工作任务的熟悉程度,才有能力对任务进行序化。只有一小部分可能与一线工作稍有距离,比如高级技师、培训师或技术人员。

职业教育研究类专家负责研讨会准备和执行。他们如果没有受过职业科学的培训，就不具备探讨职业教育的能力，导致职业科学层面的重要关联性内容缺失。如果缺少相关职业教育经历，就很难理解专业工人的用语和工作内容，造成知识缺位。研究者因此应至少具备以上两种资质中的一种，最好两种同时兼有，并有能力主持研讨会。

2）专家的任务：解码典型工作任务

典型工作任务是指能促进学习者发展的挑战性结构，让学习者通过完成这些特定的任务发展能力。它须满足下列条件：

· 代表各个职业的典型特征，是传达意义的关联性工作活动，而非抽象活动。

· 蕴含促进能力发展的学习潜力，是完整的工作行动。

· 能促进职业学习暨职业行动能力发展的系统化。

· 具有前瞻性，着眼于未来职业发展。

实践专家研讨会一般用于解码（而非确认）隐含在职业工作中的知识和技能，是职业领域资格研究的最主要方法。尤其是要着眼于企业的业务和工作过程来描述职业工作任务。它将工作任务归类到各个学习领域，按能力等级对课程内容进行序化，从而为课程开发提供基础。

研讨会的诀窍在于：参会的专家和其他参与者应有足够的"理论储备"，基于提问和互动激发灵感，而不是拘泥于会议的预定计划。研究人员应通过向专家提出相关问题，并对专业工人使用的专业术语进行提问，促进与会人员之间在专业内容层面交流、观点发表和解释。研究人员应避免自己占用过多时间，主要负责穿针引线、总结陈词，专家作陈述和解释。与会专家最重要的贡献之一，是将工作内容和工作任务结构化，只有专家才有能力对工作任务构建发展逻辑的顺序，因为只有专家自己清楚他们是如何在工作中学习精进的。

实践专家研讨会的主要工作内容如下。

· 对大部分已事先通过工作过程研究拟定的职业工作任务进行鉴定、择选和表述。重要原则是，工作任务应具有代表性且与所对应的职业密切相关（推荐使用不同的工作任务确定方法）。

· 以能力的发展逻辑为基本原则，对工作任务进行准确表述和结构化，并分组。

· 对工作任务与职业当前与未来的关联性进行评估。

根据以下两个问题对任务进行进行评估。
- 日常工作中,各个任务出现的频率是多少?
- 按质、高效地完成这些任务有多大的难度?

根据评估结果的不同,可将工作任务按以下原则分成4组。
- 引导性和概况性知识/职业导向任务。
- 关联知识/界定清晰、一目了然的任务。
- 细节性和功能性知识/复杂和需要处理较多问题的任务。
- 专业系统性高深知识/非确定性任务。

为了按照职业教育的逻辑对工作任务进行排列和序化,按照上述四个层面进行分组,应做到两点:对任务难点进行评估,专家要对工作任务作出个人评估。对于同时涉及多个任务领域的工作任务,应从职业教育的逻辑出发考虑任务的排列组合,在质和量上对这些任务作出定义,以便制定职业教学计划。

会议结果要能反映职业特征的工作关联,以及相关资格要求。最好根据工作任务与职业的关联程度,对工作任务进行初步区分。研讨会的氛围应既体现权威可靠,又充满创新性思维。研讨会能否成功也在很大程度上取决于研讨会的主持,主持人不仅要负责研讨会保持积极的气氛,也要能够灵活地运用不同的主持方法,保证研讨会取得预期的效果。

4. 小结

职业研究作为职业教育课程开发中的焦点和难点,其核心是揭示实践性专家知识的内容、知识基础及习得路径。基于行业、企业和岗位多层次视角的数据基础,在现场对技术工人工作过程进行观察和访谈,并在专家业者和职业教育专家的头脑激荡中,基于实践能力的知识基础和习得路径进行解码和序化,为克服其中的风险提供了思路。但这一工作对人员资质的要求极高,对研究条件也有很高要求,而且从能力的表现如何回溯到知识基础及习得路径,方案仍然语焉不详,在课程编制层面挑战仍然巨大。

习 题

- 请从课程论的理论层面,说明工作任务分析对职业教育课程开发的意义,及其在方法上的挑战。
- 请分析 DACUM 法和职业科学范式两种方案在工作任务分析上的差异。
- 请以具体商科职业活动为例,分析其工作过程知识的特点、基础及习得条件。

附 录

附录 1 中国国民经济行业分类

A 农、林、牧、渔业

B 采矿业

C 制造业

D 电力、燃气及水的生产和供应业

E 建筑业

F 批发和零售业

G 交通运输、仓储和邮政业

H 住宿和餐饮业

I 信息传输、软件和信息技术服务业

J 金融业

K 房地产业

L 租赁和商务服务业

M 科学研究和技术服务业

N 水利、环境和公共设施管理业

O 居民服务、修理和其他服务业

P 教育

Q 卫生和社会工作

R 文化、体育和娱乐业

S 公共管理、社会保障和社会组织

T 国际组织

附录2 国内外商业业态发展一览

附表-1 国内外商业业态发展一览

国　外	中　国
有店铺业态	
(1) 百货店 1852年,世界第一家百货店在巴黎诞生	1900年俄罗斯资本家在哈尔滨开办秋林公司;1917年上海先施百货公司创办;1918年上海永安百货公司创办
(2) 连锁店 1859年,世界第一家连锁店在美国诞生	1990年年底,广东东莞市糖烟酒公司创办美佳连锁超市;1991年9月,上海联华超市挂牌;1992年8月,北京希福连锁店正式营业
(3) 一价店 1878年,世界第一家一价店在纽约尤蒂卡市诞生,创办人Worl Worth以5美分或10美分的统一价格销售商品(现已倒闭)	20世纪90年代末,一价店在我国发展,但没有形成气候
(4) 超市 1930年,世界第一家超市在纽约州诞生	1981年4月12日,广州友谊宾馆附设超级市场(270平方米左右);1984年,北京京华自选商店等
(5) 连锁店 1964年1月24日,世界第一家连锁便利店诞生,这一天,美国南大陆公司打出"7-11"店牌	1990年年底创办的东莞美佳店、1992年开业的北京希福连锁店都具有便利店的某些特征,但真正意义上的连锁店是1992年10月深圳创办的"7-11"
(6) 折价店 1962年3月1日,世界第一家大型折扣店诞生,克雷斯哲公司创办了名为凯玛特的折价店	2002年年初,目光友谊南方商城开了号称"中国第一家的折扣店"

（续表）

国　外	中　国
有店铺业态	
（7）大型超市 1963年6月15日，世界第一家环形超级市场在巴黎郊区诞生，该店名为家乐福	20世纪90年代末在中国发展起来
（8）仓储商店 1964年春，世界第一家仓储商店在德国诞生，该店就是麦德隆现购运，也有人认为麦德隆1997年收购的万客隆（1968年在荷兰创办）是世界建立的第一家仓储商店	1993年8月广州天河万客隆开业
（9）专业店/专卖店 在西方有较长的发展历史	我国有较早的历史，许多老字号就是专业店，如1864年创办的"全聚德"烤鸭店；现代首家专卖店是1984年北京的皮尔·卡丹专卖店
（10）家居中心 欧美较为流行，最著名的家得宝，截至2006年，在美国共开1872家分店，加拿大155家、墨西哥61家，全球共2088家	20世纪90年代在我国发展较快
（11）仓储会员制商店 1976年，世界第一家仓储会员制商店在美国圣地亚哥诞生	1996年8月12日，深圳山姆会员店开业，会员1.4万人，可容12万人，停车位400个；1996年9月29日，广州正大万客隆开业，会员1.8万人，可容17万人，停车位700个
（12）购物中心 1954年，世界第一家郊区购物中心Northland Mall在美国诞生，主体面积6.6万平方米，还有各类专业店、杂货店和家具店等	20世纪80年代末，一些星级宾馆附设的商场称购物中心，如北京昆仑饭店的购物中心；后来出现的北京西单购物中心/北辰购物中心、赛特购物中心都属于萌芽期

(续表)

国 外	中 国
无店铺经营组织	
(1) 邮购 18世纪,美国富兰克林曾开创性运用邮寄型防水卷材的方式来销售书籍;1872年,美国蒙哥玛利公司在芝加哥创立了"邮购屋",推出商品型录,并在各报纸、报纸刊登广告,以"消除中间人"的口号,直接对消费者销售	外贸商业企业如上海考林国际邮购有限公司、贝塔斯曼书店等
(2) 电话购物 较早诞生于西方	广泛应用于商品交易过程,并与其他无店铺业态同时存在
(3) 电视购物 20世纪60年代诞生于美国,80年代风靡欧美发达国家,截至1995年,美国电视直销总额已达40多亿美元,占全美社会商品零售总额1%,1年后翻番	1992年8月,我国第一家电视直销公司广州至诚直销公司成立;几个月后,北京出现首家电视直销公司;随后上海、湖北、湖南、江苏、四川相继成立
(4) 自动售货机 20世纪五六十年代诞生于西方,当时在美国的地铁里,人们可以用一美分在自动售货机上买到一块口香糖;有人认为自动售货机最早诞生于19世纪80年代后期,但只能出售明信片	1999年,自动售货机进入我国市场并开始被国人接受和信赖,尤其受到年轻人的欢迎,后来不断从沿海向内地延伸
(4) 网上购物 1995年7月,世界最大的网上商店亚马逊诞生,创办人Teffery Bezos	1998年9月,上海第一家网上购物中心"亿禅"开业;2010年,我国网上购物交易额达5131亿元,占社会零售总额3.32%;1999年,阿里巴巴集团在杭州成立,迅速成为网上商务的全球领导者之一
(6) 目录商店 较早产生于欧美	20世纪90年代引入中国

附录3 中国商业协会一览

中国百货商业协会

中国百货商业协会（China Commerce Association for General Mechandise，CCAGM）是经民政部批准，在国务院国有资产监督管理委员会和商务部的指导下，具有社会团体法人资格的社团组织。协会以从事日用百货消费品的流通、生产、服务、科研、教育等活动为主，各种所有制形式，由各种业态的企事业单位或企业联合组织及个人自愿组成，是全国百货行业性、非营利性社团组织。中国百货商业协会成立于1990年，拥有企业会员500多家，包括国内大中型百货及日用工业品零售、批发、生产企业以及为百货行业提供相关服务的企业，会员遍布我国31个省、自治区、直辖市，涵盖了国有、民营、股份制、合资、外商及港澳台独资等多种所有制，拥有团体会员50多家，包括省级、市级的百货行业协会、同业公会以及跨地区的百货企业联合会组织。中国百货商业协会通过团体会员联系着8000多家间接会员。

中国连锁经营协会

中国连锁经营协会中文网站www.ccfa.org.cn、英文网站www.chinaretail.org，提供国内最新零售特许信息，同时集英文报告下载、活动数据查询等功能于一身，旨在为业内英语语言人士提供最新国内零售特许消息和相关政策数据，是传递中国零售和特许信息的英文平台。

中国特许加盟公示网

中国特许加盟公示网www.chinafranchiseexpo.com与中国特许加盟展览会为特许加盟品牌一同打造的线上、线下齐动的招商、推广平台，是创业者了解特许品牌信息、掌握品牌动态、约见特许总部的渠道。

中国零售业博览会

中国零售业博览会网站http://www.chinashop.cc/是海内外的零售商、IT

技术供应商、商用设备供应商、商品供应商、地产商、品牌商等各类展商了解最新展会信息、展商动态、产品展示等的交流、推广平台。

专业商品经营协会

如中国医药商业协会,是医药流通企业的全国性组织、1989 年经民政部批准成立的全国医药商业社会团体法人组织,目前共有会员单位 406 家;中国粮食行业协会(China National Association of Grain Sector),成立于 1996 年,是由全国粮油骨干企业和相关事业单位、社会团体组成的全国性行业社团组织,下设大米分会、小麦分会、玉米分会、杂粮分会、粮食批发市场分会、粮食储备分会、粮油工业分会、财会分会、教育培训分会分支机构,网址 www.chinagrains.org.cn;中国书刊发行业协会(The Books and Periodicals Distribution Association of China,BPDAC),成立于 1991 年 3 月。

地方性商品经营行业协会

如义乌商会、佛山零售商会、深圳市蔬菜批发协会等。

国际性商品经营行业协会

如美国的零售联合会,代表当地零售业的主要零售协会及咨询有关零售业事宜的团体。美国零售联合会(National Retail Federation)是世界上最大的零售商协会,其会员包括美国本土和世界各地的零售商、零售业相关供应商、服务商以及零售协会和零售相关协会。为了促进世界各国全国性零售行业协会间信息的自由交流,寻找研究、教育方面的合作机会,2001 年,美国零售联合会将其在美国国外的零售商协会会员和零售业相关协会会员组成国际零售论坛(IRF)。

中国国际贸易促进会、中国国际商会

中国国际贸易促进会(China Council for the Promtion of International Commerce)、中国国际商会(China Chamber International Commerce)是由中国商业界有代表性的企业、团体、人士组成的民间对外经济贸易组织,是中国国际贸易促进委员会、中国国际商会设在行业中的贸促机构。贸促会于 1988 年成立,在全国拥有 500 多家会员企业,正在努力运用电子商务为会员和中外企业服务,网址 http://www.ccpitcsc.org。

附录4　德国促销和售卖中类职前职业教育的37个职业

附表-2　德国促销和售卖中类职前职业教育的37个职业

职业名称	资格类型
外贸助手	双资格教育
自动售货机商务人员	自动售货机服务,双元制
汽车商务人员	双元制
企业经营助手	手工业,双资格教育
企业经营助手	普遍性企业经营,双资格教育
企业经营人员(经济师)	外贸,双资格教育
企业经营人员(经济师)	纺织业,双资格教育
书籍出版商务人员	双元制
呼叫中心客服人员	其他教育形式
家化商务人员	双元制
专业销售	远程服务,其他教育
专业电话客服	残障人士职业教育
食品专业销售人员	残障人士职业教育
专业销售	残障人士职业教育
食品加工(烘焙)专业销售人员	双元教育
食品加工(肉铺)专业销售人员	双元教育
食品加工(蛋糕甜点)专业销售人员	双元教育
零售专业经营人员	双资格教育
影印专业销售人员	双元教育
贸易专业经营人员	双资格教育

（续表）

职业名称	资格类型
工业商务人员	双元教育
IT系统商务人员	双元教育
对话市场营销人员	双元教育
电子商务人员	双元教育
零售商务人员	双元教育
批发和外贸商务人员	双元教育
商务人员（旅游和休闲）	双元教育
媒体设计（数字化和印刷）咨询和计划	双元教育
音乐专业商务人员	双元教育

附录 5　德国职后进修路径的 42 个职业

附表-3　德国职后进修路径的 42 个职业

职　业	进修路径
汽车服务咨询	其他进修
经济师（联邦职业教育法）	商科进修教育
经济师（专业学校）	销售/市场进修教育
经济师（专业学校）	一般性企业经营管理进修教育
经济师（专业学校）	对外贸易进修教育
经济师（专业学校）	贸易进修教育
经济师（专业学校）	国际商科进修教育
经济师（专业学校）	机动车商务进修教育
经济师（专业学校）	家具商务进修
经济师（专业学校）	纺织商科进修教育
经济师（专业学校）	牲畜和生肉商科进修教育
室内装修专业咨询师	其他进修教育
专业咨询师	促销商务进修教育
专业商务师	促销商务进修教育
商科企业经营专业人员	商科进修教育
专业营业员/咨询师	建造、家用水暖,其他进修教育
专业经济师	对外贸易商务进修教育
服装专业经济师	商务进修教育
专业经济师	书籍商务进修教育
专业经济师	能源经济商务进修教育
专业经济师	商科进修教育
专业经济师	手工业商科进修教育
专业经济师	木材工业和贸易商科进修教育

（续表）

职　业	进修路径
专业经济师	工业商务进修教育
专业经济师	音乐商务进修教育
专业经济师	太阳能技术商务进修教育
专业经济师	零售业销售的进修教育
专业经济师	经济商科进修教育
IT 经济师	其他进修教育
IT 销售专员	其他进修教育

附录6 DACUM 课程开发流程

首先要保证实践领域专家的代表性。这些成员均是优秀的工作人员(即领域专家)。委员会成员在技术业务能力方面,必须对所分析职业领域的工作非常熟悉,成绩优秀,了解该领域的发展趋势。同时,应是全日制从业人员。此外,还必须具有地区、行业、企业规模等方面的代表性,具有交流、群体合作等方面的能力。

在确定了 DACUM 研讨委员会成员之后,要制订 DACUM 研讨工作进程时间表,做好各项准备工作,制订整个讨论工作计划。

大体包括以下几个主要步骤。

(1) 对目标职业岗位进行讨论,写出职业岗位名称,填到 DACUM 图表上,并找出与本职业(专业)相关的工作岗位。

(2) 确定能力领域。运用"头脑风暴法"使 DACUM 研讨人员充分发表个人意见,当对能力领域提出意见后,再对提出的能力领域进行修改与合并。一般一个职业(专业)岗位有 8~12 个能力领域。应特别注意,对能力领域的描述,必须用一个动词开头,字不宜过多。

(3) 确定各项能力领域中的技能。对技能的描述用动词开头,并附加可操作内容。在技能讨论时,要讨论应掌握哪些知识、能做什么及态度等。

(4) 再次检查和定义能力领域和技能,通过增删、合并技能和能力领域,进一步完善 DACUM 表(一般当一个能力领域太窄,仅有 6 个及以下技能,应与相关领域合并;如果一个能力领域达到 30 个技能,那么这个能力领域应予以分解),并对能力领域和技能进行排序(表附-4)。

附表-4 人力资源开发经理的能力图表

能力领域	技能任务
提供人力资源支持	制定招聘政策和程序;分析人力需求;制定人力资源计划;运用面试和选择技巧;控制人员预算的执行;控制员工管理的政策;监督员工,管理政策的执行;制定职级制度
管理薪酬	制定薪酬政策;建立薪酬系统;保证薪酬体系正常运转;改进薪酬体系;编制新预算;分析运用薪酬的调查结果

（续表）

能力领域	技能任务
开发人力资源	制定人力资源发展战略;建立培训体系;审定培训计划;保证培训体系正常运转;建立维护 HR 系统;分析制定潜能人员;确定关键岗位;制定潜能人员发展计划;接任计划;管理人力资源政策
管理绩效评估系统	制定实施方案;指导评估运作;协调评估结果的用途;应用评估结果
改善员工关系	建立员工沟通渠道;分析掌握员工心态;设计员工满意度调查方案;分析满意度调查结果;改进满意度的调查方案;设计组织员工各类活动;预防各种冲突发生;处理企业内部各种冲突
促进组织发展	制定组织计划;诊断组织;指出战略重组计划;协助重组机构;支持业务过程改进,落实组织发展措施
提供后勤保障	协助与政府部门的关系;制定行政和后勤保障政策;督导行政和后勤保障工作;建立安全消防保卫体系;制定劳保政策各类活动
体现个人能力	树立个人形象;制定战略目标;进行时间管理;谈判;管理信息;承受压力;预见与洞察;综合与创造;决策与规划;授权与组织;自学

（5）合并整理出 DACUM 表

DACUM 表一般包括名称、能力领域、单项技能和技能操作评定等级四项内容。技能考核评定等级标准,是为了定义实际工作中单项技能的操作水平而提出的,它分为四级六个水平(附表-5)。

附表-5 DACUM 表

4	C. 能高质、高效地完成此项技能的全部内容,并能指导他人完成
	B. 能高质、高效地完成此项技能的全部内容,并能解决遇到的特殊问题
	A. 能高质、高效地完成此项技能的全部内容
3	能圆满地完成此项技能的内容、不作任何指导
2	能圆满地完成此项技能的内容、但偶尔需要帮助和指导
1	能圆满地完成此项技能的内容、但在指导下能完成此项工作的全部

DACUM 采用小组头脑风暴法技术,能够为特定工作或职业领域确定技能范围描述,借助领域专家的经验,可界定特定工作岗位所需的主要责任(义

务)及相关任务。专家还需确定:职位所需的行为、态度和性格;胜任工作需要的总体技能和知识;工具和设备;该岗位的将来发展方向,等等。所有上述的内容都应竭力避免列成一个愿望清单,而应是具体、可衡量和可实现的。DACUM 主要着眼于课程的内容,而非如何实施。事实上,它是针对职业而进行的分析,而不是一门通过分析而产生的课程。因此,主要是为企业的人事管理提供信息,也为职业教育提供了课程内容基础。

首先,要列出职业的职责(或职责范围、总体能力范围),同时这些范围又可拆分为单个任务,便于个人能够参照职责范围将其实现。这些任务以非常简洁的方式进行定义,并且在图表中以小图框的形式单独列出。每一项都可独立作为学习目标。

其次,精心选择 10~12 名该职业领域的专家(工人或管理者),组成 DACUM 委员会,经过 2~3 天的会议来开发 DACUM 图表。委员会成员直接从商业、行业或专业招募,其中不包括职业的教育者。

再次,由一名受过培训的 DACUM 操作人员认真引导 DACUM 委员会进行下列工作:

(1)听取一次总体介绍和总体方向确认。
(2)回顾总结相关某一特定工作或职业领域的描述。
(3)确定该工作或职业的职责。
(4)确定每一职责领域中特定的任务。
(5)总结提炼相关任务的陈述。
(6)为任务陈述排序。
(7)根据难度、使用频率和总体重要性来确定每一项任务的能力层次。
(8)将能力描述图表最终形成总表。

附录7 职业科学研究中工作分析与职业分析的问题对照

工作分析

A. 分析界线
  1. 所调查工作名称
  2. 工作简述
  3. 工作者
  4. 分析适用范围
B. 工作名称
  1. 初始状态
  2. 目标状态
  3. 工作设备
  4. 工作过程
C. 详细外部工作过程
  1. 居间状态
  2. 操作
  3. 完成工作
D. 工作绩效的内部前提
  1. 内部绩效的总体情况
  2. 主导性核心绩效
  3. 非主导性核心绩效
  4. 边缘绩效

职业分析

A. 分析界线
  1. 所调查工作名称
  2. 职业工作简述
  3. 分析适用范围
B. 职业名称
  1. 初始状态和目标状态
  2. 工作过程
  3. 单人工作与单人工作集合
C. 单人工作的工作分析
D. 职业结构调查
  1. 内部绩效的一般特征
  2. 职业典型的主导性核心绩效
  3. 职业典型的非主导性核心绩效

附录8　职业科学研究中的实践专家研讨会流程

附表-6　职业科学研究中的实践专家研讨会流程

步骤	重点内容	时间
1	研讨会目标 研讨会方法	20分钟
2	介绍研究人员和与会专家 ·各自职能/任务领域 ·个人职业履历简介 （最好使用可以促进交流的方法）	1小时
3	职业工作任务的鉴定、择选、表述 （方法：头脑风暴，深入性的专业谈话，元规划、海报、投影屏幕等工具） 主持人和专家共同确定工作任务 ·工作任务应对工作关联具有代表性 ·工作任务需与其对应的职业密切相关 （专业谈话应具有高度的切题性，最好将谈话的主导原则放在专业问题上）	3小时
4	工作任务的准确表述与结构化（工作任务的分组）	2小时
5	工作任务切合当前和未来的职业描述 主导原则： ·对于某个职业描述，哪些典型任务领域能作为代表，体现特征？ ·在某种职业中，哪些属于典型能力？ ·职业期望（来自企业、社会、客户、个体自身） ·延伸：在未来将面临哪些主要的职业挑战？	1小时
6	总结出的工作任务达到一定数量时，进行初步评估	1小时

参考文献

1. 孟景舟.职业教育基础概念的历史溯源[D].天津:天津大学,2012.
2. 孟景舟.专业教育的历史解析[J].复旦教育论坛,2013,11(3):49-53.
3. 杜威.杜威教育论著选[M].上海:华东师范大学出版社,1981.
4. 姜大源.技术与技能辨[J].高等工程教育研究,2016(4):71-82.
5. 姜大源.论职业教育专业的职业属性[J].职业技术教育,2002,23(22):11-12.
6. 王清连,张社字,等.职业教育社会学[M].北京:教育科学出版社,2008.
7. 国家职业分类大典修订工作委员会.中华人民共和国职业分类大典[M].北京:中国劳动社会保障出版社,中国人事出版社,1999.
8. 国家职业分类大典修订工作委员会.中华人民共和国职业分类大典[M].北京:中国劳动社会保障出版社,中国人事出版社,2015.
9. 王晓平,张浩,陈祝林.职业发展概述[M].上海:同济大学出版社,2004.
10. 威廉·尼科尔斯,詹姆斯·麦克修,苏珊·麦克修.认识商业[M].陈智凯,黄启瑞,译.北京:世界图书出版公司,2009.
11. 陈思炜.方向的力量:商科职业规划[M].上海:上海大学出版社,2014.
12. 何传启,勒京.面向知识经济的国际行业分类研究[G].理论与现代化,2017(4).
13. 张元,张天恩.世界典型职业分类比较[J].国外职业教育,2011(1):40-41.
14. 姜文学,等.国际商务专业教学法教材[M].南京:江苏教育出版社,2012.
15. 邓世敏.银行中间业务[M].北京:中国金融出版社,2000.
16. 申琦,石伟平.互联网时代我国商科职业教育的创新发展[J].无锡商业职业技术学院学报,2019,19(1):1-5.
17. 刘晓,钱鉴楠.职业教育专业建设与产业发展:匹配逻辑与理论框架[J].高等工程教育研究,2020(2):142-147.
18. 管和平,余兴发,周鲁良.论现代批发业的理论依据及特征[J].上海商业,1996(4):8-10.

19. 杨柳.改革开放四十年中国保险业发展回顾与展望[J].上海保险,2018(12):28-33.
20. 关晶.美国中等职业教育的现状、特点与改革趋势[J].教育发展研究,2009,29(Z1):98-102.
21. 中华人民共和国教育部.中等职业学校专业教学标准:财经商贸类[S].北京:高等教育出版社,2014.
22. 中华人民共和国教育部.中等职业学校专业目录[S].北京:高等教育出版社,2010.
23. 联合国经济和社会事务统计局.全部经济活动国际标准行业分类:修订本第4版[M].纽约:联合国,2009.
24. 高松.德国双元制职业教育专业设置及对我国的启示[J].职业技术教育,2012(19):83-87.
25. 何兴国.DACUM与工作过程导向课程开发方法比较研究[J].职教论坛,2012(27):69-71.
26. 徐国庆.从分等到分类——职业教育改革发展之路[M].上海:华东师范大学出版社,2018.
27. 徐国庆.职业知识论与职业教育课程内容设计[J].职教通讯,2006(7):11-15.
28. 丁丽美,曹先琪.中国商业银行的发展现状与趋势[J].特区经济,2018(1):135-137.
29. 徐恒山,丁明利,张丹.商科及其职业教育的特征和模式[J].中国市场,2014(4):58-60,69.
30. 中国社会科学研究院.流通蓝皮书中国商业发展报告[R].2016-2017.
31. 迈克尔·杨.把知识带回来:教育社会学从社会建构主义到社会实在论的转向[M].朱旭东,等,译.北京:教育科学出版社,2019.
32. 李红卫.国内学者职业资格证书制度研究综述[J].教育与职业,2012(6):22-25.
33. 李红卫.我国职业资格证书制度与职业教育关系研究综述[J].职教论坛,2012(7):9-13.
34. 鄢彩玲.新工业革命背景下职业教育课程开发困境与对策[J].高等工程教育研究,2020(2):148-153.

35. 谢莉花,唐慧.德国双元制职业教育专业设置探析——"教育职业"的分类、结构与标准[J].现代教育管理,2018(3):92-97.
36. Mathias Becker, Georg Spöttl. Berufswissenschaftliche Forschung. Ein Arbeitsbuch für Studium und Praxis[M]. Frank furt am Main: Peter Lang,2008.
37. Bundersagentur für Arbeit. Lexikon der Ausbildungsberufe [M]. Nürnberg: W. Bertelsmann Verlag GmbH & Co.,2013.
38. Franz Kaiser. Auf der Suche nach dem "Kaufmaennischen" mit Mitteln der Berufsforschung-Ziele und Methoden bei der Erforschung der kaufmaennischen Aus-und Fortbildungsberufe unter besonderer Beruecksichtigung der Ordungsmittelanalyse[M]. Bielefeld: wbv,2015.
39. Holger Reinisch, Mathias Goetzel. Geschichte der kaufmaennischen Berufe [M]. Bonn: BIBB,2011.
40. Reiner Bröetz et. al. Gemeinsamkeiten und Unterschiede kaufmaennisch-betiebswirtschaftlicher Aus-und Fortbildungsberufe.
41. Keith Pavitt. Sectoral patterns of technical change: Towards a taxonomy and a theory[J]. Research Policy,1984(13):343-373.
42. Günter Kutscha. Beruflichkeit als regulatives Prinzip flexibler Kompetenzentwicklung-Thesen aus berufsbildungstheoretischer Sicht[J]. Bwpat,2008(06):14.
43. Frey C B, Osborne M A. The Future of Employment: How Susceptible are Jobs to Computerization? [D]. [2013-09]. https://www. oxfordmartin. ox. ac. uk/downloads/academic/The_Future_of_Employment. pdf. [2018-01-18].
44. Sarkar S. Employment polarization and over-education in Germany, Spain, Sweden and UK[J]. Empirica,2017(44):435-463.
45. Autor D H. The "task approach" to labor markets: an overview[J]. Journal for Labour Market Research,2013(46):185-199.
46. Helmrich R et al. Digitalisierung der Arbeitslandschaften. Bundesinstitut für Berufsbildung[R/OL]. Bonn, 2016. https://www. bibb. de/veroeffentlichungen/en/publication/show/8169. [2018-01-12].
47. Lukowski F, Neuber-Pohl C. Digital technologies make work more demanding: Berufsbildung in Wissenschaft und Praxis[M]. Speical Edition. Bonn:

Franz Steiner Verlag,2017: 5-9.

48. Mueller N. Akademikerausbildung in Deutschland: Blinde Flecken beim internationalen OECD-Vergleich[J]. Berufbildung in Wisenschaft und Praxis,2009(2):42.

49. Bechmann S et al. Betriebliche Qualifikationsanforderungen und Probleme bei der Besetzung von Fachkräftestellen: Auswertungen aus dem IAB Betriebspanel [R/OL]. http://doku.iab.de/forschungsbericht/2014/fb1414.pdf.[2018-01-15].

50. Kracker N. Überqualifizierung von Akademikern in Deutschland: Die Wahrscheinlichkeit ist sehr ungleich verteilt[R/OL]. https://www.iab-forum.de/ueberqualifizierung-von-akademikern-in-deutschland-die-wahrscheinlichkeit-ist-sehr-ungleich-verteilt/.[2018-01-12].

51. 都阳,贾朋,程杰. 劳动力市场结构变迁、工作任务与技能需求[J]. 劳动经济研究,2017,5(3):30-49.

52. 王姣娜. 普通教育还是职业教育?[D]. 北京:中国社会科学院研究生院,2015.

53. Brunello G., Rocco L. The effects of vocational education on adult skills, employment and wages: What can we learn from PIAAC? SERIEs (2017) 8: 315-343. https://doi.org/10.1007/s13209-017-0163.[2018-01-15].

54. 关晶,石伟平. 现代学徒制之"现代性"辨析[J]. 教育研究,2014,35(10):97-102.

55. Fürstenberg F. Berufsgesellschaft-Forschungsfelder und Befunde[M]//Pahl J-P,Herkner,V.(Hrsg.). Handbuch Berufsforschung. Bielefeld,2013:38-46.

56. Herzog M,Bai B. Chinesische und Deutsche Beruflichkeiten im Vergleich. bwpat29.pdf.[2016-08-25].

57. Rosendahl A,Wahle M. Debatte zur Krise von Beruf und Beruflichkeit: A Never Ending Story?[J/OL]. bwpat29.[2016-08-23].

58. Dostal W,Stooss F,Troll L. Beruf-Aufloesungstendenzen und erneuerte Konsoldierung: Mitteieilungen zur Arbeitsmarkt-und Berufsforschung[J/OL]. [2016-7-18]. www.sowi-online.de.3. Nuerberg. S.438-460.1998.

59. Bundesinstitut fuer Berufsbildung. Jahresbericht 2015[R/OL].[2016-07-

16]. Bonn, 2016.
60. Tillmann F et al. Attraktivität des dualen Ausbildungssystems aus Sicht von Jugendlichen[R/OL]. [2016-8-25]. http://www.bmbf.de/pub/Berufsbildungsforschung_Band_17.pdf.
61. Mertens D. Schlüsselqualifikationen. Thesen zur Schulung für eine moderne Gesellschaft [J]. Mitteilungen aus der Arbeitsmarkt-und Berufsforschung, 1974: 36-43.
62. Rauner F. Offene, dynamische Beruflichkeit? Zur Ueberwindung einer fragmentierten industriellen Berufstradition [M]//Bolder A, Heinz W R, Kutscha G. (Hrsg.). Deregulierung der Arbeit-Pluralisierung der Bildung?. Opladen, 2001: 183-203.